창업기업이
꼭 알아야 하는
정책자금

Policy funds that start-ups must know

저자 정승환

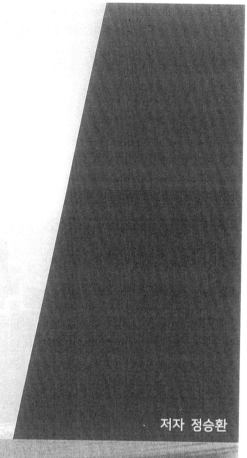

㈜ 비티타임즈

<창업기업이 꼭 알아야할 정책자금>

1

—

프롤로그

1. 프롤로그

다양한 기업을 만나면서 느끼게 된 것이 있다면 거의 대부분의 기업이 정책자금을 필요로 한다는 것이다. 실제로 매출 수백억대의 기업부터 매출이 1억도 안되는 기업, 아니 매출이 아예 없는 기업까지 말이다. 하지만 상담을 통해 기업의 상황을 파악하다 보면 정책자금을 받고 싶어 하는 기업 일수록 정책자금 지원 대상과는 거리가 먼 경우가 많았다. 이런 업체를 만날 때면 어떻게든 도와드리고 싶은데 방법이 없을 때가 많다. 그렇다면 정책자금을 받기 위해 우리가 무엇을 알아야 하고 어떻게 준비하면 좋은지 알아야 한다.

보통의 경우, 대부분 사업자들은 광고를 보고 "자금이 필요합니다."라고 문의를 한다. 이유는 정부에서 나오는 대부분의 자금을 정책자금이라는 이름으로 통 틀어서 부르고 있지만 그 안에는 다양한 종류의 정책자금이 있는데 모르는 경우가 대부분이다. 덧붙여 이야기하면 현재 시점에서 우리 기업이 어느 기관에서 어떤 자금을 받아야 하는지 아는 경우도 드물다. 오히려 기업의 상황은 생각하지 않고 터무니없는 금액을 원하고 요구하는 경우들이 대부분인 경우가 많다. 그리고 상담을 하다보면 "은행에 다녀왔는데, 어디에 다녀왔는데" 라고 하며 마치 모든 정책자금을 아는 것처럼 이야기하는 경우도 종종 있다.

이 책은 창업을 준비하고 있고, 창업초기의 기업들, 그리고 창업한지 시간이 꽤 지났지만 정책자금을 잘 모르고 받고 싶어 하는 기업들을 위한 책이다. 각 기관의 융자 계획을 기본으로 이야기를 하지만, 필자의 경험과 노하우를 담아 전달하기 때문에 정책자금에 대해 쉽게 알아갈 수 있는 책이다.

정책자금은 학문이 아닌 실전이다. 각 기관별로 정책과 지침들이 있지만 일반 기업들은 익숙하지 않기 때문에 잘 모를 수밖에 없다. 모르면 받을 수 없는 게 정책자금이다. 예를들어 회전식 책장을 구매했다고 생각해보자. 사용설명서를 참고해서 조립을 하지만 어려울 때가 있다. 오히려 요즘은 블로그나 유튜브가 더 쉽고 자세하게 알려준다. 마찬가지로 각 기관의 안내만으로는 기업이 정책자금에 대해 알 수도 쉽게 이해할 수도 없다. 실제로 정책자금을 신청하면 무조건 받을 수 있는 기업이었는데 기업에 대한 평가보다 사업자의 신뢰도로 인해 정책자금을 못 받았던 경우도 있었다. 필자는 그런 고민을 해결하고자 이 책을 쓰게 되었다.

이 책을 통해 모든 정책자금을 전달하기란 매우 어려운 일이다. 때문에 중소기업이 쉽게 접할 수 있는 융자금과 대표적인 기관 및 대표적인 자금에 대해 전달하고자 한다. 부디 이 책을 통해 필자의 다년간의 노하우와 경험이 도움이 되길 바란다.

이 책이 나오기까지 많은 분의 도움과 격려가 있었다. 출판의 기회를 주신 송승룡 대표님께 진심으로 감사하다는 말씀을 전한다. 끝으로 사랑하는 아내와 딸, 부모님과 가족들에게 진심으로 감사하다는 말씀을 전한다.

2

—

정책자금이란?

2. 정책자금이란?

가. 정책자금 의미와 종류

정부의 정책적 필요성에 따라 정부재정이나 기타의 방법으로 재원을 조성하여 중소기업에 융자·출연·보조·보험·보증·출자 등의 방식으로 지원 사업을 행하는 재원을 의미한다. (네이버 지식백과)

1) 융자금

가) 간접자금

- 신용보증재단
- 신용보증기금
- 기술보증기금
- 지역 도자금
- 농림수산업자신용보증기금
- 수출보험공사
- 무역보험공사
- 수출입은행

나) 직접자금

- 중소벤처기업진흥공단
- 소상공인시장진흥공단

정책자금을 쉽게 이해하기 위해서는 크게 융자금와 출연금 두 가지로 나눌 수 있다. 먼저 융자금은 상환의무가 있으며, 시중은행보다 낮은 금리와 긴 거치기간 등의 상환조건이 특징인 정책자금을 말한다. 대표적으로 중소벤처기업진흥공단, 소상공인시장진흥공단, 신용보증재단, 신용보증기금, 기술보증기금 등 이다.

2) 출연금

R&D자금
공정혁신
환경개선
시설개발
제품개발
해외인증
전시회 참가
마케팅
판로개척
고용지원금 등 기관별 지원자금

그리고 출연금은 상환의무가 없는 지원금이다. 무상으로 지원해 주며, 지원 형태에 따라 형태에 따라 10~50%의 자부담금이 있다. 때문에 출연금은 지원금이라고 하기도 한다. 출연금의 종류는 R&D 자금, 공정혁신, 환경개선, 시설개발, 제품개발, 해외인증, 전시회 참가, 마케팅, 판로개척, 고용지원금 등 기관별 지원 자금 등이 있다.

이 책에서는 융자금에 대한 내용을 다루게 될 것이다. 융자금은 크게 간접자금과 직접자금으로 나뉜다. 대표적인 간접자금 기관은 신용보증재단, 신용보증기금, 기술보증기금이다. 대부분의 기업을 만나보면 신용보증재단 융자를 받은 경우가 많은데, 신용보증재단은 기업이 가장 쉽게 정책자금 융자를 받을 수 있는 기관이라고 보면 된다. 그리고 직접자금 기관은 줄여서 중진공이라고 많이들 알고 있는 중소벤처기업진흥공단과 소상공인시장진흥공단이다. 쉽게 말해 소상공인시장진흥공단은 중소벤처기업진흥공단에 융자지원을 하기에는 매출규모가 작은 제조업 기반의 중소기업이 대상인 기관이다. 이 책에서는 간접자금의 신용보증재단, 신용보증기금, 기술보증기금과 직접자금의 중소벤처기업진흥공단, 소상공인시장진흥공단에 알아보도록 하겠다.

나. 받을 수 있는 기업 vs 못 받는 기업

한 가지 전제를 갖고 이야기를 하도록 하겠다.

『모든 기업이 원하는 정책자금』

필자는 매출규모가 최대 900억 대의 회사부터 0원의 기업까지 다양한 기업을 대상으로 상담을 해왔다. 미팅을 통해 상담을 하다 보면 대부분의 기업들이 사업계획과 목표는 각각 다르지만 이를 실현하기 위해 공통점을 갖고 있었다. 사업의 업종, 업태, 업력과 규모, 경영상황 등은 각각 다르지만 이와 상관없이 정책자금에 매우 관심이 많다는 것이다. 경기가 좋을 때나 나쁠 때나 기업은 정책자금이 필요한 이유가 다양하다. 고용한 직원의 임금, 사업에 필요한 원부자재 구입, 기계장비 수리 및 구입 등 기업은 정책자금이 필요한 이유가 수도 없이 많다. 다만 모르면 받을 수 없는 게 정책자금이다.

그렇다면 정책자금을 받을 수 있는 기업은 어떤 기업일까?

우리가 살아가면서 누군가에게 돈을 빌려준다고 생각해 보자. 어떤 사람에게 빌려주겠는가? 갚을 수 있는 사람에게 빌려줄 것이다. 기업도 마찬가지이다. 융자를 갚을 수 있는 기업, 성장 가능성이 있는 기업, 신용이 좋은 기업, 담보를 잡을 공장이나 기계설비, 개인 재산 등이 있는 기업을 선호하지 않겠는가? 하지만 기업을 만나서 상담해 보면 정말 자금난에 허덕이는 기업들이 많이 있다. 매정하지만 정책자금은 어려운 기업만을 위한 정책자금이 아니다. 각 기관별로, 각 융자금별로 융자규모, 신청대상, 융자범위가 다 다르기 때문에 감정에 호소해서 받을 수 있는 정책자금이 아니다.

정책자금을 받을 수 있는 기업은 기관에서 필요로 하는 다양한 지표들, 다시 말해 기준에 부합해야 한다. 각 기관별 기준이나 필요한 세부사항은 이후에 각 기관별로 다루도록 하겠다. 그러면 먼저 정책자금을 못 받는 기업에 대해 먼저 알아보도록 하겠다.

다음에 해당하는 기업은 융자제한 기업에 해당한다. (1)중소벤처기업진흥공단 참고)

[융자제한 기업]

① 휴·폐업중인 기업

② 세금을 체납중인 기업

③ 한국신용정보원의 「일반신용정보관리규약」에 따라 연체, 대위변제·대지급, 부도, 관련인, 금융질서문란, 회생·파산 등의 정보가 등록되어 있는 기업

---

1) 출처 : 중소벤처기업진흥공단 융자계획 공고

④ 정책자금 융자제외 대상 업종(별표1)을 영위하는 기업

⑤ 다음에 해당하는 사유로 정책자금 융자신청이 제한된 기업

⑥ 최근 3년 이내 중소벤처기업부 소관 정부 연구개발비의 위법 또는 부당한 사용으로 지원금 환수 등 제재조치 된 기업

⑦ 임직원의 자금횡령 등 기업 경영과 관련하여 사회적 물의를 일으킨 기업

⑧ 업종별 융자제한 부채비율(별표5)을 초과하는 기업

⑨ 중진공 지정 부실징후기업 또는 업력 5년 초과 기업 중 다음에 해당하는 한계기업

⑩ 기업심사에서 탈락한 기업으로 6개월이 경과되지 아니한 기업

⑪ 우량기업

⑫ 정부, 지자체 등의 정책자금 융자, 보증, R&D 보조금 등 지원 실적이 최근 5년간 100억원(누적)을 초과하는 기업

⑬ 중진공 정책자금 누적지원 금액이 운전자금 기준으로 25억원을 초과하는 기업

⑭ 최근 5년 이내 정책자금을 3회 이상 지원받은 기업

위 ①~⑭에 해당하는 기업은 정책자금 제한 기업에 해당한다. 제한 기업에 대한 내용은 중소벤처기업진흥공단 공고에 자세하게 나와 있고 다른 기관도 이 내용과 크게 다르지 않다. 이처럼 정책자금에 대한 융자제한 기준은 매우 명확하다. 위 내용이 기업에 대한 제한사유라면 아래의 내용은 기업을 운영하는 대표자에 대한 제한사유이다. 대표자의 대표적인 제한사유 몇 가지만 나열하겠다.

[대표자의 융자제한 기준]

① 대표자 신용등급
  * 7등급 이하는 정책자금 제한 사유
  (단, 제조업 등의 일부 업종은 7등급도 진행되는 경우가 있음)

② 신용정보 등록 (연체, 체납 등)
  * 신용카드 등 연체 및 체납은 정책자금 제한 사유
  (단, 9일까지는 가능하나 10일부터는 불가능)

③ [공통사항] 사업장 또는 주택에 권리침해 사실
  * 가압류, 압류, 경매 신청 등
  * 자가 사업장 또는 자가 주택 이외에, 임대한 건물에 대해 압류 등의 사실은 제

한 사유

④ 명의상 대표
  * 실제 대표자가 아닌 다른 사람의 명의로 사업을 하는 경우
  * 실제 대표자가 다른 회사에 4대보험이 가입되어 있는 경우 등

⑤ [공통사항] 세금 체납 및 세금에 대한 잦은 연체
  * 납부 불성실에 대한 부분은 도덕성의 문제로 보기 때문에 제한 사유

대표자의 신용등급은 정책자금 융자에 있어 매우 중요하다. 개인기업 뿐만 아니라, 법인기업은 소유와 경영이 분리라고 하지만 정부기관에서 바라보는 중소기업은 경영인과 기업은 같다고 보기 때문이다. 그렇기 때문에 개인기업과 법인기업 모두 기업의 대표자가 신용불량이나 세금체납에 대한 사실이 있다면 다른 모든 요건을 충족해도 정책자금은 받을 수 없게 된다. 그리고 대표자의 이력 및 경력 또한 매우 중요하다. 이 부분이 확인되지 않으면 정부기관에서는 대표자가 실제 경영자가 아닌 명의상 대표, 다시말해 바지사장으로 판단할 수 있고 이 또한 정책자금 불가사유에 해당한다.

정책자금 제한사유가 많아 보이지만 우리는 빌려주는 사람의 입장도 생각을 해봐야 한다. 정부기관에서는 정책자금 융자에 대한 상품 구성만큼이나 융자에 대한 보증사고 또한 중요한 문제이기 때문에 이를 최소화하기 위한 장치가 필요한 것이다. 하지만 너무 걱정할 필요는 없다. 우리 회사가 정책자금이 필요하다면 일단 신청해 볼 것을 추천한다. 지레 겁먹고 못 받는 것보다 먼저 받을 수 있는 가능성과 우리회사의 가점사항, 보완사항을 체크해 보고 신청하기를 바란다. 특히 3년 미만의 창업초기 기업이나 창업 예정인 기업은 왠만하면 정책자금 융자를 해주겠다는 의도가 있기 때문에 가능성이 매우 높다고 할 수 있다. 그렇기 때문에 우리 회사는 매출이 적기 때문에, 부채가 많아서 등의 이유로 정책자금을 포기할 필요가 없다. 정책자금 종류는 매우 많다. 조건이 안맞는다면 우리 회사에 맞는 정책자금을 찾으면 되는 것이다.

다. 주의사항

컨설팅 브로커를 조심하자!

경영컨설팅을 통해 많은 기업을 만나게 되고 자연스럽게 기업의 대표님들과 미팅할 기회를 가질 수 있었다. 상담을 통해 모든 기업의 대표자를 만날 수 없지만, 정책자금 특성상 대표자와 미팅을 꼭 해야만 하기 때문에 제조업, 도소매업, 서비스업, 물류업, 건설업 등 다양한 업종의 대표님들을 만나볼 수 있었다. 만나서 이야기를 해보면 정책자금을 모르고 처음 접해본 기업들도 있지만 많은 기업들이 정책자금을 알고 있고 접해본 경험도 있다. 요즘은 정책자금에 대한 기업의 수요가 끊임없이 증가하고 있고 이로 인해 정책자금을 받아준다는 컨설팅 회사도 그와 비례하여 많이 생기고 있다. 정책자금만이 아니다. 노무지원금, 각종 인증, R&D지원사업, 엔젤투자, 크라우드펀딩 등 전문분야에 따라 컨설팅 회사의 종류도 다양하다.

그러나 컨설팅 회사 중에는 자금 사정이 어려운 중소기업을 더 힘들게 하는 브로커들도 존재한다.

<컨설팅 브로커 특징>
✓ 명함이 공공기관 냄새를 풍긴다.
✓ 공공기관 직원 또는 은행 지점장과 매우 친하다고 한다.
✓ 기업진단을 거치지 않고 무조건 가능하다고 한다.
✓ 접대비 목적으로 미팅 때마다 거액을 요구한다.
✓ 현금수수료를 제시하면서 보험가입을 유도한다.
✓ 용역계약서 없이 업무를 진행한다.
✓ 세금계산서 발행을 꺼린다.

컨설팅 브로커들은 명함을 보면 어느정도 구분이 가능하다. 명함이 공공기관, 정부기관과 비슷하게 생겼다. 중기청, 중소벤처기업진흥공단과 같은 로고는 물론이고 이름 또한 기관과 비슷하다. 그리고 만나서 미팅을 해보면 공공기관 직원 또는 은행 지점장과 매우 친하기 때문에 정책자금 신청을 하면 무조건 정책자금을 받을 수 있다고 한다.

2019년도에 경기도 양주, 남양주, 포천 등의 기업을 미팅 하면서 있었던 일이다. 기업 대표님들이 정책자금 미팅을 요청하셔서 만났는데, 다짜고짜 컨설팅 비용을 먼저 지불해야 하면 상담을 안하겠다고 하시는 것이다. 이야기를 들어보니 얼마전에 다녀간 컨설팅 회사에서 정책자금 기관 담당자와 은행 지점장과 친분이 있어서 신청하면 무조건 1~2억이 나오니 선금으로 50만원을 달라는 것이었다.

이런 비슷한 사례는 많이 있다. 30만원부터 500만원까지 선불로 받았다는 것이다. 그리고는 연락이 안된다는 것이다. 자금 사정이 어려운 중소기업을 두 번 울리는 브로커도 존재하기 때문에 조심하길 바란다.

제대로 된 기업진단, 전략수립, 사업계획서 작성 등의 과정을 거치지 않거나 성공보수 명목으로 30% 이상의 고액 수수료를 요구하거나 금융상품 가입을 강요하기도 한다.

기업의 상황은 고려하지 않고 고액의 보험계약으로 인한 피해사례도 있었다. 정책자금 융자 1억이 나왔는데 수수료 명목으로 고액의 보험계약을 한 것이다. 이 기업은 자금 사정이 좋지 않았지만 1억이라는 정책자금에 대한 수수료로 매월 납입금 100만원의 보험 가입을 한 경우였다. 물론 기업의 자금 사정과 절세적인 측면 등을 고려한 계약이고, 기업에 필요한 컨설팅과 관리들이 가능하다면 좋을 것이다. 하지만 컨설턴트의 수익을 고려한 계약이라면 기업이 입는 피해는 매우 클 수밖에 없다. 이 기업은 10개월 정도 보험료를 납입하다가 자금난으로 보험을 해약했다고 한다. 그리고는 담당 컨설턴트로부터 보험계약 해지로 인한 자신의 피해를 보상해 달라는 요구를 받았다고 한다. 모든 경우를 보편화 하려는 것은 아니지만, 컨설팅 수수료 대신에 감당하기 힘든 보험계약을 해서 중간에 1년이나 2년, 계약된 납입기간을 채우지 못하고 해약한다면 기업은 몇 천만원의 컨설팅 수수료라는 손해가 발생할 수 있음을 알아야 한다.

정책자금을 받을 수 있는 회사는 이제 막 사업을 시작한 스타트업부터 수십, 수백억원의 매출을 올리는 중소기업 모두가 해당한다. 그리고 정책자금에 대한 기업의 수요가 끊임없이 증가하기 때문에 정책자금을 받아준다는 컨설팅 회사도 그와 비례하여 많이 생겨나고 있고 컨설팅 브로커 또한 많아지고 있다. 정책자금 만이 아니라 노무지원금, 각종 인증, 법인설립 등에 대한 컨설팅 모두 컨설팅 용역에 대한 계약서 작성과 업무 프로세스를 갖춘 컨설팅 회사를 통해 상담 받기를 추천한다.

3

—

간접자금

3. 간접자금

간접자금은 신용보증재단, 신용보증기금, 기술보증기금, 지역 도자금, 농림수산업자신용 보증기금, 수출보험공사, 무역보험공사, 수출입은행 등 다양하다. 우리는 이 책을 통해 가장 기본적인 신용보증재단, 신용보증기금, 기술보증기금에 대해 알아보도록 하겠다.

가. 신용보증재단

신용보증재단의 신용보증제도는 물적 담보력은 미약하나 사업성, 성장잠재력, 신용상태가 양호한 지역 소기업·소상공인 등에 대한 채무보증을 통해 이들 기업들이 금융기관으로부터 원활하게 자금을 조달할 수 있도록 함으로써 경영안정을 도모하여 지역경제 활성화에 기여하는 제도이다. 지역신용보증재단은 중앙정부와 해당 시, 도가 재원을 마련하여 지역신용보증재단법에 의해 설립한 비영리 특별법인으로 현재 광역자치단체별로 16개 신용보증재단을 설치, 운영하고 있다.

아래는 신용보증재단의 보증[2]에 대해 제공하는 정보를 토대로 작성한 내용이다.

[신용보증 안내]

- **보증대상**
  본사나 주사업장이 해당지역 신용보증재단의 관할지역내에 소재하고 사업자등록증을 소지한 소기업·소상공인

- **보증금지**
  - 보증기관이 보증채무를 이행한 후 채권을 회수하지 못한 기업 및 신용보증 사고기업
  - 위 기업의 과점주주와 무한책임사원이 영위하는 기업 또는 이들이 대표자로 되어 있는 기업

- **보증제한**
  - 휴업중인 기업
  - 금융기관 대출금을 빈번하게 연체하고 있는 기업
  - 사업성이 낮은 기업
  - 부실자료 제출 기업
  - 금융기관이나 지역신용보증재단에 손실을 입힌 기업
  - 보증금지기업의 연대보증인인 기업 또는 연대보증인이 대표자로 되어 있는 법인기업
  - 보증제한 업종을 영위하는 기업(도박, 유흥, 오락, 점술 및 유사서비스업 등)
  - 기타 신용상태가 불량하다고 판단되는 기업

---

2) 출처 : 신용보증재단중앙회(https://www.koreg.or.kr)

신용보증재단은 소상공인이 가장 쉽게 접근할 수 있는 정책자금이다. 각 지역별로 관할지역내의 신용보증재단을 방문하면 되며, 기본적으로 5천만원 미만의 정책자금 상담을 하게 된다. 보통은 매출규모가 적은 기업들이 대상이며, 업종 상관없이 전년도 매출액이 1억 미만인 기업은 신용보증재단에서 상담 받으면 된다. 매출액 1억 미만의 기업 및 소매업을 하는 자영업자들을 포함한 소상공인들이 이용할 수 있다. 그리고 우리가 기억해야 할 것은 신용보증재단에서 보증서 발급을 받았는데 보증채무를 이행하지 못해 보증사고가 발생할 경우 해당 기업은 신용보증재단과 앞으로는 거래가 불가하니 이를 기억하길 바란다.

신용보증재단의 일반보증[3] 내용이다.

[일반보증]
- 보증한도 : 동일 기업당 보증한도는 최고 8억원
  - 운전자금
    * 제조업 · 제조관련 서비스업 : 연간 매출액의 1/3~1/4 이내
    * 기타업종 : 연간 매출액의 1/4~1/6 이내
  - 시설자금 : 당해 시설의 소요자금 범위내
- 보증료
  - 신용도, 보증금액, 보증기한 등에 따라 0.5 ~ 2.0% 차등 적용
  - 보증기간이 1년을 초과하는 경우, 1년마다 분할 납부 가능

신용보증재단은 일반보증의 운전자금과 시설자금 이외에 특례보증으로 시니어창업, 재도전지원, 장애인기업, 재해중소기업, 수출기업 지원 특례보증, 최저임금 경영애로 기업 지원, 사회적 경제기업이 있다. 우리는 일반보증의 운전자금에 대해 알아보도록 하겠다.

---

3) 출처 : 신용보증재단중앙회(https://www.koreg.or.kr)

1) 진행절차

가) 1차 서류 접수
i) 해당 지역의 신용보증재단 방문
ii) 준비서류 : 사업자등록증, 표준재무제표(손익계산서 포함) 최근 3년치, 부가가치
세과세표준증명원 최근 3년치
* 표준재무제표가 없을 경우, 매입매출처별세금계산서합계표로 대체.

나) 대출은행 섭외
i) 기관 보증 이후, 대출받을 은행 섭외
ii) 하나/기업/신한은행 중에서 섭외 (국민/우리은행의 경우, 금리가 높을 수 있음)
iii) 참고사항 : 신용보증재단에서 서류접수 후, 2차 서류접수 및 실사 대기중이라고
함.

다) 2차 서류 접수
i) 개인기업, 법인기업 공통
   ㄱ. 신용보증신청서(은행날인), 금융거래확인서, 임대차계약서 사본(사업장), 납세
사실증명서
   ㄴ. 1차 서류 동일
ii) 법인기업 추가서류 : 주주명부 사본, 법인등기부등본

라) 1차 실사
i) 신용보증재단 담당자가 해당 사무실 및 공장(창고)으로 실사
ii) 기간 : 상담 후 2주 정도 소요

마) 2차 실사
i) 섭외한 대출 은행 담당자가 해당 사무실 및 공장(창고)으로 실사
ii) 기관 실사 후로 일정을 조율

바) 보증서 발급
i) 신용보증재단 방문하여 사인 후, 보증서 발급
ii) 기간 : 기관 실사 후, 1주 내

사) 대출
i) 신용보증재단에서 보증서를 은행으로 전달한 뒤에 은행에 방문하여 사인 후, 대
출 실행
ii) 기간 : 1~3영업일 내

❖ 1차 서류 접수 시, 가점 받을 수 있는 서류

: 일자리안정자금 지급결정 통지서, 청년추가고용 장려금 등, 노란우산공제 부금납 입증명서, 수출실적증명원, 장애인 기업을 입증하는 서류, 여성기업확인서

❖ 1차 서류 접수가 통과되어야 2차 서류 접수로 진행이 된다. 1차 서류 접수 통과 시 빠르게 상담 받는 것을 추천하며, 2차 서류는 가급적 미리 준비할 것을 추천한 다.

❖ 신용보증재단의 기본적인 진행절차에 대한 내용이므로, 상황에 따라 추가 서류가 필요할 수 있다.

2) 신용보증 신청서(사업계획서)

신용보증 신청서의 경우, 작성할 사업계획서는 매우 간단하다. 다른 기관에 비해 정책자금 신청하기가 매우 쉬운 편이다. 아래의 이미지에 체크되어 있는 1번, 2번만 작성하여 신용보증재단 담당자에게 제출하면 된다. 1번의 경우, 기업에서 작성하면 되고, 2번의 경우, 정책자금 융자 신청을 할 은행의 은행직원이 작성하면 된다.

[표1 – 신용보증신청서4)]

---

4) 출처 : 신용보증재단중앙회(https://www.koreg.or.kr)

가) 고객 작성란

i) 기업체명 : 상호전부 및 영문 기업체명을 기재한다.
  (예 : (주)○○○○, △△△(주), □□□기업)

ii) 대표자명 : 대표자 성명 및 영문 성명을 기재한다. (예 : 홍길동)

iii) 핸드폰 : 대표자 핸드폰 번호를 기재한다.

iv) 이메일 : 회사 대표자 개인의 전자우편 주소를 기재한다.
  (예 : master@kibo.co.kr)

v) 전화/팩스 : 회사 전화번호 및 팩스번호를 기재한다.

vi) 계좌번호 : 법인기업은 법인명의, 개인기업은 대표자 사업용 계좌번호를 기재한다.

vii) 날짜 : 신용보증신청서 제출일자로 기재한다.

viii) 신청기업체명 : 상호전부 및 영문 기업체명을 기재한다.
  (예 : (주)○○○○, △△△(주), □□□기업)

ix) 대표자
  ㄱ. 법인기업 : 명판과 법인인감 날인 한다.
  ㄴ. 개인기업 : 대표자 성명 기재, 개인인감 날인 한다.

나) 은행 작성란

섭외한 은행 담당자를 통해 내용 작성 및 도장 날인을 받은 뒤에 기관에 방문한다.

3) 실사

가) 신용보증재단 실사
i) 신용보증재단 담당자와 협의된 날짜에 사무실에 있어야한다.
ii) 제출한 자료에 대한 내용을 숙지해야 한다.
iii) 사업과 관련이 없는 자료 및 물건 등은 가급적 보이지 않게 정리해야 한다.
❖ Tip. 실사 진행중에 담당자가 필요한 자금을 물어보거나 사업에 대해 긍정적인 이야기를 한다면, 기존에 협의중이던 액수보다 더 높게 요청을 한다.

나) 은행 실사
i) 은행 담당자와 협의된 날짜에 사무실에 있어야 한다.
ii) 은행 실사는 크게 중요하지 않으며, 간단한 질문에 답변만 하면 된다.
iii) 기관에서 보증서가 나오면 빠른 대출 진행이 되도록 요청한다.

신용보증재단의 운전자금 신청은 정책자금 중에서도 매우 쉽게 접근할 수 있다. 신용보증재단의 진행절차는 기관 홈페이지에 나온 내용과 다르다. 실제로 진행되는 보편적인 과정에 기반한 진행절차 이므로 상황에 따라서는 변동될 수 있으며, 제출서류 또한 바뀔 수 있다.

상담을 하다 보면 많은 기업들이 신용보증재단에서 받은 정책자금 3천만원~5천만원으로 인해 추가 자금 진행이 어려운 경우를 종종 볼 수 있다. 다시 말해서 신용보증재단은 기업들이 정책자금을 가장 쉽게 받을 수 있는 기관이다 보니 많이들 이용하는 데, 정책자금 규모가 작다 보니 이로 인한 고민이 생길 수 있다는 말이다. 그 이유는 정책자금은 기업의 여신한도를 체크한다. 또한 신용보증재단, 신용보증기금, 기술보증기금은 한 기관에서 보증을 받게 되면 보편적으로 다른 기관에서 추가 보증을 받을 수 없다.

예를들면, A라는 기업의 여신한도가 1억이라고 가정해 보자. 이 기업이 신용보증재단에서 상담을 받고 5천만원 정책자금 보증을 받았을 때, 추후 자금난으로 인해 추가적인 정책자금을 받고자 하면 나머지 5천만원을 신용보증기금이나 기술보증기금에서 보증을 받을 수 없게 된다. 대부분의 경우 신용보증재단의 5천만원을 상환하고 오면 1억 보증을 해주겠다고 말한다.

신용보증재단의 경우, 창업초기에 많이들 이용을 하는데 정말로 자금이 급한 경우나 5천만원 미만의 보증으로도 충분한 경우를 제외하고는 추천하지 않는다. 오히려 매출이 1억 이상이 되거나 다양한 가점사항을 맞춘 뒤에 신용보증기금이나 기술보증기금을 이용하길 추천한다. 정책자금 상담을 하다보면 종종 기업들이 신용보증재단의 보증서로 인해 추가 융자에 실패하는 경우를 볼 수 있다.

나. 신용보증기금

　　신용보증기금은 쉽게 말해서 신용보증재단과 형제 같은 기관이라고 할 수 있다. 앞서서 말했던 것과 같이 신용보증재단에 보증서를 받은 경우, 신용보증기금을 보편적으로 이용할 수 없다. 대개는 신용보증재단의 정책자금을 상환하고 오면 조금더 보증을 해주겠다고 하는 경우가 대부분이다. 제조업, 도소매업, 서비스업, 물류업 등 다양한 업종의 기업들이 상담 받을 수 있는 기관이다.

　　참고로 기업이 정책자금 융자에 적합하지 않거나 신용보증재단에 보증서가 있는 경우, 신용보증기금 담당자는 신용보증재단을 가지 왜 신용보증기금을 왔느냐고 말하는 경우가 있다. 반대로 신용보증재단에서 상담을 했더니 신용보증기금에 가지 왜 신용보증기금에 왔느냐고 하는 경우도 있다. 기관 담당자를 인터뷰할 기회는 없었지만, 정책자금 상담을 하면서 드는 생각은 앞에서 말했던 것처럼 정책자금 융자에 적합하지 않거나 보증서가 있는 경우 기관 상담 시 기업을 돌려보내기에 좋은 멘트로 보인다.

　　아래는 신용보증기금에서 제공하는 신용보증[5] 정보를 토대로 작성한 내용이다.

[신용보증 안내]

- **보증대상**
  - 개인기업 : 영리를 목적으로 사업을 영위하는 기업
  - 법인기업 : 영리를 목적으로 사업을 영위하는 법인
  - 기업단체 : 중소기업 협동조합법에 의한 중소기업협동조합
  - ※ 대기업 제한, 상장기업은 특정자금에 한하여 제한적 허용

- **보증금지**
  신용보증은 업종별 제한없이 보증취급이 가능하다. 다만, 도박·사행성게임, 사치, 향락, 부동산 투기 등을 조장할 우려가 있는 업종에 대해서는 일부 보증지원이 제한될 수 있다.

- **보증제한**
  신용상태가 악화되어 기업의 계속적 유지가 어려울 것으로 판단되는 기업에 대해서는 보증 취급이 제한될 수 있다.
  - ※ 보증제한은 일정한 요건과 절차를 거쳐야만 보증을 운용할 수 있도록 엄격히 운용하는 것을 의미한다.
  - 1) 휴업중인 기업
  - 2) 금융기관의 대출금을 빈번히 연체하고 있는 기업
  - 3) 금융기관의 금융거래확인서 기준일 현재 연체중인 기업
  - 4) 신용관리정보를 보유하고 있는 기업 (대표자 및 실제경영자 포함)

---

5) 출처 : 신용보증기금(www.kodit.co.kr)

5) 보증금지대상 제1호에 해당하는 기업의 연대보증인인 기업 및 제2호~4호의 어느 하나에 해당하는 사람 이외의 연대보증인이 대표자 또는 실제경영자인 기업

6) 다음 각목에 해당하는 기업

가. 신보가 보증채무를 이행한 후 구상채권의 변제를 받지 못한 기업 중 최종 보증채무일로부터 3년 경과한 기업

나. 기술보증기금, 신용보증재단, 산업기반신용보증기금이 보증채무를 이행한 후 채권을 회수하지 못한 기업

다. 신보의 매출채권보험계정에서 보험금을 지급한 후 대위채권을 회수하지 못한 기업

7) 허위자료 제출기업

8) 신보, 기보, 보증재단 및 산업기반신용보증기금의 보증부실(사고)기업

신용보증기금은 신용보증재단과는 다르게 기술보증기금과의 경계가 명확하다. 그렇기 때문에 신용보증기금이나 기술보증기금에 보증 신청을 할 수 있지만 한 번 보증을 받게 되면 교차 신청이 안된다. 즉 한번 신용보증기금에서 보증을 받게 되면 계속해서 신용보증기금에 신청해야 한다. 신용보증재단이나 신용보증기금이나 보증대상 기업, 업종, 제한 기준은 비슷비슷하다. 다만 신용보증재단에 비해 기업규모가 더 큰 기업들이 지원하기에 유리한 기관이라고 볼 수 있다.

신용보증기금에서는 보증한도[6]를 다음과 같이 규정하고 있다.

[일반보증]

- 보증한도
  신용보증기금은 특정기업에 대한 과다한 보증을 방지하고, 보다 많은 기업에 보증을 분산 지원하여 보증배분의 효율성과 기본재산 건전화를 도모하기 위해 같은 기업이 최대한 이용할 수 있는 보증한도를 규정하고 있다.

- 같은 기업에 대한 일반 보증한도
  신용보증기금과 기술보증기금의 일반보증을 합하여 30억원 → 신용이 취약하거나 규정에서 따로 정하는 기업은 15억원 이내로 제한될 수 있다. 다만, 금융위원회가 국민경제상 특히 필요하다고 인정하는 자금 또는 기업의 경우에는 일반한도를 초과하여 이용하실 수 있다.

보증한도는 보증심사등급에 준하여 산정된다. 그리고 신용보증기금은 일반운전자금, 창업자금, 구매자금, 시설자금 등 다양한 보증상품이 있으며, 보편적으로 정책자금 상담을 받게 되면 크게 운전자금과 시설자금으로 구분해서 상담 받게 된다. 예를들면 중소벤처 기업진흥공단의 경우, 정책자금을 신청할 때 여러가지 자금 중에 기업이 원하는 자금을

---

6) 출처 : 신용보증기금(www.kodit.co.kr)

선택하여 신청하게 되어 있지만 신용보증기금에서는 다양한 자금이 있어도 표면적으로는 운전자금과 시설자금으로 구분하여 상담을 진행하게 된다. 기업의 상황에 따라 운전자금과 시설자금을 함께 상담 받을 수 있으니 참고하기 바란다. 우리는 신용보증기금의 운전자금에 대해 알아보도록 하자.

1) 진행절차

가) 1차 서류 접수
i) 해당 지역의 신용보증기금 방문
ii) 준비서류 : 사업자등록증, 표준재무제표(손익계산서 포함) 최근 3년치, 부가가치
세과세표준증명원 최근 3년치
* 표준재무제표가 없을 경우, 매입매출처별세금계산서합계표로 대체.

나) 2차 서류 접수
i) 개인기업, 법인기업 공통
: 기업개요표, 임대차계약서, 4대보험 사업장 가입자명부, 금융거래확인서, 부동산
등기사항전부증명서, 주민등록표등·초본, 지방세납세증명, 사업자등록증명, (국
세)납세증명서
ii) 법인기업 추가서류 : 주주명부(주식이동상황명세서), 법인등기사항전부증명서

다) 대출은행 섭외
i) 기관 보증 이후, 대출받을 은행 섭외
ii) 하나/기업/신한은행 중에서 섭외 (국민/우리은행의 경우, 금리가 높을 수 있음)
iii) 참고사항 : 신용보증기금에서 서류접수 후, 2차 서류접수 및 실사 대기중이라고
함.

라) 1차 실사
i) 신용보증기금 담당자가 해당 사무실 및 공장(창고)으로 실사
ii) 기간 : 상담 후 2주 정도 소요

마) 2차 실사
i) 섭외한 대출 은행 담당자가 해당 사무실 및 공장(창고)으로 실사
ii) 기관 실사 후로 일정을 조율

바) 보증서 발급
i) 신용보증기금 방문하여 사인 후, 보증서 발급
ii) 기간 : 기관 실사 후, 1주 내

사) 대출
i) 신용보증기금에서 보증서를 은행으로 전달한 뒤에 은행에 방문하여 사인 후, 대
출 실행
ii) 기간 : 1~3영업일 내

❖ 1차 서류 접수 시, 가점 받을 수 있는 서류

: 일자리안정자금 지급결정 통지서, 청년추가고용 장려금 등, 노란우산공제 부금납 입증명서, 수출실적증명원, 장애인 기업을 입증하는 서류, 여성기업확인서

❖ 1차 서류 접수가 통과되어야 2차 서류 접수로 진행이 된다. 1차 서류 접수 통과 시 빠르게 상담 받는 것을 추천하며, 2차 서류는 가급적 미리 준비할 것을 추천한다.

❖ 신용보증기금의 기본적인 진행절차에 대한 내용이므로, 상황에 따라 추가 서류가 필요할 수 있다.

2) 기업개요표7)(사업계획서)

신용보증기금에서 1차 서류 접수 시, 정책자금 융자 진행이 되는 경우에 필수적으로 제출해야 하는 사업계획서이다. 해당 기업의 기본정보, 대표자의 정보, 사업장의 현황 등을 작성하여 2차 서류 접수 시에 함께 제출해야 한다. 허위 정보를 작성해서는 안되며, 사실에 근거한 내용을 작성해야 한다. 신용보증재단보다는 작성해야 할 내용이 많지만 신용보증기금은 정책자금 중에서도 서류 작성이 매우 쉽기 때문에 크게 어렵지 않다.

아래의 내용이 신용보증기금 기업개요표(사업계획서)이다. 대개 첫 거래에서는 총보증금액 3억원 이하 서식을 작성하며, 1차 서류 제출 시에 서면이나 팩스로 받는 경우에는 수기로 작성해야 하며 이메일로 서식을 받게 되는 경우는 컴퓨터로 작성하여 프린트해도 상관없다. 단, 수기 작성 시 작성할 내용을 미리 정리하여 깔끔하게 작성할 것을 당부한다. 보기에 좋은 사업계획서가 눈에 더 잘 들어오지 않겠는가? 사람이 하는 일이기 때문에 상대방의 입장에서 생각해보고 준비할 것을 추천한다.

---

7) 출처 : 신용보증기금(www.kodit.co.kr)

기 업 개 요 표 I

1. 기업체 개요

기 업 체 명			대 표 자 명	
소 재 지	주	소	전 화 번 호	FAX 번 호
본 사				
사 업 장				
홈페이지 주소		e-mail 주소		

	연 월	내 용	관계기업	기 업 체 명	
연혁				대 표 자 명	
				법인(주민)등록번호	
				설 립 일 자	
				업종(주요제품)	
				관계내용	

2. 대표자 및 경영진 현황
(단위: 백만원)

	성 명		주민등록번호		-
대표자	자택전화번호		휴대폰 번호		
	취임일자		사업관련 자격증		
	경영형태	창업자( ), 승계( ), 인수( ), 동업( ), 전문경영인( ), 기타( )			

	주요경력	기간(년/월)	근 무 처	근무처 업종	최종직위(담당업무)

	현 거주주택		소유관계	자가(소유자: 관계:) 전세( )백만원, 월세( )천원	
	기타소유자산 (배우자포함)				

	경영진(년 월 일 현재)			주주(년 월 일 현재)		
직 위	성 명	실제경영자와의 관계	주요경력	주주명	실제경영자와의 관계	소유주식금액
				합계(주주수: 명)		

※ 대표자가 2인 이상인 경우 별지를 이용하여 추가 작성하시기 바랍니다.

3. 사업장 및 기술력 현황
(단위: 백만원)

주사업장	소재지			소유관계	자가(소유자 관계) 전세( )백만원, 월세( )천원	
	가동상황	월평균 일, 1일평균 시간				
	생산방식*	자사제조 %, 외주가공 %		주문생산 %, 시장생산 %		
	공사방식*	관급공사 %, 민간공사 %		원청공사 %, 하청공사 %		
	판매방식*	도매판매 %, 소매판매 %		고정판매 %, 비고정판매 %		

주요시설	종 별	수 량	장부가격	도입연도	용 도	

상시종업원 (명)	기술직 명	기능직 명	사무직 명	기타 명	비상시종업원 (명)
산업재산권 각종인증등	규격표시/인증 KS( ),ISO( ),기타( )	산업재산권 특허( ),실용신안( ),기타( )		경영혁신형기업 등 벤처( ), 이노비즈( ), 메인비즈( )	

※ 생산방식(제조업), 공사방식(건설업), 판매방식(기타업종)은 업종별 해당항목만 작성하시기 바랍니다.

[표2 – 기업개요표①]

4. 주요거래처 및 결제조건 등
(단위: 백만원)

주요거래처	구매처 상호 (거래품목)	사업자번호	거래기간	결제기간	판매처상호 (거래품목)	사업자번호	거래기간	결제기간
			년 월	일			년 월	일
			년 월	일			년 월	일
			년 월	일			년 월	일
			년 월	일			년 월	일
			년 월	일			년 월	일

매 출 채 권 (받을어음)	( )		매 입 채 무 (지급어음)	( )
판 매 조 건	현금 %, 외상 %(일)		구 매 조 건	현금 %, 외상 %(일)
공사수주 및 잔고	전년도 이월공사(A)	금년도 수주공사(B)	금년도 수입금액(C)*	현재 수주잔액(A+B-C)

※ 금년도 수입금액은 작성일 현재 기준으로 금년도에 발주처로부터 받은 기성금, 선수금 등 공사대금 수입금액을 기재하시기 바랍니다

5. 판매계획 및 자금사용계획
(단위: 백만원)

제품명	금년도 판매계획	내년도 판매계획	자금사용계획(자금용도)

6. 보증료(또는 가수금) 환급 시 입금계좌(법인기업: 법인명의 계좌, 개인기업 등 : 대표자명의 사업용 계좌)

금융회사명		계좌번호		예금주		입금동의	동의함(서명)

- 보증기한 전에 대출금이 상환되어 보증이 해지된 경우에는 상환일 다음날 이후의 보증료 수납분을 환급해 드립니다.
- 보증료(또는 가수금) 환급은 제출하신 환급계좌로 송금받으실 수 있으며, 환급계좌 미제출, 변경 등으로 보증료를 환급받지 못한 경우에는 신용보증기금 홈페이지에서 확인 및 환급 신청이 가능합니다.

7. 경영진단보고서 제공에 대한 요청

- 본인은 신보의 신용보증(보증금액 5천만원 초과)을 받는 경우 기업의 경영개선을 위한 참고자료인 경영진단보고서를 아래의 수령방법으로 제공해 줄 것을 요청합니다. (아래의 수령방법 중 하나를 선택하세요)

직접 방문(대표자 또는 실제경영자)	e-mail(대표자 또는 실제경영자)*	등기우편(주사업장 주소지)

* e-mail 수령시 대표자 또는 실제경영자 email : (   )

8. 신용보증기금 업무 담당자

담당자	(직위) (성명) (전화) (e-mail)

▣ 윤리경영 실천을 위한 협조 확약

본인은 신용보증 신청 등과 관련하여 신용보증기금(이하 '신보')의 윤리경영 실천에 적극 협조하기 위하여 아래와 같이 서약합니다.
- 보증거래 등과 관련하여 신보의 임직원은 물론 어떠한 자에 대하여도 금품, 선물, 향응 등을 제공하지 않으며, 제3자에게도 보증청탁을 하지 않는다.
- 신보의 임직원과 일체의 금전거래를 하지 않는다. 이에 불구하고 금전거래에 따른 피해가 발생할 경우 그 책임은 본인에게 귀속된다.
- 신보의 임직원 등이 금전거래, 금품, 선물, 향응 등을 요구한 경우에는 즉시 신보의 윤리경영팀 또는 홈페이지 감사제보센터에 신고한다.
- 신보의 임직원 등에게 금품, 선물, 향응 등을 제공하거나, 제공 요구를 받고도 그 사실을 신보에 신고하지 않은 경우 또는 신보의 임직원과 금전거래를 하거나, 금전거래를 요구받고도 그 사실을 신고하지 않은 경우에는 신규보증 중단, 기보증의 해지, 최고보증료율 적용 등의 불이익을 받게 되어도 이의를 제기하지 않는다.
「신보 윤리경영팀」 전화번호 : 1588-6565
· 관련법률과 신보의 내규에 따라 신고자의 신분은 철저하게 보호됩니다.

▣ 유의사항

□ 허위자료 제출시 제재사항
이 「기업개요표」는 귀사가 신용조사 및 신용보증을 받는데 중요한 자료로 활용되므로, 사실과 다르거나 **허위의 자료를 제출한 경우**에는 저희 신보 내규에서 정하는 바에 따라 향후 신용보증을 받을 수 없음은 물론, 고소·고발 조치도 될 수 있습니다.

□ 신용정보 제공활용 동의 등
제출자료는 신보에서 정보업무 등에 활용하는데 동의합니다.

작 성 일 : 20 년 월 일	기업체명 :
작 성 자 :	대 표 자 : (인)

[표2 - 기업개요표②]

1. 대표자 및 경영진 현황 중 대표자(실제경영자)

성 명		주민등록번호		-
자택전화번호		휴대폰 번호		
취임일자		사업관련 자격증		
경영형태	창업자( ), 승계( ), 인수( ), 동업( ), 전문경영인( ), 기타( )			
주 요 경 력	기간(년/월)	근 무 처	근무처 업종	최종직위(담당업무)
현 거주주택		소유관계	자가(소유자: 관계:) 전세( )백만원, 월세( )천원	
기타소유자산 (배우자포함)				

성 명		주민등록번호		-
자택전화번호		휴대폰 번호		
취임일자		사업관련 자격증		
경영형태	창업자( ), 승계( ), 인수( ), 동업( ), 전문경영인( ), 기타( )			
주 요 경 력	기간(년/월)	근 무 처	근무처 업종	최종직위(담당업무)
현 거주주택		소유관계	자가(소유자: 관계:) 전세( )백만원, 월세( )천원	
기타소유자산 (배우자포함)				

성 명		주민등록번호		-
자택전화번호		휴대폰 번호		
취임일자		사업관련 자격증		
경영형태	창업자( ), 승계( ), 인수( ), 동업( ), 전문경영인( ), 기타( )			
주 요 경 력	기간(년/월)	근 무 처	근무처 업종	최종직위(담당업무)
현 거주주택		소유관계	자가(소유자: 관계:) 전세( )백만원, 월세( )천원	
기타소유자산 (배우자포함)				

[표2 - 기업개요표③]

(별지) 기술자산평가

1. 기업체 개요

기술분류		
구 분	기 술 명	기술의 세부설명
보유기술Ⅰ		
보유기술Ⅱ		
보유기술Ⅲ		

2. 대표자의 기술력 현황

주 요 경 력	기간(년/월)	근 무 처	기술개발경험

기술관련 교육수준					
구 분	전문대	학사	석사	박사	기타교육이수
전 공					

기술관련 자격 보유현황				
구 분	기술사	기 사	산업기사	기능사
자격증명				
취 득 일				
기술개발실적				

3. 사업장 및 기술력 현황

(단위 : 백만원)

기술개발인력 (명)	특 급	고 급	중 급	초 급	기 타
	명	명	명	명	명

기술개발 전담조직	구 분	기업부설연구소	연구개발전담부서	기타연구조직
	운영기간			

기술개발 인프라	구 분	도입 및 투자 계획
	생산설비	
	기술개발장비	
	기술개발투자비	

[표2 - 기업개요표④]

가) 기업체 개요

i) 기업체명, 소재지, 대표자명, 전화번호, 팩스번호, 이메일 주소, 연혁은 필수 기재 항목이다.

ii) 홈페이지 주소는 있는 경우에만 작성한다.

iii) 관계기업은 해당 사항이 있을 때에만 작성한다.

나) 대표자 및 경영진 현황

i) 성명, 주민등록번호, 휴대폰 번호, 취임일자, 경영형태, 주요경력, 현 거주주택, 소유관계는 필수 기재 항목이다.

ii) 자택전화번호 : 있는 경우에만 작성한다.

iii) 사업관련 자격증 : 있는 경우에만 작성한다.

iv) 주요경력 : 사업과 관련한 대표자의 경력 위주로 작성한다.

* 여성대표자 또는 청년대표자의 경우에는 주요경력 작성이 매우 중요하다. 이유는 명의상대표 즉 바지사장 때문이다. 많은 기업들이 신용등급 및 개인사정으로 대표자의 아내 또는 자녀를 대표자로 해서 사업을 하기 때문에 기관 담당자들도 우선은 여성대표자와 청년대표자는 좀더 꼼꼼히 체크하게 된다. (실제로 상담을 진행해 보면 이런 기업이 많았고 이를 기관 담당자들도 알고 있기 때문에 어쩔 수 없다.)

iv) 경영진 : 대표자가 1인인 경우 대표자만 작성한다. (대표자가 2인 이상인 경우, 별지를 이용하여 추가 작성한다.)

* 경영진 옆의 날짜는 2차 서류 접수 일자로 작성한다.

v) 주주 : 법인기업의 경우, 주주가 2명 이상일 때 작성한다.

* 경영진 옆의 날짜는 2차 서류 접수 일자로 작성한다.

다) 사업장 및 기술력 현황

i) 주사업장, 주요시설, 상시종업원은 필수 기재 항목이다.

ii) 주사업장

ㄱ. 소재지, 소유관계 : 해당 내용에 맞게 작성한다.

ㄴ. 가동상황 : 사실에 근거하여 작성한다.

ㄷ. 생산방식 : 제조업만 작성한다.

ㄹ. 공사방식 : 건설업만 작성한다.

ㄷ. 판매방식 : 제조업, 건설업 이외의 업종이 작성한다.

iii) 주요시설 : 가격이 높은 순서대로 작성한다.

* 만약 제조업인 경우, 주요시설이 없다면 제조업으로 인정받지 못할 수 있다. 기관에서는 OEM제조를 제조업으로 인정하지 않는 경우가 대부분이다.

iv) 상시종업원 : 사실에 근거하여 작성한다.

v) 산업재산권, 각종인증 등 : 해당 사항이 있을 경우에만 작성한다.

* 가점사항이며, 정책자금 융자 한도에도 영향을 준다.

라) 주요거래처 및 결제조건 등
i) 주요거래처, 판매조건, 구매조건, 공사수주 및 잔고는 필수 기재 항목이다.
ii) 주요거래처 : 구매처 및 거래처는 최소 3개씩 작성합니다.
iii) 매출채권, 매입채무 : 해당 사항이 있을 경우에만 작성한다.
iv) 판매조건 : 사실에 근거하여 작성한다. (단, 외상보다는 현금 비중이 높을수록 좋음.)
v) 공사수주 및 잔고 : 사실에 근거하여 작성한다.
   * 금년도 수입금액은 작성일 현재 기준으로 금년도에 발주처로부터 받은 기성금, 선수금 등 공사대금 수입금액을 기재한다.

마) 판매계획 및 자금사용계획
i) 모든 항목이 필수 기재 사항이다.
ii) 금년도 판매계획, 내년도 판매계획 : 사실에 근거하여 최대 금액을 작성한다.
iii) 자금사용계획 : 사실에 근거하여 작성한다.
   ex) 납품계약 후, 결제일 사이에 필요한 운전자금이 필요
   ex) 운전자금 및 원부자재 구입 비용, 인력충원 비용이 필요

바) 보증료(또는 가수금) 환급 시 입금계좌
i) 법인기업 : 법인명의 계좌를 기재한다.
ii) 개인기업 등 : 대표자명의 사업용 계좌를 기재한다.

사) 경영진단보고서 제공에 대한 요청
: 필수 기재 항목이다.

아) 신용보증기금 업무 담당자
: 기관 담당자 작성 항목임. 공란으로 둘 것!

자) 서명
i) 작성일 : 2차 서류 접수 일자로 작성한다.
ii) 작성자 : 대표자 성명을 기재한다. (예 : 홍길동)
iii) 기업체명 : 상호전부 및 영문 기업체명을 기재함
   (예 : (주)○○○○, △△△(주), □□□기업)
iv) 대표자
   ㄱ. 법인기업 : 대표자 성명 기재 또는 명판과 법인인감 날인 한다.
   ㄴ. 개인기업 : 대표자 성명, 개인인감 날인 한다.

차) (별지) 1. 대표자 및 경영진 현황 중 대표자(실제경영자)
: 대표자가 2인 이상인 경우, 항목에 맞게 추가 작성한다.

카) (별지) 기술자산평가 : 해당 사항에 맞게 작성한다.

* 필수 작성 항목은 아니며, 기업부설연구소 및 연구전담부서가 있는 경우 등에
한하여 작성한다.

3) 실사

가) 신용보증기금 실사

ⅰ) 신용보증기금 담당자와 협의된 날짜에 사무실에 있어야한다.

ⅱ) 제출한 자료에 대한 내용을 숙지해야 한다.

ⅲ) 사업과 관련이 없는 자료 및 물건 등은 가급적 보이지 않게 정리해야 한다.

(Tip) 실사 진행중에 담당자가 필요한 자금을 물어보거나 사업에 대해 긍정적인 이야기를 한다면, 기존에 협의중이던 액수보다 더 높게 요청을 한다.

나) 은행 실사

ⅰ) 은행 담당자와 협의된 날짜에 사무실에 있어야 한다.

ⅱ) 은행 실사는 크게 중요하지 않으며, 간단한 질문에 답변만 하면 된다.

ⅲ) 기관에서 보증서가 나오면 빠른 대출 진행이 되도록 요청한다.

신용보증기금의 운전자금 신청은 형제 같은 기관인 신용보증재단보다는 작성하고 준비할 서류들이 더 많다. 하지만 신용보증재단에 비해 정책자금 융자 한도가 더 크기 때문에 이런 불편을 감수해서라도 신청해야 한다. 또한 신용보증기금은 제조업, 도소매업, 서비스업, 물류업 등 불가업종만 아니라면 쉽게 상담 받을 수 있기 때문에 정책자금 상담 문턱이 높지 않다. 하지만 업종이 건설업의 경우 대부분 정책자금 융자를 받기 힘드니 이를 참고하길 바란다. 다시 말해서 사업자등록증 상의 업종이 건설업만 있는 경우라면 정책자금 융자가 매우 힘들다.

최근 코로나19로 인하여 많은 기업들이 피해를 입은 가운데 소상공인 재난지원금 등이 편성되어 긴급대출 지원을 함에도 불구하고 건설업은 당장 피해업종이 아니라는 정부당국의 인식으로 업체 스스로가 리스크 관리를 하라고 할 정도로 정책자금에 있어서 후순위로 밀려나 있는 업종이다. 때문에 건설업의 경우 정책자금이 필요하다면 이를 참고하여 상담할 것을 당부한다.

다. 기술보증기금

기술보증기금의 보증제도는 담보능력이 미약한 기업이 보유하고 있는 무형의 기술을 심사하여 기술보증서를 발급함으로써 금융기관 등으로부터 자금을 지원받을 수 있는 제도이다. 따라서 우수한 기술력을 바탕으로 건전한 기업활동을 통하여 성장하는 기업에 대해 정책자금 융자를 보증하는 기관이다. 또한 신용보증기금과는 비슷한 점이 많아 진행절차는 비슷하나 작성하는 기술사업계획서(사업계획서)에 차이가 있다.

아래는 기술보증기금에서 제공하는 신용보증[8] 정보를 토대로 작성한 내용이다.

[신용보증 안내]

- **신청자격**
  - 신기술사업을 영위하는 중소기업
  - 중소기업 이외의 기업으로 신기술사업을 영위하는 상시종업원 1,000인 이하이고, 총자산액이 1,000억원이하인 기업
  - 산업기술연구조합
  - ※ 상기대상기업중 "은행업감독규정"에 의한 주채무계열 소속기업은 보증대상에서 제외됩니다. 다만, 기업 구매자금대출, 기업구매전용카드대출 및 무역금융에 대한 보증에 대하여는 상위 30대 계열기업군 소속기업만 제외된다.

- **보증금지**
  - 부당하게 채무를 면탈하여 기금의 건전성을 훼손한 자
    - * 위의 자가 대표자(실제경영자 포함)로 되어 있는 기업
    - * 위의 자가 법인인 경우 그 법인의 이사, 업무집행자 또는 업무집행사원 중 다음 각 목의 어느 하나에 해당하는 사람이 경영하는 기업 또는 이들이 대표자로 되어 있는 기업

- **보증제한**
  - 휴업중인 기업
  - 보증금지기업의 연대보증인인 기업
  - 보증금지기업의 연대보증인인 사람이 대표자(실제경영자 포함)로 되어 있는 법인기업
  - 신용관리정보대상자인 기업
  - 다음 각 목의 어느 하나에 해당하는 자가 신용관리정보대상자인 기업(대표자, 실제경영자, 관계기업 중 주력기업)
  - 파산·회생절차개시의 신청 또는 채무불이행자 명부등재의 신청이 있거나 청산에 들어간 기업
  - 금융회사 대출금을 빈번하게 연체하고 있는 기업

---

8) 출처 : 기술보증기금(www.kibo.or.kr)

- "금융부조리 관련 기업"으로서 보증제한기간이 경과하지 아니한 기업
- 기술보증기금, 신용보증기금 및 신용보증재단의 보증사고기업(사고처리유보기업 포함)
- 기술보증기금 보증사고기업(사고처리유보기업 포함)의 연대보증인인 기업
- 기술보증기금 보증사고기업(사고처리유보기업 포함)의 연대보증인이 대표자(실제 경영자 포함)로 되어 있는 기업
- 다음 각 목의 어느 하나에 해당하는 기업
  - ㄱ. 기금이 보증채무를 이행한 후 채권을 변제 받지 못한 기업 중 보증금지기업에 해당하지 않는 기업
  - ㄴ. 신용보증기금이 보증채무를 이행한 후 채권을 변제 받지 못한 기업
  - ㄷ. 신용보증재단이 보증채무를 이행한 후 채권을 변제 받지 못한 기업
  - ㄹ. 유동화회사보증의 개별회사채 발행기업 또는 대출기업으로서 사채인수계약서 또는 대출약정서에서 정하는 기한의 이익 상실사유가 발생하여 채무불이행상 태에 있는 기업

(다음 각 목의 어느 하나에 해당하는 사람이 대표자(실제경영자 포함)로 되어 있는 기업)
  - 위 기업이 법인기업인 경우 그 기업의 이사 , 업무집행자 또는 업무집행사원 중 보증금지기업 3호 각 목의 어느 하나에 해당하는 사람
  - 위 기업이 개인기업인 경우 그 개인(공동경영자 포함)
  - 위 기업의 실제경영자
  - 위 기업의 연대보증인인 기업 또는 연대보증인인 사람이 대표자(실제경영자 포함)로 되어 있는 법인기업

기술보증기금의 경우도 보증금지 및 보증제한에 대한 기준은 신용보증재단, 신용보증기금과 비슷하다. 하지만 창업초기 기업에 대해 보증한도는 차이가 있다. 각 기관에서 제공하는 한도는 각 기준에 대해 최대한의 금액을 표시했지만 창업초기 기업에 대해서는 약간의 차이가 있다.

신용보증재단은 창업초기 기업이 정책자금 융자 상담을 받게 되면 대개 최대 5천만원 이하의 기준으로 상담을 받게 되고, 신용보증기금은 최대 3억원 이하의 상담을 받게 된다. 신용보증재단은 첫 거래 시 최대 5천만원, 신용보증기금은 첫 거래 시 최대 3억원을 넘기기 어렵다는 이야기이다.

그렇다면 기술보증기금은 얼마일까? 기술보증기금은 최대 2억원이내의 정책자금 융자에 대해 상담을 받게 된다. 다음에 해당하는 일반보증9) 내용은 사실상 창업초기의 기업과는 거리가 먼 내용일 수 있다. 하지만 정책자금을 필요로 하는 기업의 상황은 다르기 때문에 꼭 확인해야 할 사항이다.

[일반보증]

---

9) 출처 : 기술보증기금(www.kibo.or.kr)

- 보증한도
  - 한도거래기업의 설정한도액은 기업의 기술사업평가등급 및 연간자금계획 등을 감안하여 결정하고 최고 30억원까지 운용할 수 있으며, 아래의 경우는 30억원을 초과하여 한도를 설정할 수 있습니다.
    - ㄱ. 보증한도 70억원
      - 무역금융 및 중소기업의 한국수출입은행 수출자금관련대출에 대한 보증
      - 수출용원자재 수입을 위한 수입신용장 발행에 대한 보증
      - 기술집약형 중소기업에 대한 이행보증과 전자상거래담보보증
      - 핵심분야 보증중 우수기술기업과 녹색성장산업 영위기업에 대한 보증
    - ㄴ. 보증한도 50억원
      - 기업구매자금대출 및 기업구매전용카드대출에 대한 보증
      - 기술집약형 중소기업에 대한 보증
- 한도거래기간
  - 원칙적으로 1년 이내
  - "Kibo A+ Members"인 경우에는 2년이내에서 탄력적으로 운용할 수 있으며, 기간이 만료되었을 때는 신규절차에 의하여 한도액 및 한도거래기간을 재설정 할 수 있다.

위의 내용은 기술보증기금 상담 신청 시 꼭 확인해야 할 사항이다. 하지만 많은 기업들이 위의 내용을 하나하나 확인하고 검토할 수 없기 때문에 이 책을 통해 쉽게 접근하면 되고, 위의 내용은 기준이라는 것만 알고 넘어가면 된다.

여기서 우리는 한 가지를 체크하고 넘어가야 한다. 위 내용 중에 신청자격 해당기업에 보면 "신기술사업[10]"이라는 내용이 나온다.

[체크사항]

- 신기술사업이란?
  - 제품개발 및 공정개발을 위한 연구사업
  - 연구개발의 성과를 기업화, 제품화하는 사업
  - 기술도입 및 도입기술의 소화 개량사업
  - 다른 법령에서 규정된 기술개발사업
  - 기타 생산성향상, 품질향상, 제조원가절감, 에너지절약 등 현저한 경제적 성과를 올릴 수 있는 기술을 개발 또는 응용하여 기업화, 제품화하는 사업
    - ＊ 업종별 제한은 없으나, 제조, IT, 연구 및 개발, 기술 서비스업종 등이 주로 해당되며, 여타업종 영위기업도 상기 신기술사업을 영위하는 경우 보증대상에 해당한다.

기술보증기금은 위 내용에서 보면 알 수 있듯이 주로 제조업, 서비스업이 상담하기에 좋

---

10) 출처 : 기술보증기금(www.kibo.or.kr)

은 기관이며, 그 중에서도 연구, 기술개발, 신규사업화 등에 해당하는 기업이 이에 해당한다. 하지만 최근에 상담했던 업체들의 경우를 보면 이런 기준이 있다고 기술보증기금에서 모두 정책자금 융자를 받을 수 있는 것은 아니다. 이전보다 정책자금의 문턱이 더 높아졌다고 보여지며 이를 쉽게 해결할 수 있는 방안에 대해서는 이후에 정책자금 필승전략에서 다루도록 하겠다.

1) 진행절차

가) 1차 서류 접수
i) 해당 지역의 기술보증기금 방문
ii) 준비서류 : 사업자등록증, 표준재무제표(손익계산서 포함) 최근 3년치, 부가가치
세과세표준증명원 최근 3년치
   * 표준재무제표가 없을 경우, 매입매출처별세금계산서합계표로 대체.

나) 2차 서류 접수
i) 개인기업, 법인기업 공통
   : 기술사업계획서, 임대차계약서, 4대보험 사업장 가입자명부, 금융거래확인서, 부
동산등기사항전부증명서, 주민등록표등·초본, 지방세납세증명, (국세)납세증명서
ii) 법인기업 추가서류 : 주주명부(주식이동상황명세서), 법인등기사항전부증명서

다) 대출은행 섭외
i) 기관 보증 이후, 대출받을 은행 섭외
ii) 하나/기업/신한은행 중에서 섭외 (국민/우리은행의 경우, 금리가 높을 수 있음)
iii) 참고사항 : 기술보증기금에서 서류접수 후, 2차 서류접수 및 실사 대기 중 이라
고 함.

라) 1차 실사
i) 기술보증기금 담당자가 해당 사무실 및 공장(창고)으로 실사
ii) 기간 : 상담 후 2주 정도 소요

마) 2차 실사
i) 섭외한 대출 은행 담당자가 해당 사무실 및 공장(창고)으로 실사
ii) 기관 실사 후로 일정을 조율

바) 보증서 발급
i) 기술보증기금 방문하여 사인 후, 보증서 발급
ii) 기간 : 기관 실사 후, 1주 내

사) 대출
i) 기술보증기금에서 보증서를 은행으로 전달한 뒤에 은행에 방문하여 사인 후, 대
출 실행
ii) 기간 : 1~3영업일 내

❖ 1차 서류 접수 시, 가점 받을 수 있는 서류
   : INNO-BIZ기업선정 증명서, 특허권, 실용신안권 등록증명서, 벤처기업 확인서

: 회사소개서 또는 브로셔 등

: 일자리안정자금 지급결정 통지서, 청년추가고용 장려금 등, 노란우산공제 부금납입증명서, 수출실적증명원, 장애인 기업을 입증하는 서류, 여성기업확인서

❖ 1차 서류 접수가 통과되어야 2차 서류 접수로 진행이 된다. 1차 서류 접수 통과 시 빠르게 상담 받는 것을 추천하며, 2차 서류는 가급적 미리 준비할 것을 추천한다.

❖ 기술보증기금의 기본적인 진행절차에 대한 내용이므로, 상황에 따라 추가 서류가 필요할 수 있다.

2) 기술사업계획서(사업계획서)

기술보증기금에서 1차 서류 접수 시, 정책자금 융자 진행이 되는 경우에 필수적으로 제출해야 하는 사업계획서이다. 기술사업계획서는 신용보증재단, 신용보증기금과는 다르게 작성할 내용이 더 많아진다. 아무래도 기술보증기금은 신청자격 해당기업 항목에 나와 있듯이 신기술사업에 해당하는 기업을 우선적으로 보증해 주기 위함이다. 이를 파악하기 위해 신청하는 기업의 신기술이 어떤 내용이고 이에 대한 부가적인 현황 등을 작성하도록 하고 있다.

기술보증기금은 보편적으로 첫 거래 시 2억원 이하의 보증을 해주는 기관이다. 신용보증기금은 3억인데 기술보증기금은 2억밖에 안된다고 보증한도가 적다고 생각할 수 있지만, 각각의 장단점이 있다. 이유는 신용보증기금에서 정책자금 상담을 받는다고 모두가 3억원 보증을 받는게 아니며, 기술보증기금에서 정책자금 상담을 받는다고 모두가 2억원 보증을 받는게 아니기 때문이다. 상황에 맞게, 필요에 맞게 선택해야 할 문제라는 것이다.

기술보증기금의 장점이 있다면, 필요한 요건만 잘 갖춘다면 신용보증기금보다 정책자금 보증을 받기가 훨씬 쉽다. 예를들어 창업초기의 1년 미만 기업이고, 현재까지 매출이 3천만원이다. 그리고 제조업이고, 뿌리산업이다. 이런 경우에 신용보증재단, 신용보증기금, 기술보증기금 중에서 어느 기관에서 상담을 받는 것이 좋을까? 앞에서 신용보증재단을 설명할 때, 매출이 1억원 미만인 경우에는 신용보증재단에서 상담 받는 것을 추천했다. 하지만 위의 경우에는 제조업인 것과 뿌리산업이라는 조건이 있기 때문에 기술보증기금에서 정책자금 상담 받기를 추천한다. 몇가지의 조건이 더 추가된다면 유리하겠지만, 위의 경우 기술보증기금에서 정책자금 보증을 받기 가장 쉬우며, 융자의 한도 또한 커지게 된다.

다음은 기술보증기금의 기술사업계획서[11] 양식이다.

---

11) 출처 : 기술보증기금(www.kibo.or.kr)

접수번호		접수일	20 년 월 일

	팀 원	팀 장

기 술 사 업 계 획 서(보증용)

※ 총보증금액 2억원 이하 신청기업용

◆ 기술평가 신청기술(제품)

기술사업(제품)명	

◆ 평가종류

평 가 종 류	신 청 내 용	
□ 자금지원용평가	□ 운전 : ( ) 백만원	□ 시설 : ( ) 백만원
□ 우수기술기업인증평가	□ 벤처기업확인평가 □ 이노비즈기업선정평가	

상기와 같이 기술평가(보증)를 신청합니다.

년   월   일

기 업 체 명 :
대 표 자 :   (인)

기술보증기금 (   )지점(소)장   귀하

작성자성명		직위		연락처	HP)	TEL)	E-mail)

〈 안내 말씀 〉

◆ 윤리경영 실천을 위한 협조 확약

▶ 우리 기금은 보증 또는 기술평가와 관련하여 어떠한 경우에도 일체의 사례를 받지 않습니다.

▶ 제3자(컨설팅회사, 알선업자, 브로커 등)가 부당하게 개입하여 서류작성, 보증알선 등 업무추진을 위해 기금에 사례를 해야 한다는 명목으로 금품을 요구하는 경우 즉시 우리 기금에 신고 바랍니다

▶ 만일 제3자에 대해 로비나 사례 명목의 금품을 제공하고 보증을 받은 사실이 발견될 경우 보증지원철회 등의 불이익을 받을 수 있으니 각별히 유념하시기 바랍니다.

◆ 허위자료 제출시 제재사항

▶ 보증 신청시 허위의 자료를 제출할 경우에는 우리 기금 내규에 따라 향후 기술보증을 받을 수 없을 뿐만 아니라, 「신용관리정보대상자」로 등록되어 타 기관과의 금융거래에서 불이익을 초래하며 민·형사상의 모든 책임을 질 수도 있습니다.

◆ 사이버영업점(http://www.kibo.or.kr/) 가입

▶ 각종자가진단, 보증진행상황 및 거래내역조회 등 서비스를 편리하게 이용 하실 수 있습니다.

[표3 - 기술사업계획서①]

① 기업체 개요

기업체명		대표자		E-mail	
				Homepage	
사업장	주 소		전화번호 (팩스번호)	사업자등록번호	소유 여부
	본사)		( )	- -	□ 자가, □ 임차
	사업장)		( )	- -	□ 자가, □ 임차
주요제품 (상품, 용역)		용도 및 특성			
상시근로자	전년도 평균 : 명, 최근 __월말 : 명		가동상황	월 평균 ___일	
생산방식	자사제조___% / 외주가공 ___%		주거래은행		
연혁	연 월	내 용	주요시설	종 류	수 량
	년 월				
	년 월				
	년 월				
	년 월				
관계기업	회사명 : , 대표자 : , 관계내용 :				
보증료 환급계좌	※ 법인기업: 법인명의 계좌, 개인기업 등 : 대표자명의 사업용 계좌 은행명) 계좌번호) 예금주)				
사이버영업점 가입사항	가입여부 □ 여, □ 부		세무·회계사무소명		
			전화번호		

② 대표자 등(1.대표자( ),2.공동대표자( ),3.실제경영자 등( )) 및 경영진 현황

성 명		생년월일		자택전화	
현 주소지				휴대전화	
동업계 종사기간	년 개월	경영형태	창업( ) 2세승계( ) 인수( ) 전문경영인( )		
최종학력	년도 월	학교(대학원)	학과 (졸업, 수료, 중퇴)		
주요경력	기 간	근 무 처	근무처업종	담당업무	최종직위
	년 월 - 현 재				
	년 월 - 년 월				
	년 월 - 년 월				
거주주택		소유자(관계)	( )		

경영진					주주(년 월 일 현재)		
직위	성명	실제경영자 또는 대표자와의 관계	최종학력	담당업무 및 주요경력	주주명	실제경영자 또는 대표자와의 관계	소유 주식금액
					합계(주주 수 : 명)		

※ 공동 대표자, 실제 경영자 등이 추가로 있는 경우에는 위 표를 복사하여 추가로 작성

[표3 – 기술사업계획서②]

③ 매출현황 및 영업현황 (건설업은 별지 작성)　　　　　　　　　　　　　　　　　(단위 : 백만원)

구 분		전전년도 (실적)		전년도 (실적)		금년도 (예상)	
계(수출실적)		(천불)		(천불)		(천불)	
최근 매출실적(_월말 현재)				최근 수주금액(_월말 현재)			
부실채권보유액(_월말 현재)			매출처	상호	사업자번호		연간거래액
매출조건	현금 % / 외상 %				- -		
	결제기간 (일 - 일)				- -		
매입조건	현금 % / 외상 %				- -		
	결제기간 (일 - 일)			계			약__개 업체
자금사용계획 (자금용도)							

④ 기술사업 내용

기술사업(제품)명				개발 방법	□ 단독, □ 공동
권리구분	□ 특허권 □ 실용신안권 □ 디자인 □ 프로그램저작권 □ 기타 ( )				
사업화단계	□ 양산(시장판매·사업화포함)단계 □ 양산(시장판매·사업화포함)준비단계 □ 제품화(상품화·제작포함)완료단계 □ 시제품(연구·개발·기획)단계				
기술사업(제품) 내용	※ 제품의 특성 및 핵심기술, 기술개발내용 및 과정 등을 간략히 기재				
기술개발 환경	□ 공인된 기업부설연구소 □ 연구개발전담부서 보유 □ 기술인력만 확보 □ 연구설비 및 기술인력 없음				
기술인력 현황	직위	성 명	생년월일	최종학력(전공)	주요 경력(동업종 경력)
지식재산권 각종인증등	**특허**			**실용신안**	
	□ 등록 ( )건 □ 출원 ( )건			□ 등록 ( )건 □ 출원 ( )건	
	□ 디자인등록 ( )건 □ 상표권등록 ( )건 □ ISO 인증 ( )건 □ 기타( )		□ 프로그램등록 ( )건 □ KS 인증 ( )건 □ 면허 및 인허가 ( )건 ( )건		
도입 또는 개발희망기술			개 발 방 법	□ 직접개발 □ 용역의뢰 □ 기술이전(매수) □ 기업인수합병 □ 기타 ( )	

[표3 - 기술사업계획서③]

[별지] 건설업용 매출현황 및 영업현황

매출현황 및 영업현황(건설업)

① 면허 및 시공능력 현황 (건설면허 1.종합, 2.전문)
(단위:백만원)

면 허 종 류	년도		년도		년도		비 고
	순 위	시공능력	순 위	시공능력	순 위	시공능력	(취득일자등)
	/		/		/		
	/		/		/		

② 공사수입현황
(단위:백만원)

공 사 구 분	/ /	/ /	/ /	최 근 영 업 상 황 (현재)		
국 내 공 사				(천롤)		
일반수주공사						
관 납 공 사				판매조건	현금 %,외상 %	
분 양 공 사					결제기간(일- 일)	
해 외 공 사	( )	( )	( )	구매조건	현금 %,외상 %	
기 타 매 출					결제기간(일 - 일)	
계						

③ 당기말현재 진행공사 및 당기말이후 신규계약공사(. . 현재)
(단위:백만원)

주 요 공 사 명	발 주 처	당기말현재진행공사			당기말 이후	공사예정기간
		수주금액	당기말현재총기성고	이월공사액	신규수주금액	
						-
						-
						-
						-
						-
계						-

④ 주요거래처
(단위:백만원)

구분	상 호	사업자등록번호	연간거래액	거래기간	구분	상 호	사업자등록번호	연간거래액	거래기간
구매처		- -			하도급		- -		
		- -					- -		
		- -					- -		
		- -					- -		
		- -					- -		
계			약 개 업체		계			약 개 업체	

[표3 – 기술사업계획서④]

- 46 -

기술보증기금 또한 신용보증기금과 동일하게 1차 서류 제출 시에 기술사업계획서를 서면이나 팩스로 받은 경우에는 수기로 작성하면 되며, 수기 작성 시 작성할 내용을 미리 정리하여 깔끔하게 작성할 것을 당부한다. 대게 기술보증기금은 사업화에 대한 내용을 작성해야 하기에 내용이 많아질 수 있으므로 서식을 이메일로 보내준다. 이메일로 받은 서식을 양식에 맞게 잘 작성하여 제출하면 되며, 될 수 있으면 서식의 설정값을 변경하지 않고 작성하길 추천한다. 설정값은 글씨체나 폰트 등을 말한다.

기술보증기금의 기술사업계획서 운전자금 작성요령[12]에 대해 알아보도록 하자.

---

12) 출처 : 기술사업계획서 작성요령

가) 기술사업계획서(표지)

i) 기술사업(제품)명 : 기술 및 제품에 대한 요약 명칭을 기재한다.

　(예 : 제품 사출, 제품 와이어컷팅, IOT기반 운영관리 시스템 등)

ii) 평가종류 : 자금지원용평가, 우수기술기업인증평가 체크한다.

iii) 신청내용 : 운전 체크, 필요금액을 기재한다.

iv) 날짜 : 기술사업계획서 제출일로 기재한다.

v) 기업체명 : 상호전부 및 영문 기업체명을 기재한다.

　(예 : (주)○○○○, △△△(주), □□□기업)

vi) 대표자

　ㄱ. 법인기업 : 명판과 법인인감 날인한다.

　ㄴ. 개인기업 : 대표자 성명 기재, 개인인감 날인한다.

vii) 작성자성명 : 대표자 성명을 기재한다.

viii) 직위 : '대표'로 기재한다.

ix) 연락처 : 대표자 핸드폰 번호, 회사 전화번호, 회사 대표자 개인의 전자우편 주소를 기재한다. (예 : master@kibo.co.kr)

나) 기업체 개요

i) 기업체명 : 상호전부 및 영문 기업체명을 기재한다.

　(예 : (주)○○○○, △△△(주), □□□기업)

ii) 대표자 : 대표자 성명 및 영문 성명을 기재한다. (예 : 홍길동)

iii) E-mail : 회사 대표자 개인의 전자우편 주소를 기재한다. (예 : master@kibo.co.kr)

iv) Homepage : 회사 Homepage 주소를 기재한다. (예 : www.kibo.or.kr)

v) 사업장 : 업자등록증상의 사업장을 규모가 큰 순서대로 기재한다.

　(3개 초과 시에는 마지막주소 말미에 "외 ○개" 기재한다.)

vi) 전화번호(팩스번호) : 회사 전화번호 및 팩스번호를 기재한다.

vii) 사업자등록번호/소유여부 : 해당 사항에 맞게 기재 및 체크한다.

viii) 주요제품(상품, 용역) : : 창업 후 기술개발중인 경우에는 예정품목을 기재하고, 기존 생산(판매) 제품, 상품 (또는 서비스)이 있는 경우에는 품목을 기재한다. (예: 금형 가공 및 부품, 플라스틱 가공 및 제작, IOT기반의 운영관리 시스템 등)

　* 건설업의 경우는 토목공사, 건축공사, 전기공사 등으로 구분 표시한다.

　* 운수, 창고업의 경우는 버스여객, 전세여객, 택시, 장의차, 선박 등 사업별로 구분 표시한다.

ix) 용도 및 특성 : 주요제품에 대한 용도 및 특성에 대해 간략하게 설명한다.

x) 상시근로자

　ㄱ. 전년도평균 : 전년도의 매월 말일 현재(급여대장 등 인원)의 근로자를 합하여 월로 나눈 인원이다.

　ㄴ. 최근월말 : 최근 월말 현재 상시근로자를 기재한다.

　　* 년도 중 창업한 기업은 최근 월말 인원만 기재한다.

　　* 상시근로자라함은 당해기업에 계속하여 고용되어 있는 근로자중 3개월이내

기간을 정하여 고용되어 있는 근로자, 일용근로자 및 기업부설연구소의 연구
전담요원을 제외한 자를 말한다.

xi) 생산방식 : 자사 직접제조와 외주가공 비중을 기재한다.

xii) 가동상황 : 월 평균 가동일수를 기재한다.

xiii) 주거래은행 : 주거래은행과 지점을 기재한다.

xiv) 연혁

ㄱ. 설립, 증자, 대표자/상호/업종 변경, 공장신축, 이전 등 기업의 주요 연혁을 기
재한다.

ㄴ. 법인기업은 법인설립후의 자본, 대표자 등 변동상황을 기재하되, 법인등기사
항증명서상 자본금 증자등기이후에 이루어진 증자분(유/무상증자)이 있을 경
우 포함하여 기재한다.

xv) 주요시설 : 최근월말 현재(부득이한 경우 당기말 현재)보유하고 있는 주요 기계
장치, 구축물, 공기구 등(건설업의 경우 주요건설장비, 운수, 창고업의 경우 차
량, 창고 등)을 관련 장부와 일치토록 하며 금액 또는 규모 등을 기준으로 하여
주요 순으로 기재하고 최근 도입시설, 리스시설을 비고란에 표시한다.

xvi) 관계기업 : 기재하지 않아도 된다. (단, 아래의 경우에 해당하면 기재한다.)

* 관계기업은 독점규제 및 공정거래에 관한 법률 제2조 제2호와 동법시행령
제3조에 의한 기업집단에 해당하는 관계에 있는 기업이다.

* 관계기업은 개인기업도 포함된다.

ㄱ. 동일인이 당해 회사의 발행주식(의결권이 없는 주식 제외) 총수의 100분의
30 이상을 소유하는 경우로서 최다 출자자인 회사

ㄴ. 당해 회사의 경영에 대하여 상당한 영향력을 행사하고 있다고 인정되는 회사
(예시) 대표자가 동일인임 / 대표이사 000 25% 주식소유 / 모기업격인 000
(주) 25% 주식소유

xvii) 보증료 환급계좌 : 보증해지시 보증료환급받을 계좌를 기재한다.

ㄱ. 법인기업 : 법인명의 계좌를 기재한다.

ㄴ. 개인기업 : 대표자명의 사업용 계좌를 기재한다.

xviii) 사이버영업점 가입사항 : 체크하지 않아도 된다.

xix) 세무.회계사무소명/전화번호 : 회사에서 거래중인 세무.회계사무소에 관한 사항
을 기재한다.

다) 대표자 등 경영진 현황

* 대표자, 공동대표자, 실제경영자 중 체크한다.

i) 성명, 생년월일, 자택전화, 현주소지, 휴대전화
: 해당 내용에 맞게 기재한다.

* 현주소지 : 회사에서 거래중인 세무.회계사무소에 관한 사항을 기재한다.
(예시) 공부 : 부산 동래 연산 우성APT 3동 1203호 / 실제 : 사하 괴정 453-1

ii) 동업계 종사기간 : 동사를 포함하여 동일업종(표준산업분류상 중분류범위 이내)
에서 실제로 근무한 년수(대표자로서가 아닌 경우 포함)로 한다.

iii) 경영형태 : 해당항목에 체크한다.

iv) 최종학력 : 최종 졸업한 년월, 학교명, 학과를 기재한다.

v) 주요경력
ㄱ. 최근 경력이 위로 오게 하여 순차적으로 기재하되 장기간 공백이 있을 경우 그 내용을 "주요경력"란에 간단하게 기재한다.
ㄴ. 대표자 동업계 경력중 "협회, 단체장, 임원 역임, 회원"인 경우 동 내용을 기재한다. (기업이 회원인 경우 포함) (예시) ○○단체장 역임, ○○단체 회원
ㄷ. 업종은 구체적으로 표시한다.
(예시) 유압프레스제조업, 전선제조업, 아동복제조업, 택시운수업 등
vi) 거주주택/소유자(관계) : 거주주택 주소지 및 소유자, 임차인 경우 임차보증금액을 기재한다.
vii) 경영진
ㄱ. 법인기업의 경우
ⓐ 최근 법인등기부등본에 의하여 대표이사(수인인 경우 전부기재), 이사, 감사의 순으로 기재한다.
ⓑ 실제경영자가 있을 경우 실제경영자와의 관계만을 기재한다.
(예시) 처, 형, 제, 처남 등, 이하 같음
ㄹ. 개인기업의 경우
- 대표자(수인인 경우 전부 기재), 실제경영자에 대하여 직위 등을 확인 기재한다.
ㅁ. 근속연수는 동사에서 근무한 연수를 기재한다.
ㅂ. 최종학교는 최종 졸업한 학교, 학과명을 기재한다.
ㅅ. 비상근의 경우 "주요경력"란에 기재한다. (예 : 비상근)
* 공동 대표자, 실제 경영자 등이 추가로 있는 경우에는 표를 복사하여 추가로 작성한다.
viii) 주주 : 법인기업만 해당 / 날짜는 기술사업계획서 제출일로 기재한다.
ㄱ. 기술사업계획서 작성일 현재 주주명부상의 주주명을(단, 거래소, 코스닥, 제3시장 상장기업은 당기말을 기준으로 함) 점유비가 높은 순으로 기재하되, 주주수가 난을 초과할 때는 "기타 ○명"으로 기재한다.
ㄴ. 실제경영자가 있는 경우 실제경영자와의 관계만을 기재한다.
(예시 : 처, 형, 제, 처남 등)
ㄷ. 소유주식은 금액으로 기재한다.
ㄹ. 상장기업(거래소, 코스닥, 제3시장)의 경우 기준일 현재 종가와 액면가를 기재한다.

라) 매출현황 및 영업현황 (건설업은 별지 작성)

i) 매출현황
ㄱ. 연도중에 영업이 개시된 경우에는 동 기간을 표시한다.
ㄴ. 전년도 : 결산확정 여부에 불구하고 평가신청일의 직전 회계년도를 말한다.
전전년도 : 전년도의 직전 회계연도
ⓐ (예시 1) 설립 : 2018. 10. 31. / 신청일자 2020. 3. 23.
2018.10.31-2018.12.31 / 2019.1.1-2019.12.31 / 2010.1.1-2010.12.31(예상)
ⓑ (예시 2) 설립 : 2019. 7. 28. 신청일자 2020. 3. 23.

ii) 최근 매출실적/최근 수주금액 : 기술사업계획서 작성일 또는 최근 월말 현재 매출실적, L/C보유 금액 및 수주금액을 기재하되 L/C보유 현황은 신용장 원본에 의하여 확인되고 수주액은 order나 계약서 등에 의거 수주내용을 확인하되 수출실적 및 L/C보유현황은 원화로 환산하여 각각 매출 실적과 수주액에 합산 표시한다.

iii) 부실채권보유액 : 해당 내용이 있을 경우 기재한다.

iv) 매출조건/매입조건

ㄱ. 현금 : 매출(매입)중 순수 현금거래가 차지하는 비중을 기재한다.

ㄴ. 외상 : 매출(매입)중 외상매출(매입), 지급(받을)어음거래 등이 각각 차지하는 비중을 기재한다.

ㄷ. 결제기간 : 외상거래의 평균 대금결제기간을 기재한다.

v) 매출처

ㄱ. 거래금액이 큰 순서대로 기재한다.

ㄴ. 홈택스에서 발급할 수 있는 매출처별세금계산서합계표를 참고하여 기재한다.

vi) 자금사용계획(자금용도) : 실제적으로 필요한 사항을 적는 것이 중요하며, 자금을 활용한 앞으로의 계획을 자신감 있게 작성한다. 내용을 도식화 하거나 또는 담당자가 내용을 읽었을 때 잘 이해되도록 작성하는 것이 중요하다.

마) 기술사업 내용

i) 기술사업(제품)명 : 기술사업에 대해 함축적으로 요약하여 작성한다.

  * 기술(사업)이 2가지 이상일 경우 별지로 추가 작성 가능하다.

ii) 개발 방법 : 해당 항목(단독개발, 공동개발) 체크한다.

iii) 권리구분 : 등록 또는 출원중인 특허권, 실용신안권 등을 체크한다.

iv) 사업화단계 : 신청기술의 해당되는 사업화단계에 체크한다.

v) 기술사업(제품)내용

ㄱ. 주요기술내용 : 제품의 특성과 핵심기술내용, 기술개발과정 및 개별적 특성, 대체 또는 경쟁제품(상품 및 서비스)과의 차별성을 기재한다.

ㄴ. 기술(품질) 및 기술경쟁력 : 국내 경쟁사 제품 및 국외 경쟁사 제품과의 품질, 기술, 가격비교 등 기재한다.

ㄷ. 생산추진계획 : 개발완료 및 제품화시기, 설비도입, 양산착수, 판매 등 기재한다.

vi) 기술개발 환경 : 해당하는 기술개발 환경에 체크한다.

vii) 기술인력 현황 : 기술인력에 대한 직위, 성명, 생년월일, 최종학력, 주요경력(동업종 경력)을 기재한다.

viii) 지식재산권, 각종 인증 등 : 특허, 실용신안의 해당항목에 체크하여 등록 및 출원 건수를 기재하며, 기타 지식재산권은 등록건수만 기재한다.

ix) 도입 또는 개발희망기술 : 향후 품질향상, 제품개발 등의 필요에 따라 개발이 필요할 것으로 판단되는 기술에 대한 내용을 간략하게 기재한다.

x) 개발방법 : 개발 시 개발방법에 따라 해당항목에 체크한다.

바) [별지] 건설업용 매출현황 및 영업현황

i) 면허 및 시공능력 현황 : 건설면허별 면허종류, 연도별 시공능력, 면허 취득일자를 기재한다.

ii) 공사수입현황

ㄱ. 공사기간, 국내공사, 해외공사, 기타 공사 등을 구분하여 기재한다.

ㄴ. 기술사업계획서 작성일 또는 최근 월말 현재 매출실적을 기재한다.

iii) 당기말 현재 진행공사 및 당기말 이후 신규계약공사

: 주요공사명, 발주처, 당기말 현재 진행공사(수주금액, 당기말 현재 총기성고, 이월공사액), 당기말 이후 신규수주금액, 공사예정기간을 기재한다.

iv) 주요거래처

ㄱ. 구입처 : 거래금액이 큰 순서대로 기재하되 거래처수가 난을 초과할 때에는 기타로 표시하며 합계액은 당기 공사원가명세서상 당기 원재료 매입액과 일치하여야 한다.

* 수입의 경우 상대 국가별로 구분 기재(원화)한다.

ㄴ. 하도급 : 거래금액이 큰 순서대로 기재하되 거래처수가 난을 초과할 때에는 기타로 표시하며, 합계액은 당기 공사원가명세서 상의 외주공사비와 일치하여야 한다.

3) 실사

가) 기술보증기금 실사

i) 기술보증기금 담당자와 협의된 날짜에 사무실에 있어야한다.

ii) 제출한 자료에 대한 내용을 숙지해야 한다.

iii) 사업과 관련이 없는 자료 및 물건 등은 가급적 보이지 않게 정리해야 한다.

(Tip) 실사 진행중에 담당자가 필요한 자금을 물어보거나 사업에 대해 긍정적인 이야기를 한다면, 기존에 협의중이던 액수보다 더 높게 요청을 한다.

나) 은행 실사

i) 은행 담당자와 협의된 날짜에 사무실에 있어야 한다.

ii) 은행 실사는 크게 중요하지 않으며, 간단한 질문에 답변만 하면 된다.

iii) 기관에서 보증서가 나오면 빠른 대출 진행이 되도록 요청한다.

기술보증기금이라는 기관과 진행사항, 실사에 대한 내용을 알아보았다. 앞에서도 언급했지만 정책자금 상담 시 기업의 실제 사실에 근거하여 상담 및 서류작성을 해야 한다. 만약 사실과 다른 내용이 발견되면 진행도중 반려처리 되니 이점을 꼭 유의하기 바란다. 기술보증기금은 대개 상담한 날로부터 빠르면 3주, 길면 1달 안에 보증서 발급과 대출처리까지 받을 수 있다.

4

직접자금

4. 직접자금

정책자금은 크게 간접자금과 직접자금으로 구분할 수 있다. 앞에서 다룬 간접자금과 다르게 직접자금은 기관에서 상담을 하고 보증서를 받아 은행을 통해서 융자가 진행되는 방식이 아니다. 직접자금은 기관에서 상담을 받고 기관에서 융자가 진행되는 방식이다. 단, 대리대출의 경우는 기관에서 확인서를 발급하여 간접자금 기관에서 보증서를 받아 은행에서 융자를 받는 형식이다. 우리는 기관에서 직접 융자를 받는 방법에 대해 알아보도록 하겠다. 직접자금은 중소벤처기업진흥공단과 소상공인시장진흥공단으로 구분할 수 있다. 지금부터는 중소벤처기업진흥공단을 '중진공', 소상공인시장진흥공단을 '소진공'이라고 줄여서 명칭 하도록 하자.

가. 중소벤처기업진흥공단(중진공)

중진공은 간접자금과 직접자금을 통틀어 가장 큰 기관이라고 볼 수 있고, 자금의 종류도 매우 다양하다. 또한 정책자금 규모도 크며, 정책자금의 종류도 다양하다. 진행되는 절차도 다른 정책자금에 비해 까다롭고, 진행되는 기간도 길다. 워낙 많은 업체들이 상담을 받으려고 줄을 서 있기 때문에 진행속도가 느리며, 반면에 자금 소진은 매우 빠르다. 보통은 1월부터 4월 안에 자금이 모두 소진되며, 추경으로 5~6월 정도에 1번 정도 추가 상담을 진행한다.

중진공은 최근에 상담절차가 변경되었는데, 전에는 자가진단을 하고 사전예약을 했는데 지금은 사전예약을 하고 자가진단을 하는 형태로 변경이 되었다. 그리고 매년 자금의 종류도 변경이 되니 체크해 보아야 한다.

중진공은 사전예약하기가 매우 힘든데, 앞에서 말했던 것처럼 워낙 많은 업체들이 상담을 받으려고 줄을 서있기 때문에 사전예약 당일에 회원가입하고 준비하면 늦을 수 있다. 2021년에 중진공 정책자금을 받을 계획이 있다면 2020년 12월에 올라오는 2021년의 정책자금 계획 공지사항을 미리 체크하길 바란다. 그리고 회원가입 및 진행과정에 대해 숙지하기 바란다. 또한 미리 준비할 수 있는 것들은 준비하고, 발급해야 하는 서류들은 어떻게 준비해야 하는지 체크하길 바란다.

중진공 정책자금에 있어 자금의 종류만큼이나 사전예약이 매우 중요하다. 해당 지역에 따라 시간이 다를 수 있는데 사전예약 당일이 되어 시간에 맞게 접속을 하면 대기자가 굉장히 많이 있을 것이다. 때문에 사전예약 당일에는 오전 스케줄을 비우고 준비해야 할 것이다. 2019년도까지만 해도 사전예약 당일에 30초도 안되어 사전예약이 끝날 정도로 예약 잡기가 치열하고 어려웠다. 클릭한번 잘못해서 그 달의 사전예약을 놓쳐서 다음달, 다다음달을 기다리는 업체들도 많았다. 2020년도부터는 시스템이 많이 개선되어 이전보다는 예약잡기가 수월해졌다. 그렇지만 방심은 금물이다. 누차 말하지만 워낙 많은 업체가 몰리기 때문에 첫번째로 중요한 것은 사전예약이다. 사전예약을 놓치면 그 달의, 그 해의 정책자금을 못 받는 일이 생길 수 있기 때문이다.

지금부터 중진공 정책자금에 대해 알아보도록 하자.

1) 중진공 정책자금 융자계획[13]

1. 중소기업 정책자금 지원 개요

가. 운용 목적 및 방향

○ (목적) 정책적 지원이 필요한 기술·사업성 우수 중소기업에 장기·저리의 자금을 공급하여 중소기업의 성장 촉진

○ (방향) 고용 창출, 수출, 시설 투자 중소기업 및 혁신성장 분야 등 중점지원분야* 영위기업에 대한 자금 우선 지원
  * 중점지원분야(참고1~10)

■ 혁신성장분야(참고 1)	■ 그린분야(참고 2)
■ 비대면분야(참고 3)	■ 뿌리산업(참고 4, 4-1)
■ 소재·부품·장비산업(참고 5)	■ 지역특화(주력)산업(참고 6)
■ 지식서비스산업(참고7)	■ 융복합 및 프랜차이즈산업(참고8)
■ 물류산업(참고9)	■ 유망소비재산업(참고10)

- 기술·사업성 평가를 통해 미래성장가능성이 높은 기업에 직접·신용 대출 위주 지원

나. 신청접수 개요

○ 예산규모 : 5조 4,100억원

○ 신청대상 : 「중소기업기본법」 제2조에 따른 중소기업으로, 본 융자계획 공고에서 정하는 지원 대상에 해당하는 기업
  * 창업기반자금 등 세부지원대상은 '사업별 융자계획', 휴폐업기업, 소상공인 등 지원제외대상은 '융자제한기업' 참조

○ 신청방법 : 중소벤처기업진흥공단(이하 중진공) 온라인 홈페이지를 통해 신청·접수하며 신청절차는 참고16 참조 / 홈페이지(www.kosmes.or.kr)

○ 신청기간 : '20.12.24 ~ 연간 계획된 예산소진 시까지

○ 제출서류 : 각 융자사업별 신청서 및 증빙서류(별첨 참조)

○ 문의처 : 중소기업 통합콜센터(전국 어디서나 국번없이 ☎ 1357)

---

13) 출처 : 2021년도 중소기업 정책자금 융자계획 공고

2. 공통사항

가. 자금용도
: 시설자금과 운전자금으로 구분하여 대출

○ 시설자금

용도	세부 내용
설비 구입	생산, 정보화 촉진, 유통·물류, 생산환경 개선 등에 필요한 기계장비의 구입에 필요한 자금
사업장 건축	자가 사업장* 확보를 위한 토지 구입비 및 건축 자금 * 범위 : 사업장(공장) 內의 기숙사 등 복리후생 관련 복지시설 포함 * 토지구입비는 건축허가가 확정된 사업용 부지 및 산업단지 등 계획 입지의 입주계약자 중 6개월 이내 건축착공이 가능한 경우에 한함
사업장 매입	자가 사업장 확보를 위한 사업장 매입 자금(경·공매 포함) * 자가 사업장 확보자금은 기업당 3년 이내 1회로 지원 한정
임차보증금	사업장 확보를 위한 임차보증금

○ 운전자금

용도	세부 내용
기업 경영활동	원부자재 구입, 제품의 생산, 시장 개척, 기술 개발, 인건비 등 기업 경영 활동에 소요되는 자금
약속어음 감축	약속어음 폐지·감축을 위해 대금 지급방식을 현금지급 방식으로 전환하는데 필요한 비용

나. 융자한도 및 금리

○ (최대대출한도) 중진공 정책자금 대출잔액과 신규대출 예정액을 합산하여 기업당 60억원 이내(예외사항은 별표2 참조)

○ (대출금리) 「정책자금 기준금리(분기별 변동)」에서 자금종류, 신용위험등급, 담보종류, 우대조건(별표4)에 따라 가감
   * 시설자금 직접대출의 경우 각 사업별로 고정금리 적용 가능(단, 협동화 및 협업사업 승인기업 지원은 제외)

○ (대출이자 환급) 정책자금 대출 후 고용 창출, 수출 확대 등의 성과를 달성

한 기업은 대출이자를 일부 환급(별표4)

다. 융자절차

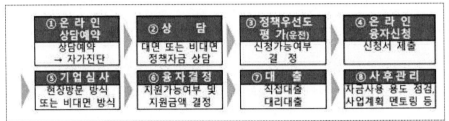

① 온 라 인 상담예약 상담예약 → 자가진단	② 상 담 대면 또는 비대면 정책자금 상담	③ 정책우선도 평 가(운전) 신청가능여부 결 정	④ 온 라 인 융자신청 신청서 제출
⑤ 기 업 심 사 현장방문 방식 또는 비대면 방식	⑥ 융 자 결 정 지원가능여부 및 지원금액 결정	⑦ 대 출 직접대출 대리대출	⑧ 사 후 관 리 자금사용 용도 점검, 사업계획 멘토링 등

※ 구조개선전용자금 등 일부 자금은 별도 융자 절차 운영(사업별 융자계획 참조)

① 온라인 상담예약
신청 희망기업은 홈페이지(www.kosmes.or.kr)를 통해 상담일자를 예약하고 신청대상 여부 등을 자가진단

  * 신청 희망기업은 사전에 온라인 상담예약을 완료해야 하며, 특별재난지역에 소재한 재해중소기업은 온라인 상담예약 생략 가능
  * 자가진단을 허위로 작성한 기업은 확인한 날로부터 1년간 정책자금 신청제한

② 상담
온라인 상담예약을 완료한 기업은 해당 지역본(지)부와 융자신청 가능성 등을 상담

  * 대면상담은 중진공 지역본(지)부에 직접 방문하여 상담하며, 비대면 상담대상기업은 유무선 통화로 상담

③ 정책우선도 평가
중진공은 상담을 완료한 기업에 대해 '정책우선도 평가'(운전자금)를 통해 자금 신청기회 부여 여부 결정 가능

  * 정책우선도 평가는 그린분야, 혁신성장분야, 지역주력산업, 고용창출, 성과공유, 수출 등을 고려하여 평가

④ 온라인 융자신청
정책자금 신청이 가능한 기업은 정해진 기한까지 중진공 홈페이지를 통해 정책자금 융자신청서 제출

  * 신용대출 또는 담보대출 조건으로 신청이 가능하며, 보증서는 취급 불가(단, '신용회복위원회 재창업지원' 자금은 보증서 취급 가능)

⑤ 기업심사

중진공은 현장방문 또는 비대면 방식으로 정책자금 신청기업에 대해 기업평가
(기업진단 포함)를 수행

* (기업평가) 기술성, 사업성, 미래성장성, 경영능력, 사업계획의 타당성 등을
  종합평가하여 기업평가등급을 산정
  ('신용회복위원회 재창업지원', '청년전용창업자금' 등 필요 시 별도 평가기준
  운영)
* (기업진단) 기업애로 분석 및 해법을 제시하고 자금 등을 연계하여 지원하는
  프로그램으로 기업의 상황 등 필요성을 고려하여 기업진단 수행 여부 결정

⑥ 융자결정

기업평가 결과 이후 일정 평가등급 또는 일정 기준 이상인 기업을 대상으로 융
자 여부를 결정

○ (기업평가) 기술성, 사업성, 미래성장성, 경영능력, 사업계획 타당성 등을
  종합 평가하여 기업평가등급(Rating)을 산정
  (단, 재창업자금 중 '신용회복위원회 재창업지원' 대출은 별도기준으로
  운영)
  - 고용창출 및 수출실적 등을 기업평가 지표에 반영하여 우대

▪ 기술사업성 평가등급을 기본등급으로 하고, 신용위험등급은 등급조정으로
  활용하여 재무 등 신용위험 비중 반영을 최소화
▪ 업력 3년 미만 기업은 기술사업성평가로 기업평가등급 산정
▪ 재창업자금은 업력 1년미만 기업은 역량평가와 심의위원회 평가를 합산하
  여 기업평가등급을 산정하고, 업력 1년 이상 기업은 기술사업성 평가로 산
  정
▪ 청년전용창업자금(창업성공패키지 포함)은 창업자 역량평가와 청년창업 심
  의위원회 평가를 합산하여 산정
▪ 최근 3개년 동안 연속하여 고용이 증가한 일자리 창출 기업, 소재·부품· 장
  비 강소기업 100·스타트업 100·경쟁력위원회 추천기업의 경우, 별도 기준으
  로 평가 가능

⑦ 대출

중진공이 직접 기업에 대출하거나 기업이 지정한 금융기관을 통해 대출

○ (직접대출) 중진공이 직접 기업에 융자하는 방식

○ (대리대출) 금융기관을 통해 기업에 융자하는 방식
  * 대리대출 가능 기관(16개) : 경남, 광주, 국민, 대구, 부산, 신한, 씨
    티, 우리, 전북, 제주, 하나, SC제일, 기업, 산업, 농협(중앙회), 수협

(중앙회)

⑧ 사후관리

부당한 사용여부 점검 또는 정책자금 부실 예방을 위해 대출기업에 관련 자료를 요청하거나 현장방문 조사를 실시

* 대출자금의 용도 외 사용 시 자금 조기회수, 융자대상 제외 등 제재조치
* 재창업자금 등 일부자금 대출기업에 대해서는 대출 후 1년간 사업계획 진행상황 등 점검

라. 융자제한기업

① 휴·폐업중인 기업

② 세금을 체납중인 기업

③ 한국신용정보원의 「일반신용정보관리규약」에 따라 연체, 대위변제·대지급, 부도, 관련인, 금융질서문란, 회생·파산 등의 정보가 등록되어 있는 기업

④ 정책자금 융자제외 대상 업종(별표1)을 영위하는 기업

```
< 융자제외 업종 운용기준 >

• 사행산업 등 국민 정서상 지원이 부적절한 업종
  (도박·사치·향락, 건강유해, 부동산 투기 등)

• 정부 등 공공부문에서 직·간접적으로 운영·지원하는 업종
  (철도 등 운송, 도로 및 관련시설 운영업 등)

• 고소득 및 자금조달이 상대적으로 용이한 업종
  (법무·세무·보건 등 전문서비스, 금융 및 보험업 등)

• 자영업 등 소상공인자금 지원이 적합한 업종
  (「소상공인 보호 및 지원에 관한 법률」에 따른 소상공인)
  * ㄴ소상공인 기준 : 광업·제조업·건설업·운수업은 상시근로자수 10명 미만,
    그 밖의 업종은 상시근로자수 5명 미만
  * 단, 제조업 또는 중점지원 분야를 영위하는 기업 등은 소상공인 지원 가능
```

⑤ 다음에 해당하는 사유로 정책자금 융자신청이 제한된 기업

```
• 최근 3년 이내 정책자금 제3자 부당 개입 등 허위·부정한 방법으로 융자 신청
```

- 최근 3년 이내 사업장 임대 등 정책자금 지원시설의 목적 외 사용

- 최근 1년 이내 약속어음 감축특약 미이행

⑥ 최근 3년 이내 중소벤처기업부 소관 정부 연구개발비의 위법 또는 부당한 사용으로 지원금 환수 등 제재조치 된 기업

⑦ 임직원의 자금횡령 등 기업 경영과 관련하여 사회적 물의를 일으킨 기업

⑧ 업종별 융자제한 부채비율(별표5)을 초과하는 기업

< 적용 예외 >

- 업력 7년 미만 기업

- 「소득세법」 및 동법시행령에 의한 일정규모 미만의 간편장부대상 사업자

- 「중소기업협동조합법」상의 협동조합

- 최근 결산연도 유형자산 증가율이 동업종 평균의 2배를 초과하는 중소기업의 시설투자금액, 매출액 대비 R&D투자비율이 1.5% 이상인 기업의 R&D금액 등은 융자제한 부채비율 산정 시 제외

---

⑨ 중진공 지정 부실징후기업 또는 업력 5년 초과 기업 중 다음에 해당하는 한계기업

- 2년 연속 적자기업 중 자기자본 전액 잠식 기업

- 3년 연속 '이자보상배(비)율 1.0 미만'이고, 3년 연속 '영업활동 현금흐름이(-)'인 기업
  (단, 최근 결산연도 유형자산과 연구개발비 증가율이 모두 전년도 대비 2.5% 이상인 기업은 예외)

- 중진공 신용위험등급 최하위 등급(재창업자금은 신청 가능)

---

⑩ 기업심사에서 탈락한 기업으로 6개월이 경과되지 아니한 기업

< 적용 예외 >

- 신청연도가 다른 경우

- 실질기업주 변경 등 기업경영상 중대한 변동이 있는 경우(추가 1회에 한함)

- 다른 자금에서 탈락 후 재도약지원자금 또는 긴급경영안정자금을 신청하는 경우

- 투융자심의위원회 및 스케일업금융 선정심사에서 탈락 후 다른 자금을 신

청하는 경우

⑪ 다음에 해당하는 우량기업
　　* 단, 소재·부품·장비 강소기업 100 · 스타트업 100 · 경쟁력위원회
　　　추천 기업은 적용 예외

- 유가증권시장 상장기업, 코스닥시장 상장기업, 「자본시장법」에 의한 신용
  평가 회사의 BB등급 이상 기업
  * 단, 코스닥 기술특례상장기업은 상장 후 3년까지 예외

- 중진공 신용위험등급 최상위 등급(CR1)
  * 단, 업력 3년 미만 기업, 최근 결산연도 자산총계 10억원 미만의 소자산기
    업, 「중소기업협동조합법」상의 협동조합은 예외

- 최근 재무제표 기준 자본총계 200억원 또는 자산총계 700억원 초과 기업
  * 수출향상기업(최근 1년간 직수출실적 50만불 이상이며 20% 이상 증가),
    최근 1년간 10인 이상 고용창출 기업은 예외

⑫ 정부, 지자체 등의 정책자금 융자, 보증, R&D 보조금 등 지원 실적이 최근 5
년간 100억원(누적)을 초과하는 기업
(지원실적 : 중소기업지원사업 통합관리시스템(http://sims.go.kr))

< 적용 예외 >

- (신규지원 및 실적산정 예외) 신시장진출지원자금, 신성장기반자금, 투융자
  복합금융, 재도약지원자금, 긴급경영안정자금

- (신규지원 및 실적산정 예외) 소재·부품·장비 강소기업 100 · 스타트업 100
  · 경쟁력위원회 추천기업

- (실적산정 예외) 보증서부 정책자금 융자지원의 보증실적과 매출채권보험

⑬ 중진공 정책자금 누적지원 금액이 운전자금 기준으로 25억원을 초과하는 기
업
* '18년 1월 2일 이후 신청·접수한 자금에 한하여 적용
(단, 긴급경영안정자금, 투융자복합금융은 산정 예외)

⑭ 최근 5년 이내 정책자금을 3회 이상 지원받은 기업

< 적용 예외 >

- (신규지원 및 실적산정 예외) 긴급경영안정자금, 투융자복합금융, 시설자금,
  브랜드K 인증기업, 소재·부품·장비 강소기업 100 · 스타트업 100 · 경쟁력

위원회 추천기업· BIG3 혁신성장 지원기업

● (신규지원 예외) 관공서 공휴일 유급휴일 보장기업 지원

※ 중소기업 정책자금 융자계획에서 정한 사항의 세부운용은 융자계획 참고자료, 중소벤처기업부 및 중진공의 각 사업규정 등을 따릅니다.

마. 정책자금 신청·접수 및 문의처

○ 중소기업 통합콜센터 : 전국 어디서나 국번없이 ☎ 1357

○ 중소벤처기업진흥공단 지역본(지)부 소재지
　　＊ 홈페이지(www.kosmes.or.kr) 및 별표( ) 참조

위의 내용은 중진공 정책자금의 기본적인 공통 내용이다. 중진공 정책자금의 경우 다양한 자금 종류가 있지만 크게는 운전자금과 시설자금으로 나뉜다. 우리는 운전자금에 대해 집중적으로 알아볼 것이다. 참고로 운전자금은 사업상 자유롭게 사용할 수 있는 반면에 시설자금은 시설업체에 지급하는 것이 차이점이다. 또한 운전자금과는 다르게 자기자본이 필요하다.

예를들어 사업상의 이유로 1억원의 시설장비를 도입해야 한다고 가정해 보자. 이를 위해서 중진공(다른 기관도 동일)에서 시설자금을 받으려 한다면 자기자본이 최소 30%는 있어야 한다. 나머지 70%만 시설업체로 지급이 되는 방식으로 처리된다. 중진공에서는 운전자금과는 다르게 시설자금의 경우, 실사를 2번 나오게 된다. 시설이 들어오기 전과 후로 나누어 실사를 하게 된다. 이는 허위로 시설자금을 받지 못하게 확인한다고 볼 수 있고, 그러기 위해서는 시설 장비에 대해 미리 계약하고 준비해야 하는 자금이 대략 30% 정도 자기자본으로 처리되고, 나머지 70%에 대해서 처리해 주겠다는 것이다.

중진공 정책자금 공통사항에 보면, 정책자금 첫걸음 기업에 대해서는 연간예산의 일정 부분을 우선 지원한다고 나와있다. 예년과는 다르게 이 항목은 신청기업에 대해 1:1 밀착 상담 및 탈락기업에 대한 보안 멘토링 등의 별도의 지원프로그램도 운용을 했었는데, 올해부터는 제외되었다.

정책자금은 보통 기관에 자금 신청을 하고 융자심사에서 탈락하게 되면 보통 6개월간 재심사를받을 수 없다. 정책자금 진행중에 반려가 나면 6개월 동안 재신청이 안된다는 것이다. 이는 중진공도 동일하다. 하지만 여기에는 큰 차이점이 있다. 다른 기관은 상시 접수 또는 매월 접수가 가능하나 중진공의 경우 자금소진이 매우 빠르기 때문에 융자심사에서 탈락하게 되면 그 해에 추경이 없거나, 추경 시점이 안맞을 경우에 정책자금을 재신청 할 수 없는 경우가 생길 수 있다. 때문에 융자제한 기업에 대한 항목을 유심히 체크하길 바란다.

그럼 지금부터 중진공 정책자금 종류에 대해 알아보도록 하자.

2) 사업별 정책자금 융자계획[14]

□ 사업별 정책자금 융자 계획

    ○ 업력 7년 미만

지원사업	용도		지원요건	대출한도 (억원)	대출금리
	운전	시설			
청년전용 창업	○	○	업력 3년미만, 대표자 39세이하	1	2.0%
창업기반 지원	○	○	업력 7년미만	60(운전5)	기준금리 -0.3%p
시니어기술 창업지원	○	○	대표자가 연구·기술경력 보유	60(운전5)	기준금리 -0.3%p
비대면 분야창업	○	○	비대면분야(참고3) 영위	60(운전5)	기준금리 -0.3%p
일자리 창출촉진	○	○	고용증가 등 일자리 창출·유지·육성	60(운전5)	기준금리 -0.3%p
재창업	○	○	과거 사업실패(폐업) 경험 대표자	60(운전5)	기준금리

    ○ 업력 3년이상 ~ 10년미만

지원사업	용도		지원요건	대출한도 (억원)	대출금리
	운전	시설			
미래기술 육성	○	○	BIG3 등 혁신성장분야 영위	100 (운전10)	(7년미만) 기준금리 -0.2%p (7년이상) 기준금리
고성장촉진	○	○	3년간 매출 20% 이상 성장 등		
사업전환 (10년 이상도 가능)	○	○	他업종으로 전환 등 사업전환 승인	100 (운전5)	기준금리

    ○ 업력 7년 이상

지원사업	용도		지원요건	대출한도 (억원)	대출금리
	운전	시설			
혁신성장지원	△	○	업력 7년이상 시설투자	60(운전5)	기준금리 +0.5%p

    ○ 업력 제한 없음

지원사업	용도		지원요건	대출한도 (억원)	대출금리
	운전	시설			

---

14) 출처 : 2021년도 중소기업 정책자금 융자계획 공고

개발기술 사업화	○	○	특허, 정부R&D 등 보유기술 사업화	30(운전5)	기준금리
투융자복합 금융	○	○	투자·융자 복합대출(BW인수방식 등)	60	표면0.5% ,만기3%
내수기업 수출기업화	○	×	수출실적 10만불 미만	5	기준금리
수출기업 글로벌화	○	○	수출실적 10만불 이상	20(운전10)	기준금리
협동화	○	○	협동화·협업화 승인	100(운전10)	기준금리
Net-Zero 유망기업지원	○	○	그린분야 사업화, 저탄소·친환경 제조전환	60(운전5)	기준금리 +0.5%p
제조현장 스마트화	△	○	스마트공장 등 시설투자	100(운전10)	기준금리
구조개선전용	○	○	회생, 워크아웃 등 경영애로 기업	60(운전10)	기준금리
긴급경영안정	○	×	재해 및 코로나 피해 등 일시적 애로	10	기준금리 +0.5%p

※ △는 시설도입 후 소요되는 초기가동비(시운전자금) 용도

가) 혁신창업사업화자금[15]

1	혁신창업사업화자금

가. 사업목적

   ○ 기술력과 사업성은 우수하나 자금이 부족한 중소·벤처기업의 창업을 활성화하고 고용창출을 도모

나. 융자규모 : 22,500억원

1-1	창업기반지원자금

□ 지원대상

   ○ 업력 7년 미만인 중소기업 또는 중소기업을 창업하는 자
      * 단, 「중소기업창업지원법」 제2조에 따른 창업자에 한함
      * 업력은 사업개시일로부터 정책자금 융자신청서 제출일까지의 기간으로 산정

   ○ 창업기반지원자금 內 다음 지원대상을 위한 자금 별도 운용

<청년전용창업자금>
- 대표자가 만 39세 이하로서, 업력 3년 미만인 중소기업 또는 중소기업을 창업하는 자
- '창업성공패키지지원' 유형의 경우 대표자가 만 39세 이하로서, 업력 7년 미만인 중소기업

<시니어기술창업지원자금>
- 대표자가 대기업·중견기업·정부출연연구소 경력보유자, 기술사, 이공계 석·박사 학위 보유자로서, 업력 7년 미만인 중소기업 또는 중소기업을 창업하는 자

<비대면분야창업자금>

---

15) 출처 : 2021년도 중소기업 정책자금 융자계획 공고

- ▪ 비대면 분야(참고3)를 영위하는 업력 7년 미만인 중소기업 또는 중소기업을 창업하는 자

□ 융자조건

   ○ 창업기반지원자금(시니어기술창업지원자금, 비대면분야창업자금 포함)

구분	융자 조건
대출한도	연간 60억원 이내 (운전자금은 연간 5억원 이내)
대출기간	(시설자금) 10년 이내 (거치기간 : 담보 4년 이내, 신용 3년 이내) (운전자금) 5년 이내 (거치기간 : 2년 이내)
대출금리	정책자금 기준금리(변동) - 0.3%p
대출방식	직접대출, 대리대출
기타	별표3(사업별 대출한도 우대기준)에 해당하는 기업은 대출한도 우대 가능

   ○ 창업기반지원자금(청년전용창업자금)

구분	융자 조건
대출한도	연간 1억원 이내 (제조업 및 지역특화주력산업은 2억원 이내)
대출기간	(시설자금) 10년 이내 (거치기간 : 담보 4년 이내, 신용 3년 이내) (운전자금) 6년 이내 (거치기간 : 3년 이내)
대출금리	2.0%(고정)
대출방식	직접대출
기타	자금신청·접수와 함께 교육·멘토링 실시 및 사업계획서 등에 대한 평가를 통해 융자결정 후 대출

1-2 일자리창출촉진자금

□ 지원대상

   ○ 다음 유형에 해당하는 업력 7년 미만인 중소기업 또는 중소기업을 창업하는 자

■ **일자리 창출**

- 3년 연속 일자리 증가 기업

- 최근 1년 이내 청년 근로자 고용 기업

- 청년 추가고용 장려금 지원사업 참여기업

- 기업인력애로센터를 통한 인력 채용기업

- 청년 근로자 30% 이상 고용기업

■ **일자리 유지**

- 내일채움공제 가입기업

- 좋은 일자리 강소기업

- 일자리 안정자금 수급기업

- 청년 내일채움공제 가입기업

- 청년친화 강소기업

■ **인재육성**

- 인재육성형 사업 선정기업

- 중소기업 특성화고 인력양성사업 참여기업

- 선취업후학습 우수 인증기업

- 근로시간 조기단축 기업

- 미래 성과공유제 도입기업

- 중소기업 계약학과 참여기업

- 시·도교육청 추천 우수 선도기업

□ 융자조건

구분	융자 조건
대출한도	연간 60억원 이내 (운전자금은 연간 5억원 이내)
대출기간	(시설자금) 10년 이내 (거치기간 : 담보 4년 이내, 신용 3년 이내) (운전자금) 5년 이내 (거치기간 : 2년 이내)
대출금리	정책자금 기준금리(변동) - 0.3%p
대출방식	직접대출, 대리대출
기타	별표3(사업별 대출한도 우대기준)에 해당하는 기업은 대출한도 우대 가능

1-3	미래기술육성자금

□ 지원대상

  ○ '혁신성장분야(참고1)'를 영위하는 기업으로 업력이 3년 이상 10년 미만
    인 중소기업

□ 융자조건

구분	융자 조건
대출한도	연간 100억원 이내 (운전자금은 연간 10억원 이내)
대출기간	(시설자금) 10년 이내 (거치기간 : 담보 4년 이내, 신용 3년 이내) (운전자금) 5년 이내 (거치기간 : 2년 이내)
대출금리	(업력 3년 이상 7년 미만) 정책자금 기준금리(변동) - 0.2%p (업력 7년 이상 10년 미만) 정책자금 기준금리(변동)
대출방식	직접대출, 대리대출

1-4	고성장촉진자금

□ 지원대상

  ○ 다음 유형에 해당하는 상시근로자 10인 이상인 기업으로 업력이 3년 이상
    10년 미만인 중소기업

- 최근 3년간 매출액이 연평균 20%이상 증가한 기업(지방 소재기업은 15%)
- 최근 3년간 고용이 매년 연속하여 증가한 기업
- 최근 3년간 연평균 수출이 10%이상 증가한 기업(직전년도 수출실적 100만
  불 이상)
- 혁신기업 중 성장성(전년대비 매출액 또는 영업이익이 10% 이상 증가) 우
  수 기업
  * 혁신기업 : 기술혁신형 중소기업(Inno-Biz), 경영혁신형 중소기업
    (Main-Biz), 신기술(NET· NEP) 인증기업, 정부 창업양성 사업(TIPS, 청
    년창업사관학교) 졸업기업

□ 융자조건 : 「1-3 미래기술육성자금」의 융자조건과 동일

| 1-5 | 개발기술사업화자금 |

□ 지원대상

    ○ 다음에 해당하는 기술을 사업화하고자 하는 중소기업
       * 단, 제품 양산 후 3년이 경과한 기술은 제외

① 중소벤처기업부, 산업통상자원부 등 정부 또는 지자체 출연 연구개발사업에 참여하여 기술개발에 성공(완료)한 기술
② 특허, 실용신안 또는 저작권 등록 기술
③ 정부 및 정부 공인기관이 인증한 기술
  * 신기술(NET), 전력신기술, 건설신기술, 녹색기술인증, 공공기관 통합기술마켓 인증 등
④ 국내외의 대학, 연구기관, 기업, 기술거래기관 등으로부터 이전 받은 기술
⑤ 「기술의 이전 및 사업화 촉진에 관한 법률」에 따른 기술평가기관으로부터 기술평가인증을 받은 기술
⑥ 공인 기업부설연구소 및 연구개발전담부서 보유 기업이 개발한 기술
⑦ 중소벤처기업부가 인가한 기관과 기술자료 임치계약을 체결한 기술
⑧ 특허청의 IP-R&D 전략지원 사업에 참여하여 개발을 완료한 기술
⑨ Inno-Biz, Main-Biz, 벤처기업, 지식재산경영인증 기업 보유기업의 자체 기술
⑩ 크라우드펀딩 투자 유치 기업(1억원 이상)의 자체 기술

□ 융자조건

구분	융자 조건
대출한도	연간 30억원 이내 (운전자금은 연간 5억원 이내)
대출기간	(시설자금) 10년 이내 (거치기간 : 담보 4년 이내, 신용 3년 이내) (운전자금) 5년 이내 (거치기간 : 2년 이내)
대출금리	정책자금 기준금리(변동)
대출방식	직접대출

나) 투융자복합금융[16]

2	투융자복합금융

가. 사업목적

○ 기술성과 미래 성장가치가 우수한 중소기업에 대해 융자에 투자요소를 복합한 방식의 자금지원으로 창업 활성화 및 성장단계 진입을 도모

나. 융자규모 : 1,400억원

□ 지원대상

○ (성장공유형) 기술성과 미래의 성장가치가 큰 중소기업으로, 혁신성장 가능성이 있는 기업

○ (스케일업금융) 혁신성장 잠재력 및 기반을 갖춘 기업으로 회사채 발행을 통해 자금을 조달하고자 하는 기업
※ 스케일업금융의 지원대상, 지원조건, 지원방식, 절차 등은 별도 공고

□ 융자조건

구분	융자 조건	
	전환사채, 신주인수권부사채 인수방식	상환전환 우선주 인수방식
대출한도	연간 60억원 이내	연간 60억원 이내
대출기간	(업력 7년 미만) 7년 이내 (거치기간 4년 이내) (업력 7년 이상) 5년 이내 (거치기간 2년 이내)	중진공 상환권 행사 시 즉시 상환 * 상환권 행사는 대출(익일) 2년 경과 후부터 가능
대출금리	(업력 3년 미만) 표면금리 0.25% 만기보장금리 3% (업력 3년 이상) 표면금리 0.50% 만기보장금리 3%	중진공의 상환권 행사 시, 대출(익일)부터 상환일까지 연 5% 적용
대출방식	직접대출	직접대출
기타	• 사업장 건축(토지구입, 건축), 사업장 매입 용도의 시설자금 지원 불가 • 별표3(사업별 대출한도 우대기준)에 해당하는 기업은 대출한도 우대 가능	

---

16) 출처 : 2021년도 중소기업 정책자금 융자계획 공고

다) 신시장진출지원자금17)

3	신시장진출지원자금

가. 사업목적

○ 중소기업이 보유한 우수 기술·제품의 글로벌화 촉진 및 수출인프라 조성에 필요한 자금을 지원하여 수출 중소기업을 육성

나. 융자규모 : 5,000억원

3-1	내수기업수출기업화

☐ 지원대상

    ○ 다음 유형에 해당하는 수출실적 10만불 미만(최근1년) 중소기업

> ① 수출 초보기업 : 10만불 미만의 수출실적이 있는 기업
> ② 스타트업 : 해외진출을 위해 정부 및 지자체 사업에 참여한 업력 7년 미만 기업
> ③ 디지털수출기업화 : 전자상거래를 활용한 생산품(용역·서비스 포함) 수출 실적보유(준비 중 포함) 또는 중기부 '전자상거래활용사업'에 참여 중인 중소기업
> ④ 브랜드K 인증기업 : '브랜드K' 인증을 받은 기업(중기부 인증)
> ⑤ 수출지원사업 참여기업 : 기타 정부 및 지자체 수출지원사업 참여기업 (사업기간 또는 사업종료 후 1년 이내) 및 수출 관련 지정제도 선정기업(유효기간 이내)

    * 별표1에 따른 '융자제외 대상업종' 中 소상공인은 지원대상에 포함

☐ 융자조건

구 분	융 자 조 건
대출한도	(운전자금) 연간 5억원 이내

---
17) 출처 : 2021년도 중소기업 정책자금 융자계획 공고

대출기간	(운전자금) 5년 이내 (거치기간 2년 이내)
대출금리	정책자금 기준금리(변동)
대출방식	직접대출
기타	'② 스타트업 유형'은 대출한도를 5천만원 이내로 운영하며, 대출기간을 5년 이내 또는 3년 만기 한도거래 방식 중 선택 가능

3-2	수출기업글로벌화

□ 지원대상

    O   다음 유형에 해당하는 수출실적 10만불 이상 중소기업

① 수출 유망기업 : 최근 1년간 10만불 이상의 수출실적 보유기업
② 수출다각화 기업: 최근 1년간 10만불 이상의 수출실적 보유기업으로 신남방·신북방·역내포괄적경제동반자협정(RCEP) 등 해당 국가에 수출비중 20% 이상인 기업
③ 소부장 기업 : '19년도 수출실적 10만불 이상인 소재·부품·장비 제조기업

    * 별표1에 따른 '융자제외 대상업종' 中 소상공인은 지원대상에 포함

□ 융자조건

구분	융자 조건
대출한도	연간 20억원 이내 (운전자금은 연간 10억원 이내)
대출기간	(시설자금) 10년 이내 (거치기간 : 담보 4년 이내, 신용 3년 이내) (운전자금) 5년 이내 (거치기간 : 2년 이내)
대출금리	정책자금 기준금리(변동)
대출방식	직접대출
기타	• 브랜드K 인증기업의 시설자금 대출한도는 연간 30억원 이내 • 사업장 건축(토지구입, 건축), 사업장 매입 용도의 시설자금 지원 불가

라) 신성장기반자금[18]

4	신성장기반자금

가. 사업목적

○ 사업성과 기술성이 우수한 성장유망 중소기업의 생산성향상, 고부가가치화 등 경쟁력 강화에 필요한 자금을 지원하여 성장 동력 창출

나. 융자규모 : 17,700억원

4-1	혁신성장지원자금

□ 지원대상

○ 업력 7년 이상 중소기업

○ 혁신성장지원자금 內 다음 지원대상을 위한 자금 별도 운용

> < 협동화 >
> ▪ 3개 이상의 중소기업이 규합하여 협동화실천계획의 승인을 얻은 자 또는 2개 이상의 중소기업이 규합하여 협업사업계획의 승인을 얻은 자 (업력제한 없음)
>
> < 산업경쟁력강화 >
> ▪ 한중FTA 지원업종(참고15)을 영위하는 업력 7년 이상인 중소기업

□ 융자조건

○ 혁신성장지원(산업경쟁력강화 포함)

구분	융자 조건
대출한도	연간 60억원 이내 (운전자금은 연간 5억원 이내)

---

18) 출처 : 2021년도 중소기업 정책자금 융자계획 공고

대출기간	(시설자금) 10년 이내 (거치기간 : 담보 4년 이내, 신용 3년 이내)
	(운전자금) 5년 이내 (거치기간 : 2년 이내)
대출금리	정책자금 기준금리(변동) + 0.5%p
대출방식	직접대출, 대리대출
기타	• 운전자금은 동 자금의 시설자금을 대출받은 기업 중 시설 도입 후 소요되는 초기가동비만 지원(시설자금의 50%이내) • 별표3(사업별 대출한도 우대기준)에 해당하는 기업은 대출한도 우대 가능

○ 협동화

구분	융자 조건
대출한도	연간 100억원 이내 (운전자금은 연간 10억원 이내)
대출기간	(시설자금) 10년 이내 (거치기간 : 5년 이내) (운전자금) 5년 이내 (거치기간 : 2년 이내)
대출금리	정책자금 기준금리(변동)
대출방식	직접대출, 대리대출
기타	• 토지구입비 지원 시 건축허가 조건 예외 적용 • 부지 조성공사 용도의 시설자금 지원 가능

□ 기타

○ 법인전환 등으로 최초 창업한 기업의 사업개시일로부터 업력 7년 이상인 기업은 '혁신성장지원자금'으로 융자

○ '혁신성장지원자금' 지원 시 아래에 해당하는 기업은 시설자금과 별도로 제품생산, 시장개척용도 등의 운전자금 지원 가능

▪ 지식서비스산업(참고7)	▪ 국토교통부 인증 우수 물류기업
▪ 사회적경제기업	▪ 사업전환 성공기업(판정일로부터 3년이내)
▪ 소재·부품·장비 강소기업 100 · 스타트업 100 · 경쟁력위원회 추천기업	

  * 혁신성장지원자금(산업경쟁력강화)은 운전자금 별도 지원 불가

○ 국가핵심기술 보유 중소기업의 대출금리는 정책자금 기준금리(변동) 적용

4-2 | Net-Zero 유망기업 지원

□ **지원대상** : 다음 요건에 해당하는 그린기술 사업화 및 저탄소·친환경 제
조로 전환을 추진 중인 중소기업

- 신재생에너지, 물·대기 관리, 환경정화 등 그린분야(참고2) 기술 사업화
  기업
- 원부자재 등을 친환경 소재로 전환하는 기업
- 오염물질 저감 설비, 저탄소·에너지 효율화·환경오염방지 설비 등 도
  입 기업

□ **융자조건**

구 분	융자 조건
대출한도	연간 60억원 이내 (운전자금은 연간 5억원 이내)
대출기간	(시설자금) 10년 이내 (거치기간 : 담보 4년 이내, 신용 3년 이내)
	(운전자금) 5년 이내 (거치기간 : 2년 이내)
대출금리	정책자금 기준금리(변동) + 0.5%p
대출방식	직접대출, 대리대출
기타	• 별표3(사업별 대출한도 우대기준)에 해당하는 기업은 대출한도 우대 가능

4-3 | 제조현장스마트화

□ **지원대상** : 다음 요건에 해당하는 중소기업

- 스마트공장 추진기업 중 '스마트공장 보급사업' 등 참여기업*
  - * 스마트공장 보급사업 및 생산현장디지털화 사업 등

- 4차 산업혁명 관련 신산업·신기술 영위기업

- ICT기반 생산 효율화를 위한 자동화 시설 도입기업

  * 국내 복귀기업은 <2.공통사항>라.융자제한기업⑧항(부채비율 초
    과기업) 적용 제외

□ 융자조건

구분	융자 조건
대출한도	연간 100억원 이내 (운전자금은 연간 10억원 이내)
대출기간	(시설자금) 10년 이내 (거치기간 : 담보 4년 이내, 신용 3년 이내) (운전자금) 5년 이내 (거치기간 : 2년 이내)
대출금리	정책자금 기준금리(변동)
대출방식	직접대출, 대리대출
기타	운전자금은 동 자금의 시설자금을 대출받은 기업 중 시설 도입 후 소요되는 초기가동비만 지원(시설자금의 50%이내)

마) 재도약지원자금[19]

5	재도약지원자금

가. 사업목적

○ 사업전환, 구조조정, 재창업 지원을 통해 재도약과 경영정상화를 위한 사회적 기반 조성

나. 융자규모 : 2,500억원

5-1	사업전환자금

□ 지원대상

○ 「중소기업 사업전환 촉진에 관한 특별법」에 의한 '사업전환계획'을 승인받은 중소기업으로,
- 사업전환계획 승인일로부터 5년 미만(신청일 기준)인 기업
  * 은행권 추천 경영애로기업은 <2.공통사항> 라.융자제한기업⑨항 (한계기업) 적용 제외

○ 사업전환자금 內 다음 지원대상을 위한 자금 별도 운용

< 사업재편 >
- 「기업활력 제고를 위한 특별법」에 의한 '사업재편계획'을 승인받은 중소기업으로 승인일로부터 5년 미만(신청·접수일 기준)인 기업
  * <2.공통사항> 라.융자제한기업 ②항(세금체납기업), ⑧항(부채비율 초과기업), ⑪항(우량기업) 적용을 예외로 하며 ②항(세금체납기업) 예외 적용의 경우에도 세금체납처분 유예에 한함

< 무역조정 >
- 『자유무역협정체결에 따른 무역조정지원에 관한 법률』에 의한 '무역조정지원기업'으로 지정된 중소기업으로 지정일로부터 3년 미만(신청·접수일 기준)인 기업

---

19) 출처 : 2021년도 중소기업 정책자금 융자계획 공고

< 산업경쟁력강화 >

▪ 사업전환계획 승인기업의 한중FTA 지원업종(참고15) 영위기업

□ 융자조건

  ○ 사업전환자금(사업재편, 산업경쟁력강화 포함)

구분	융자 조건
대출한도	연간 100억원 이내 (운전자금은 연간 5억원 이내)
대출기간	(시설자금) 10년 이내 (거치기간 : 담보 5년 이내, 신용 4년 이내) (운전자금) 6년 이내 (거치기간 : 3년 이내)
대출금리	정책자금 기준금리(변동)
대출방식	직접대출, 대리대출
기타	별표3(사업별 대출한도 우대기준)에 해당하는 기업은 대출한도 우대 가능

  ○ 무역조정

구분	융자 조건
대출한도	연간 60억원 이내 (운전자금은 연간 5억원 이내)
대출기간	(시설자금) 10년 이내 (거치기간 : 담보 5년 이내, 신용 4년 이내) (운전자금) 6년 이내 (거치기간 : 3년 이내)
대출금리	2.0%(고정
대출방식	직접대출, 대리대출
기타	별표3(사업별 대출한도 우대기준)에 해당하는 기업은 대출한도 우대 가능

| 5-2 | 구조개선전용자금 |

□ 지원대상 : 다음 ① ~ ⑦ 유형에 해당하는 기업

* <2.공통사항> 라.융자제한기업 ②항(세금체납기업), ③항(신용정보관리대상기업), ⑧항(부채비율초과기업), ⑨항(한계기업) 적용예외로 하며, ②항(세금체납기업) 예외 적용 경우에도 세금체납처분유예에 한함. ③항(신용정보관리대상기업) 적용 예외의 경우에도 금융질서문란 기업은 융자제한

① 은행권 추천 경영애로 기업 중 아래 중 1가지 해당되는 기업

- 은행의 기업신용위험평가 결과 경영정상화 가능기업(A,B,C 등급)
- 은행 자체프로그램에 의한 워크아웃 추진기업으로 워크아웃계획 정상 이행중인 경우
- 자산건전성 분류 기준 '요주의' 등급 이하
- 3년 연속 영업현금흐름(-)
- 3년 연속 이자보상배(비)율 1 미만

② 정책금융기관(중진공, 신보, 기보)이 지정한 부실징후기업

③ 채권은행협의회 운영협약 또는 기업구조조정 촉진법에 의한 워크아웃 추진기업으로 워크아웃계획을 정상 이행중인 경우

④ 「채무자 회생 및 파산에 관한 법률」에 따라 회생계획인가 및 회생절차 종결 후 3년 이내 기업으로 회생계획을 정상 이행중인 경우

< 패키지형 회생기업 금융지원 추진 절차 >
▪ 중진공과 한국자산관리공사(캠코)의 협업 지원이 필요한 경우
* (지원방식) 캠코 접수 · 예비평가 → 중진공 및 캠코의 기업심사 → 위원회심의 → 중진공 및 캠코 각각 대출

⑤ 진로제시 컨설팅 결과 '구조개선' 대상으로 판정된 기업

⑥ 한국자산관리공사에서 단기적 자금애로 등으로 금융지원이 필요하다고 추천한 국세 물납 법인

⑦ '선제적 자율구조개선프로그램'에서 지원을 결정한 기업

< 선제적 자율구조개선프로그램 추진 절차 >
▪ 상담·접수 → 구조개선진단 → 구조개선계획수립 → 지원방식 결정 → 협약
* (지원방식) 신규대출, 만기연장, 금리인하 등

□ 융자조건

구분	융자 조건	
	일반구조개선전용자금	선제적 자율구조개선프로그램
대출한도	(운전자금) 연간 10억원 이내 (3년간 10억원 이내)	연간 60억원 이내 (운전자금은 연간 10억원)
대출기간	(운전자금) 5년 이내(거치기간 : 2년이내)	(시설자금) 10년 이내 (거치기간 : 담보 4년 이내, 신 용 3년 이내) (운전자금) 5년 이내(거치기간 : 2년이내)
대출금리	정책자금 기준금리(변동)	2.5%(고정)
대출방식	직접대출	직접대출
기타	회생계획인가 기업 중 무리한 회생인가 조건으로 어려움을 겪는 기업의 경우 회생채무 상환 용도의 운전자금 지원가능	

5-3	재창업자금

□ 지원대상

  ○ 사업실패로 저신용 상태 혹은 한국신용정보원의 '일반신용정보 관리
    규약'에 따라 공공정보*가 등록되어 있거나, 자금조달에 애로를 겪
    고 있는 기업인으로, 다음 요건(①~③)을 모두 만족하는 자
    * 공공정보는 면책결정, 회생인가, 신용회복확정, 채무조정확정에
      한함
    * <2.공통사항> 라.융자제한기업 ②항(세금체납기업), ③항(신용정
      보관리대상기업), ⑧항(부채비율초과기업) 적용 예외로 하며, ②
      항(세금체납기업) 예외 적용 경우에도 세금체납 처분유예에 한함.
      ③항(신용정보관리대상기업) 적용 예외의 경우에도 개인기업의
      면책결정, 회생인가, 신용회복확정, 채무조정확정에 한함
    * 별표1에 따른 '융자제외 대상업종' 中 도매업 영위 소상공인
      및 건설업을 지원대상에 포함

  ① 업력이 사업 개시일로부터 7년 미만(신청·접수일 기준)인 중소기업 및
    재창업을 준비 중인 자

* 설립 7년 미만 법인기업을 인수한 경우도 포함
* 재창업을 준비 중인 자의 경우, 재창업자금 지원 결정 후 3개월 이내에 사업자등록이 가능할 것

② 아래 재창업자 요건에 모두 해당하며 실패기업 폐업을 완료할 것

< 재창업자 요건 >
- 현재 재창업기업의 대표(이사)로서, 과거 실패 개인기업의 대표이거나 실패 법인기업의 대표이사 또는 실질기업주
- 폐업한 실패기업의 업종이 '비영리업종, 사치향락업종, 음식숙박업, 상시근로자 5인 미만 소매업, 금융 및 보험업, 부동산업, 공공행정, 국방 및 사회보장행정, 가구 내 고용 및 자가 소비·생산활동, 국제 및 외국기관'에 미해당
- 폐업한 실패기업이 매출실적 보유
  (단, 재창업한 기업이 매출이 있거나 폐업기업 업력이 3년 이상인 경우는 예외)

---

③ 「중소기업창업지원법」에 따른 성실경영평가를 통과할 것
* 성실경영평가 : 재창업지원자금 신청자가 재창업 전 기업을 분식회계, 고의부도, 부당해고 등을 하지 않고 성실하게 경영했는지 등을 평가

○ 재창업자금 内 다음 지원대상을 위한 자금 별도 운용

< 기술혁신형 재창업 >
- 중기부 재도전성공패키지사업 또는 TIPS-R 선정
- 정부의 R&D사업 선정
- 특허·실용신안을 보유하고 재창업 후 동 기술을 사업화 중이거나 사업화
- 재도전Fund 투자유치
- 과기부 ICT 재창업 사업 선정
- 혁신성장분야(참고1) 영위
- 소재·부품·장비산업(참고5) 영위

< 신용회복위원회 재창업지원 >
- 『연체 등 정보가 등록된 신용미회복자로 신용회복위원회의 신용회복과 재창업자금 동시 지원이 필요한 경우
  * (지원방식) 신복위 접수 → 중진공·신보·기보 중 1기관이 평가 → 위원회심의 → 신보·기보 보증서발급 → 신용회복처리 후 중진공대출

□ 융자조건

구분	융자 조건
대출한도	연간 60억원 이내 (운전자금은 연간 5억원 이내)
대출기간	(시설자금) 10년 이내 (거치기간 : 4년 이내) (운전자금) 6년 이내 (거치기간 : 3년 이내)
대출금리	정책자금 기준금리(변동)
대출방식	직접대출, 대리대출
기타	• 업력 1년 미만 기업의 경우에는 역량평가와 초기재창업 심의위원회 평가를 합산한 결과로 융자 여부 결정 • 「기술혁신형 재창업기업」은 우선 접수하며 융자상환금조정형 대출로 신청 가능 • 융자상환금조정형은 대출한도 5억원 이내에서 직접대출로 운영 • 별표3(사업별 대출한도 우대기준)에 해당하는 기업은 대출한도 우대 가능 (융자상환금조정형 제외)

바) 긴급경영안정자금[20]

6	긴급경영안정자금

가. 사업목적

○ 사업전환, 구조조정, 재창업 지원을 통해 재도약과 경영정상화를 위한 사회적 기반 조성

나. 융자규모 : 2,500억원

6-1	긴급경영안정자금(재해중소기업지원)

☐ 지원대상

○ 「재해 중소기업 지원지침(중소벤처기업부 고시)」에 따라 '자연재난' 및 '사회재난'으로 피해를 입은 중소기업
  * 시장·군수·구청장 또는 읍·면·동장이 발급한 「재해중소기업 확인증」 제출
  * <2.공통사항> 라. 융자제한기업 ①항(휴·폐업기업), ②항(세금체납기업), ⑧항(부채비율초과기업) 적용 예외
    (단, ①항(휴·폐업기업) 예외 적용의 경우 재해를 직접적인 원인으로 한 휴업, ②항(세금체납기업) 예외 적용의 경우 세금 체납 처분 유예에 한함)
  * 「중소기업협동조합법」에 따른 협동조합은 별표1에 따른 '융자 제외 대상 업종' 中 산업단체(KSIC 94110)도 지원대상에 포함

☐ 융자조건

구분	융자 조건
대출한도	(운전자금) 피해금액 이내에서 최대 10억원 (3년간 15억원 이내)
대출기간	(운전자금) 5년 이내 (거치기간 : 2년 이내)

---

20) 출처 : 2021년도 중소기업 정책자금 융자계획 공고

대출금리	1.9%(고정)
대출방식	직접대출
기타	운전자금의 용도는 직접 피해 복구에 소요되는 비용

6-2	긴급경영안정자금(일시적경영애로)

□ 지원대상

○ 다음 '① 경영애로 사유'로 인해 일정부분 이상 피해('② 경영애로 규모')를 입은 일시적 경영애로 기업 중 경영정상화 가능성이 큰 기업

* <2.공통사항> 라.융자제한기업 ⑧항(부채비율초과기업) 적용 예외

* 정부 산업구조조정 대상업종(조선, 자동차, 철강, 석유화학)은 <2.공통사항>라. 융자제한기업 ②항(세금체납기업), ⑧항(부채비율초과기업), ⑪항(우량기업) 적용 예외 (단, ②항(세금체납기업) 예외 적용의 경우에도 세금 체납 처분 유예에 한함)

① 경영애로 사유

- 환율피해
- 대형사고
- 대기업 구조조정
- 정부의 산업구조조정 대상업종(조선, 자동차, 해운, 철강, 석유화학) 관련 피해
- 주요거래처 도산 및 결제조건 악화
- 기술유출 피해
- 보호무역 피해
- 불공정거래행위 또는 기술침해 등에 따른 피해
- 한·중 FTA 지원업종(피해)(참고15)
- 일본수출규제 관련 피해
- 고용위기 또는 산업위기에 따른 애로
- 對이란제재 피해
- 화학안전 법령 이행
- 코로나19 피해(병·의원, 고위험시설 운영기업, 보건용 마스크 제조기업

포함)
- 기타 중소벤처기업부장관이 지원이 필요하다고 인정하는 사유

※ 제품과 서비스의 시장성 부족 등에 따른 영업부진 등은 제외

② 경영애로 규모 : 매출액 또는 영업이익이 10%이상 감소 기업, 대형사고
   (화재 등)로 피해규모가 1억원 이상인 기업

(비교시점) 직전연도와 직전전연도,

직전반기와 직전전반기, 직전반기와 전년동반기,

직전분기와 직전전분기, 직전분기와 전년동분기,

신청전월과 전전월, 신청전월과 전년동월

* 단, 다음에 해당하는 기업의 경우 경영애로 규모 요건 적용 예외

- 고용위기 또는 산업위기지역 소재 중소기업
- 조선업 관련 피해기업
- 한국GM(군산·창원공장) 협력기업
- 보호무역 피해기업(중국 수출피해, 중국관광객 감소 피해)
- 한국콘텐츠진흥원 심의위원회에서 보호무역피해를 인정한 기업
- 對이란제재 피해기업
- 코로나19 관련 보건용 마스크 제조기업 및 고위험시설 운영기업

③ 신청기한 : 경영애로 피해 발생(피해 비교 가능시점) 후 6개월 이내
   * 단, 정부의 산업구조조정대상 업종 관련 피해기업은 신청기한을
   경영애로 피해발생 후 1년 이내로 우대

□ 융자조건

구분	융자 조건
대출한도	(운전자금) 10억원 이내 (3년간 15억원 이내)
대출기간	(운전자금) 5년 이내 (거치기간 : 2년 이내)
대출금리	정책자금 기준금리(변동) + 0.5%p
대출방식	직접대출
기타	운전자금의 용도는 경영애로 해소 및 경영정상화에 소요되는 경비

□ 기타

  ○ 코로나19 피해기업 요건 완화

- 별표1에 따른 '융자제외 대상업종' 中
  - 병·의원(KSIC 861~862)은 상시근로자수에 관계없이 지원대상에 포함
  - 전시회 취소·연기 등으로 피해를 입은 건설업(KSIC 41~42)영위 중소기업을 지원대상에 포함(단, '한국전시산업진흥회'로부터 피해사실 확인을 받은 전시사업자에 한함)
  - 고위험시설 영위 중소기업은 기타 주점업(KSIC 56219), 입시목적 교육서비스업(KSIC 855~856)을 지원대상에 포함

3) 진행절차

중진공의 진행절차는 1)중진공 정책자금 융자계획의 융자절차에 나와있다. 하지만 기업을 만나 상담을 하다보면 중진공의 진행절차를 잘 이해하고 하는 기업도 있지만, 어떻게 진행해야 할지 모르는 기업들도 많이 있다. 그런 기업들을 위해 조금 더 자세하게 중진공 융자절차에 대해 안내하도록 하겠다. 아래는 직접대출에 대한 안내이다.

가) 진행절차 및 제출서류 안내[21]

 i) 회원가입 및 사전상담 예약
  : 중소벤처기업진흥공단 사이트 (http://www.kosmes.or.kr)
  : 회원가입 및 사전상담 예약
 ii) 자가진단 및 정보제공동의
  : 중소벤처기업진흥공단 사이트 (http://www.kosmes.or.kr)
  : 자가진단 및 정보제공 동의
 iii) 사전상담 : 중진공에 방문하여 융자 가능성 등 검토 및 상담
  ㄱ. 중소벤처기업진흥공단 해당 지점으로 방문
   ※ 사전상담 시간은 기본적으로 변경이 불가능하며, 늦게 도착할 경우 상담진행이 어려울 수 있다.
  ㄴ. 사전상담을 통해 온라인 신청서 업로드 자격관련 부여 또는 미부여 확인
  ㄷ. 제출서류
   ⓐ 필수서류
   - 자가진단표, 기업 및 개인(신용)정보 수집·이용·제공 및 활용동의서, 고객정보 활용 동의서, 사전상담 예약내역
   - 대표자 - 신분증 / 도장 : 법인인감(또는 사용인감), 대표자 개인인감
   - 사업자등록증 사본
   - 최근 3개년 표준재무제표 (세무회계자료 온라인전송시스템을 통해 제출하고, 사전상담 시 제출)
   - 부가세과세표준증명원 (최근 3년)
   ⓑ 선택서류
   - 고용 증가 기업 : 고용보험 가입자 명부 최근 4개년 (해당년도 12월 기준으로 출력)
   - 수출업체 : 수출실적 확인서류
    * 최근 1년 이내의 외국환은행 및 무역협회 등 수출실적 증명원 또는 수출예정인 경우 수출계약서(직수출에 한함)
   - 재해상담 가능 업체 : 재해확인서
   - 사업계획서, 회사소개서, 제품 브로셔 등
   - 각종 인증 사본(벤처, 이노비즈, 메인비즈, ISO)
   - 고용우수인증기업 확인서 : 일자리안정자금 지급결정 통지서, 청년추가고용 장려금 등

---

21) 출처 : 자금신청·현장조사 시 참고 및 유의사항

- 노란우산공제 부금납입증명서
- 장애인 기업을 입증하는 서류
- 여성기업인을 입증하는 서류 : 여성기업확인서 등

iv) 온라인 신청서 업로드

　ㄱ. 중소벤처기업진흥공단 사이트(http://www.kosmes.or.kr)
　　 : 온라인 신청서 업로드

　ㄴ. 자격관련 부여 시, 온라인 신청서 업로드 가능

v) 신청결과 통보 및 정식 접수

　ㄱ. 신청결과 적합 시, 신청결과 통보 및 정식 접수

　ㄴ. 기간 : 온라인 신청서 업로드 후, 약 2주 (지점별 상이)

vi) 실사

　ㄱ. 중소벤처기업진흥공단 담당자가 해당 사무실 및 공장(창고)으로 실사(기업평
　　 가)

　ㄴ. 기간 : 정식 접수 후, 2주 정도 소요

　ㄷ. 제출서류

　　ⓒ 준비서류

　 - 금융거래확인서 각 1부 (거래하는 모든 금융기관 / 은행, 캐피탈 등 / 원본
　　 필수)

　 - 원천징수 이행상황 신고서

　 - 주주명부 (법인기업에 한함)

　 - 산업재산권, 규격표시 인증, 기타 인증서류 등 사본 (해당 기업)

　 - 수출 확인 서류

　　 * L/C, D/A, D/P, Local L/C, T/T, M/T, 구매확인서, O/A, 해외조달계약에 따른
　　 P/O, 해외유통망 P/O

　　 * 외국환은행·한국무역협회 등 관련기관 발급

　 - 기타 서류

　　 * 각 종 인증서, 정부사업 참여 내역 확인서 (공문 등)

　　ⓓ 시설 및 투자자금 신청 근거서류(해당 기업에 한함)

　 - 기계시설 : 견적서(또는 계약서), 카탈로그(또는 설계도면)

　 - 금형구입 : 제작업체가 작성한 견적서

　　 * 중진공 지정 금형견적서 양식 사용

　 - 건축 : 건축허가(신고)서, (전자)건축계약서

　　 * 설계도면, 건축내역서, 건설업자 등록증과 면허증, 공사지명원 등 추가제시

　 - 토지구입비 : 매매계약서, 건축허가(신고)서, 건축착공확약서

　　 * 토지구입비는 건축허가(산업단지 등 계획입지의 입주계약자 포함)가 확정
　　 된 사업용 부지 중 6개월 이내 건축착공이 가능한 경우에 한함

　　 * 건축착공확약서 양식은 중진공 홈페이지 게시

　 - 사업장인수/중고설비 구입 : 매매계약서, 기계사양서

　 - 경(공)매 : 낙찰허가서(계약서), 감정평가서

　 - 지식재산권 및 외부 연구용역, SW구입 : 계약서

vii) 융자결정

기간 : 기관 실사 후, 1주 내

viii) 대출

ㄹ. 중소벤처기업진흥공단 방문하여 사인 및 대출 진행

ㄷ. 기간 : 융자결정 후, 1주 내

ㄹ. 제출서류

ⓐ 공통 서류(개인기업, 법인기업)

- 금융거래확인서 각 1부 (거래하는 모든 금융기관 / 은행, 캐피탈 등 / 원본 필수)

- 대출금 입금 통장 1부

  * 통장 사본 (계좌번호 및 통장인감 표시)

  * 원본대조필 확인

  * 통장 명의가 채무자와 일치할 것 (법인⇒ 법인명의 / 개인기업⇒ 대표자명 의)

- 임대차 계약서 사본 1부 (임차인 경우만 해당)

- 부동산 등기부등본 1부 (법인소유 부동산)

  * 1개월 이내 부동산등기부등본, 법인소유 없을 경우 생략가능

- 국세 납세증명서, 지방세 납세증명서 각 1부 (재사용불가)

- 주민등록 등본 1부 (2개월 이내 발급분)

- 개인 인감증명서 1부 (2개월 이내 발급분)

- 대표자 개인 인감도장 / 대표자 신분증

ⓑ 별도 서류(법인기업만 해당)

- 법인 등기부 등본 1부

  * 3개월이내 발급분 / 말소사항 포함, 등재이사 주민등록번호 기재될 것

- 법인 인감증명서 1부

  * 3개월이내 발급분 / 법인 등기부등본상의 상호, 주소, 대표이사 사항 일치 할 것

- 주주명부 1부 (주식 및 출자지분변동 상황명세표)

  * 세무사 또는 회계사 명판 및 도장 직인 필요, 원본대조필 날인

- 법인 인감도장

- 대표이사 신분증 (주민등록증 또는 운전면허증)

- 사업자등록증명원

❖ 중소벤처기업진흥공단의 기본적인 진행절차에 대한 내용이므로, 상황에 따라 진행절차 변동 및 추가 서류가 필요할 수 있습니다.

나) 중소벤처기업진흥공단 사이트[22] 이용방법

(1) 회원가입

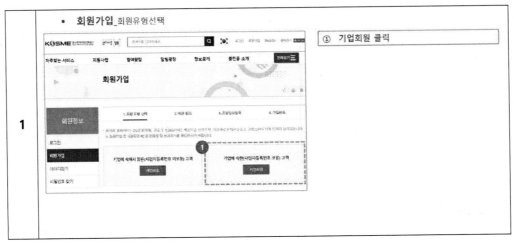

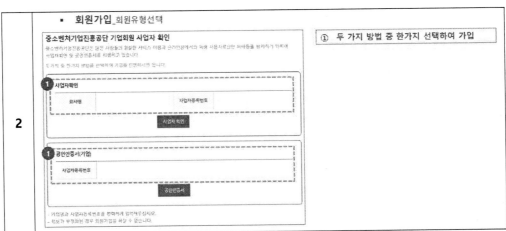

---

22) 출처 : 중소벤처기업진흥공단(www.kosmes.or.kr)

4	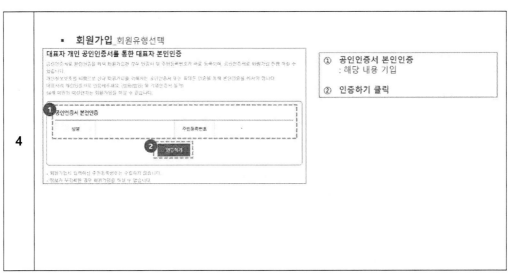

5	

6	

| 7 |  | ▪ 가입완료

① 로그인 후, 진행 |

■ 회원가입_가입완료

■ 로그인

| 8 |  | ① 로그인 후, 진행 |

(2) 정책자금 온라인 신청절차

1	▪ 정책자금 온라인 신청 	① 로그인 후, 　[정책자금 온라인 신청] 클릭
2	▪ 정책자금 온라인 신청_예약 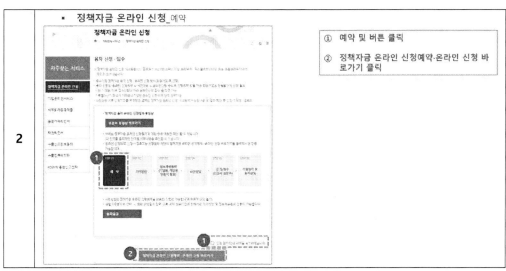	① 예약 및 버튼 클릭 ② 정책자금 온라인 신청예약·온라인 신청 바로가기 클릭
3	▪ 정책자금 온라인 신청_예약 	① 소재지 관할 지역본부 선택

- 정책자금 온라인 신청_ 예약

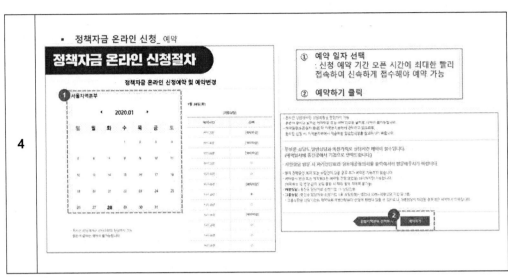

- 정책자금 온라인 신청_ 예약

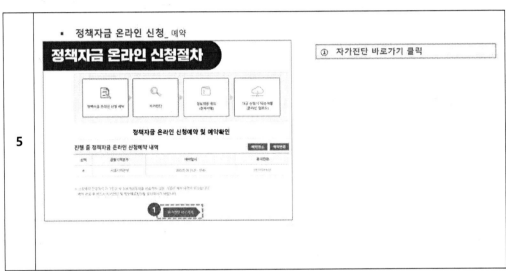

- 정책자금 온라인 신청_ 자가진단_기본정보입력

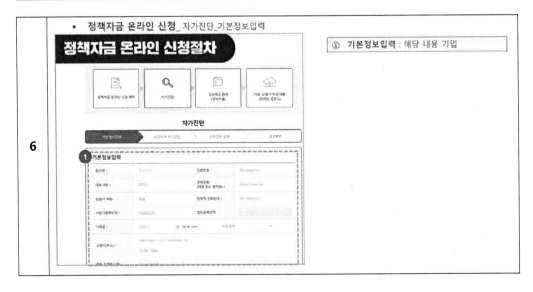

7

- 정책자금 온라인 신청_ 자가진단_기본정보입력

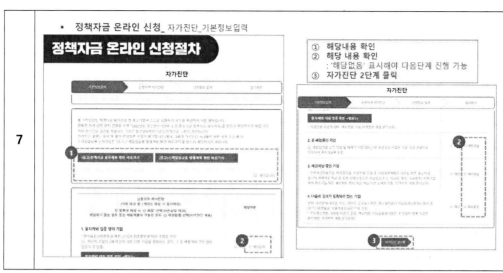

① 해당내용 확인
② 해당 내용 확인
  : '해당없음' 표시해야 다음단계 진행 가능
③ 자가진단 2단계 클릭

8

- 정책자금 온라인 신청_ 자가진단_신청자격 자가진단

① 신청자격 자가진단
  : 표준재무제표 상의 내용을 확인하여 기입

② 해당 내용 확인
  : '해당없음' 표시해야 다음단계 진행 가능

9

- 정책자금 온라인 신청_ 자가진단_신청자격 자가진단

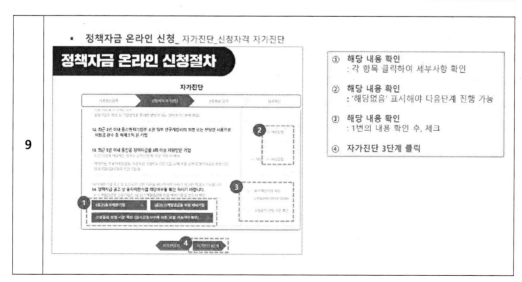

① 해당 내용 확인
  : 각 항목 클릭하여 세부사항 확인

② 해당 내용 확인
  : '해당없음' 표시해야 다음단계 진행 가능

③ 해당 내용 확인
  : 1번의 내용 확인 후, 체크

④ 자가진단 3단계 클릭

10

- 정책자금 온라인 신청_자가진단_결과확인

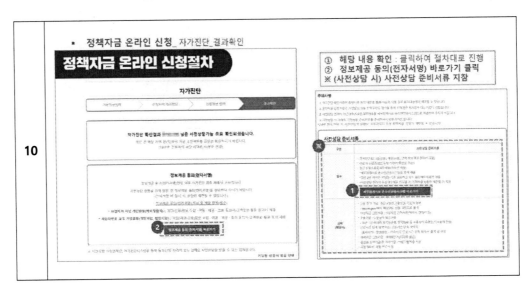

① 해당 내용 확인 : 클릭하여 절차대로 진행
② 정보제공 동의(전자서명) 바로가기 클릭
※ (사전상담 시) 사전상담 준비서류 지참

11

- 정책자금 온라인 신청_ 전자서명_기업/개인

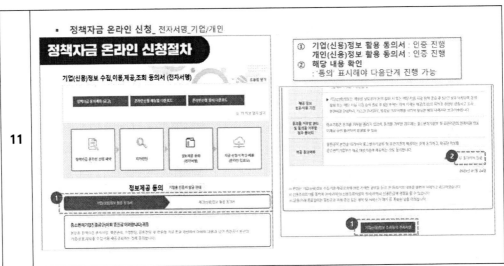

① 기업(신용)정보 활용 동의서 : 인증 진행
  개인(신용)정보 활용 동의서 : 인증 진행
② 해당 내용 확인
  : '동의' 표시해야 다음단계 진행 가능

12

- 정책자금 온라인 신청_ 신청내역_출력

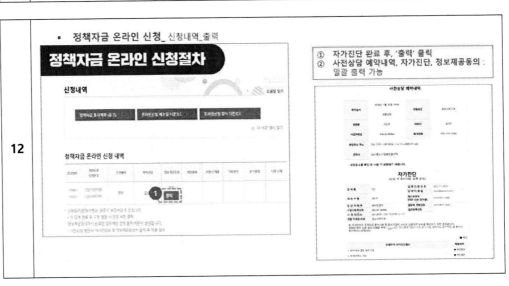

① 자가진단 완료 후, '출력' 클릭
② 사전상담 예약내역, 자가진단, 정보제공동의 :
  일괄 출력 가능

13	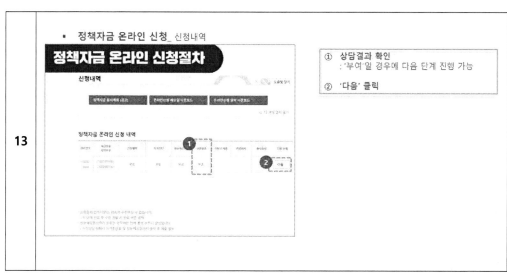 ① 상담결과 확인 : '부여'일 경우에 다음 단계 진행 가능 ② '다음' 클릭
14	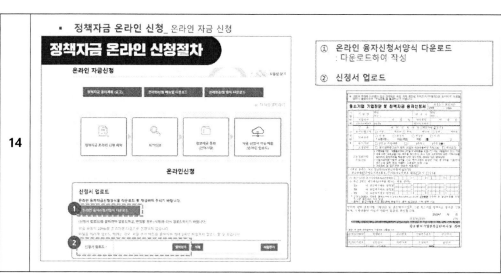 ① 온라인 융자신청서양식 다운로드 : 다운로드하여 작성 ② 신청서 업로드
15	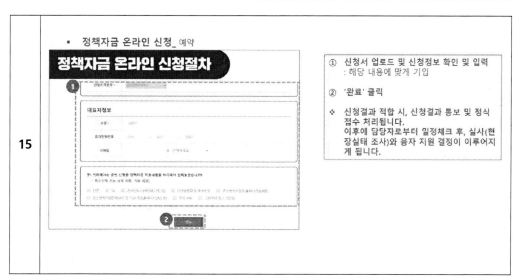 ① 신청서 업로드 및 신청정보 확인 및 입력 : 해당 내용에 맞게 기입 ② '완료' 클릭 ❖ 신청결과 적합 시, 신청결과 통보 및 정식 접수 처리됩니다. 이후에 담당자로부터 일정체크 후, 실사(현장실태 조사)와 융자 지원 결정이 이루어지게 됩니다.

4) 중소기업 기업진단 및 정책자금 융자신청서[23](사업계획서)

중진공의 융자신청서는 간접자금과 소진공에 비해 작성할 내용이 많은 것이 특징이다. 예비창업자는 예정상황으로 융자신청서를 작성하며, 사업을 운영중인 사업자는 현재상황으로 융자신청서를 작성하면 된다. 필자가 만났던 업체들은 대부분 예비창업자보다는 사업을 운영중인 사업자가 중진공 정책자금에 유리했으며, 3년 미만의 초기 창업자는 확률이 매우 높았다.

중진공 융자신청서는 다른 정책자금 사업계획서에 비해 작성할 내용이 많기 때문에 양식을 다운받아 미리 작성할 것을 추천한다. 중진공의 경우, 작성된 융자신청서를 기반으로 기관 담당자가 실사방문 시에 꼼꼼하게 체크하기 때문에 사실 기반으로 작성해야 하며, 거짓으로 작성된 경우 무효처리 될 수 있다.

---

23) 출처 : 2021년 혁신창업사업화자금_융자신청서

중소기업 기업진단 및 정책자금 융자신청서

현장조사 희망기간
2021. . ~ 2021. .

기업현황	기업명				대표자			
	설립일자	년 월 일			생년월일	년 월 일		
	사업자등록번호				법인등록번호			
	업태/종목 (사업자등록증)				상시근로자수			명
	주생산품				매출액			백만원
	연락처	대표자	전화:( ) - 자택:( ) - 휴대폰:( ) - ※ 자금신청 처리결과 등을 휴대폰 문자메시지(SMS)로 (□수신, □수신거부)하겠습니다.					
		담당자	직위: 성명: 전화:( ) - 휴대폰:( ) -					
		E-mail	대표자 : 담당자 :					
		홈페이지			FAX	( ) -		
	세금체납 여부	□ 정상 □ 체납		금융기관연체 여부		□ 정상 □ 연체		
신청내용	구 분	세 부 신 청 내 용 (해당란에 ☑표시)						
	융자신청금액	□ 시설 : 백만원 □ 운전 : 백만원						
	담보종류	□ 신용 □ 부동산 □ 기타 ( ) * 신용보증서 담보는 신용회복위원회 재창업지원만 가능						
	융자기관	□ 중진공 직접대출 □ ( )은행 ( )지점 [☎ :]						
	고정금리	□ 해당(융자공고에서 정한 사업의 직접대출시만 선택가능) □ 해당없음						

상기와 같이 중소벤처기업부 소관 중소기업 정책자금 융자를 신청하며, 기재내용이 사실과 다름이 없음을 확인합니다.

20 년 월 일

신청인 (기업명) (대표자) (인)

중소벤처기업진흥공단이사장 귀하

(온라인)신청번호	업체번호		관리번호	산업분류번호	담당부서
진단관리번호	진단실시		투입일수		담당자
	□실시 □생략		MD		
융자구분	□ 혁신창업사업화자금(창업기반지원□ 일자리창출촉진□ 미래기술육성□ 고성장촉진□ 개발기술사업화□) □ 투융자복합금융자금(성장공유형□ 스케일업금융□) □ 신시장진출지원자금(내수기업의 수출기업화□ 수출기업의 글로벌화□) □ 신성장기반자금(혁신성장지원(협동화, 산업경쟁력강화 포함)□ Net-Zero 지원□ 제조현장스마트화□) □ 재도약지원자금(사업전환(무역조정, 사업재편 포함)□ 구조개선전용□ 재창업□) □ 긴급경영안정자금(일시적경영애로□ 재해□)				
업종구분	□ 중점지원분야 □ 일반산업		사회적기업		□ 해당 □ 해당없음

* 붉은 선 안은 중진공에서 기재하는 사항입니다.

[표4 - 중소기업 기업진단 및 정책자금 융자신청서①]

기업현황 및 사업계획서

Ⅰ. 기업상세현황

□ 개 요

소재지	본사	(주소)				
	지사	사업자등록번호 : (주소)				
	공장	사업자등록번호 : (주소)				
		대지: m' / 건물: m'	소유	□ 자가 □ 임차 (소유자:)		
생산방식		자사제조( )%, 외주가공( )%		주문생산( )%, 시장생산( )%		

□ 대표자 경력

최종 학력	졸업연월	학교	학과(전공/계열)	졸업	수료	중퇴
주요경력	기 간	근 무 처	근무처 업종	최종직위(담당업무)		
동업종 종사기간 (년 개월)						
자격사항	취득연월일	종류		발행기관		
주택	(주소)			소유자 (관계)	( )	
경영실권자	성 명		대표자와의 관계			
	※ 경영실권자와 대표자가 다를 경우 경력 및 개인정보제공동의서(별지서식) 별도 제출					

□ 주주상황(법인기업에 한해 작성)　　　　　　　　　　(2021년　월　일 현재)

주주명	경영실권자 와의 관계	소유주식 금액(백만원)	비율	주주명	경영실권자 와의 관계	소유주식 금액(백만원)	비율

* 주주명부는 별도 제출이 필요한 경우에만 제출

[표4 – 중소기업 기업진단 및 정책자금 융자신청서②]

□ 회사연혁(별지사용 가능)

년 월	주 요 내 용 (설립, 상호/대표자변경, 법인전환, 자본증자, 사업장/공장이전 등 주요사항 기재)

□ 경영진

직 위	성 명	생년월일	경영실권자 와의 관계	최종학력	주요경력

* 최종학력은 희망에 따라 기재 또는 생략 가능

□ 관계(관련)회사(자회사 또는 계열기업 등 지분출자관계에 있는 회사를 모두 기재)

업체명 (대표자)	사 업 자 등록번호	사 업 개시일	소재지	주생산품	소유 지분

□ 매출 및 직원 현황

구 분		최근 3개년 실적 및 향후계획 (단위: 백만원, 명)						
		2018년	2019년	2020년	2021년		2022년	2023년
					( )월 현재	년간		
매출	총매출액							
	수출액*							
직원	총인원							
	기술/생산직							

* 수출유형 : □직접수출 □로컬수출   *주요 수출품목(   )   *주요 수출국(   )

□ 매출세부내용(매출처는 최근 1년내 거래비중 기준으로 30%이상 기재, 필요시 별지 작성)

주요 거래처	구분	거래처명	거래품목	거래비중 (%)	결제조건		거래기간 (개월)
					외상비율 (%)	결제기간 (월)	
	매출처						
	매입처						

* 필요시 항목별 별지 사용하여 작성

[표4 – 중소기업 기업진단 및 정책자금 융자신청서③]

□ 기타 : 해당시 기재(필요시 별지 작성)

해당 항목	관련 내용
기술개발실적(최근 3년내)	
규격표시 획득	
산업 및 지적재산권 등록	
주요 보유시설 현황	
기타	

□ 주요 생산제품(상품 및 서비스) 개요(필요시 별지작성)

제품용도 및 특성 (상품 및 서비스 주요내용)	
제품생산공정도	*주제품에 대해 기재하며, 비제조업의 경우 서비스 흐름도를 작성
시 장 상 황 (시장규모, 주요 수요처 경쟁업체 현황 등)	
기술품질경쟁력 (국내외 경쟁사 제품과 기술, 품질, 가격 비교)	
수요전망 및 판매계획	

[표4 - 중소기업 기업진단 및 정책자금 융자신청서④]

Ⅱ. 사업계획 (자금활용 계획 및 기대효과)

□ 사업내용 (추진기간 : 2021년   월~   년   월)

사업내용 및 목적, 효과 등	

※ 자금(투자)신청 주요 내용 및 목적(개발기술사업화자금은 사업화내용)을 기술하고, 별도로 작성한 사업계획서가 있는 경우에는 대체 가능
※ 효과는 정책자금을 활용한 설비투자(또는 대체, 증설 등) 및 운전자금 지원 후, 생산공정의 개선, 생산성향상, 원가절감 및 불량감소 등에 대해 금액 또는 비율을 사용하여 기재

□ 자금 소요내역

(단위 : 백만원)

	시 설 명	규 격	수 량	단 가	소요금액 (VAT제외)	국산/외산	비 고 (착공예정일)
시설자금	토지 구입*						
	사업장 매입						
	기계시설 구입						
	기타( )						
	소계						
운전자금	원부자재 구입비						
	생산 및 부대비용						
	판로 및 시장개척						
	인건비						
	기타( )						
	소계						
총 소요금액							
조달계획	중진공 차입금						
	자체자금						
	은행자금등 기타						
시설 설치장소							

※ 시설자금의 경우 시설자금 신청기업 특약사항 확약서 작성 필수
  - 토지구입비 대출일로부터 6개월이내 사업장 건축 미착공시 해당 대출금 조기 상환
  - 정책자금 지원 시설물의 전부임대, 부분임대, 장기간 방치 등 목적외 사용시 대출금 조기 상환, 약정해지, 향후 3년간 정책자금 신청 제한 및 지원예정금액에 대한 대출 금지 등 제재

[표4 – 중소기업 기업진단 및 정책자금 융자신청서⑤]

※ 필 수 기 재 사 항 (재무자료 온라인 제출) ※

해당 여부 체크	□ 제출생략 대상 : 『소득세법』 및 동법시행령에 의한 일정규모 미만의 간편장부 대상사업자 □ 재무제표 제출 대상 : 하단의 내용 필수 기재

국세청 홈택스 자료 발급번호(※발급방법에 ☑요망)
- 발급방법[□주민등록번호활용, □사업자등록번호 활용(□본사, □지점)]

○ 최근 1년간 부가가치세과세표준증명원 ☐☐☐-☐☐☐☐☐-☐☐☐
○ 최근 3개년 재무제표(기제출 회사는 제출 생략)
- 20 년 표준재무제표 증명원 ☐☐☐-☐☐☐☐☐-☐☐☐
- 20 년 표준재무제표 증명원 ☐☐☐-☐☐☐☐☐-☐☐☐
- 20 년 표준재무제표 증명원 ☐☐☐-☐☐☐☐☐-☐☐☐

 * 국세청 홈택스서비스(www.hometax.go.kr)에 **2부 이상** 신청한 후 발급번호를 작성하시면
   중진공이 직접 발급
 * 홈택스 발급서류를 직접 중진공에 제출하는 경우 발급번호 기재 생략 가능

□ **연계 지원** (중소벤처기업진흥공단 기타 사업 참여 예정 기업만 작성)
 * 사업에 대한 자세한 내용은 중소벤처기업진흥공단 홈페이지(www.kosmes.or.kr)를 참조 바랍니다.

○ **구인 등 인력 애로**(구인 등 인력 애로가 있는 업체만 기재)

채용분야	경력	채용인원	채용시기	기타 애로 사항
	년			□맞춤인력 양성 □교육훈련 □환경개선 등

 * 채용분야 : 관리, 생산, 연구, 행정, 영업, 마케팅 등

○ **수출마케팅 추진계획**(사업 참여계획이 있는 업체만 기재)

활용분야	수출마케팅 품목	진출 희망국가	필요시기

 * 활용분야 : 국내판로, 수출준비, 수출실행, 온라인마케팅 등

○ **컨설팅 추진계획**(사업 참여계획이 있는 업체만 기재)

적용분야	컨설팅 주제	컨설팅기간(개월)	필요시기

 * 적용분야 : 기술개발, 생산성향상, 사업전환 등

○ **연수 추진계획**(사업 참여계획이 있는 업체만 기재)

연수분야	교육방법	시기(년,월)	기타 교육 필요 사항

 * 연수분야 : CEO/리더십, 전략/마케팅, 재무/회계, 노무/인사, 생산/품질, 문서작성, 외국어,
   생산기술(기계, CAD, 유공압, 플라스틱, 고무 등), 전기전자, 자동화, 금속, 섬유, 화공,
   스마트공장, 스마트융합(전기전자/PLC, IT/ICT융합) 등
 * 교육방법 : 공개집합교육, 기업맞춤교육, 현장교육, 원격교육 등

[표4 – 중소기업 기업진단 및 정책자금 융자신청서⑥]

중소기업 정책자금(융자) 윤리준수 약속

중소벤처기업진흥공단(이하 "중진공")은 중소기업 정책자금 융자사업을 청렴하고 투명하게 운영하기 위해 노력하고 있습니다. 이에 정책자금 융자 신청자(이하 "고객)와 중진공 임직원은 다음의 사항을 약속하고 실천합니다.

□ 고객의 준수사항

① 고객은 정책자금 융자와 관련하여 중진공 임직원은 물론 어떠한 자에 대해서도 일체의 금품, 향응, 편의 등을 제공하지 않으며, 제3자 부당개입에 의한 융자청탁 등의 행위를 하지 않습니다.

> ※ 정책자금 관련 중소기업에 피해를 유발하거나, 정책자금 정책목적을 훼손하는 행위는 각 지역본·지부에 설치된 제3자 부당개입 신고센터 또는 중진공 홈페이지에 신고하여 주시기 바랍니다.
> ※ 제3자 부당개입 유형
> [피해유발 행위]
> ① (계약 불이행) 성공 조건부 계약을 체결하고, 수수료를 선지급 받은 후 대출 실패 시 선지급금 반환청구에 응하지 않는 경우
> [정책목적 훼손]
> ① (대출심사 허위 대응) 재무제표 분식, 사업계획 과대포장 등 허위로 신청서류를 작성하고 수수료 수령한 경우
> ② (허위 대출약속) 지원자격이 안되는 기업(요건미흡, 평가탈락 기업 등)에 정책자금 신청전 대출을 약속하고 대가를 요구하는 경우
> - 지원자격이 안되는 기업을 대상으로 정책자금을 받아주겠다며 대가를 요구 할 경우
> ③ (부정청탁) 정부기관, 중진공 직원 등과의 인적 네트워크를 통해 정책자금 지원이 가능하도록 하겠다고 약속하고, 착수금을 수령하는 경우
> ④ (정부기관 등 사칭) 제3자가 정부 공무원이나 공공기관 직원의 명함을 임의로 사용하거나 허위로 정책자금 관련 기관 직원을 사칭한 경우

② 고객은 사업 추진 과정에서 대한민국 법률 및 관련 시행령에서 규정한 법률적 책임(예> 세법, 노동법, 환경법 등에서 규정하고 있는 의무 이행사항)을 준수합니다.

③ 고객은 도박, 사행성 제품 및 서비스의 제공, 불량식품 제조 등 사회적 손실이 발생 가능하거나 사회적으로 물의를 일으킬 수 있는 사업을 운영하지 않습니다.

④ 고객은 정책자금 신청목적에 따라 사용하며, 자금사용 여부 점검을 위한 관련자료 요청 등에 적극 협조하겠습니다.

★ 정책자금의 목적외 사용 : 사업장 및 기계기구 임대, 비영업용 자산취득, 사적유용, 타인에 대한 대여 및 투자, 기타 불분명 지출 등

⑤ 위 준수사항을 위반한 경우에는 융자지원 제외, 지원결정 취소 등의 불이익 처분이 있더라도 이의를 제기하지 않겠습니다.

★ 또한 중진공은 고객이 인권 보호, 아동노동금지 및 환경 보호를 적극적으로 이행할 것을 권유하며, 부당이득 취득 및 뇌물 제공 등을 포함하는 모든 형태의 부패에 반대할 것을 기대합니다.

□ 중진공 임직원 준수사항

① 중진공 임직원은 고객에게 친절한 자세로 성실히 업무에 임하겠으며 고객으로부터 어떠한 금품, 향응, 편의도 제공받지 않겠습니다.

② 중진공 임직원은 법령과 『임직원행동강령』 및 관련 중진공 규정을 준수하고, 이를 위반할 경우 상응하는 처벌을 받겠습니다.

년   월   일

고 객	중소벤처기업진흥공단		
기업체명 : _____	담 당 자 : _____(인 또는 서명)		
	담 당 자 : _____(인 또는 서명)		
대 표 자 : _____(인 또는 서명)	담 당 자 : _____(인 또는 서명)		

[표4 - 중소기업 기업진단 및 정책자금 융자신청서⑦]

지금부터 중소기업 기업진단 및 정책자금 융자신청서 작성요령[24)에 대해 알아보도록 하겠다.

가) 신청서 표지

(1) 기업현황

i) 기업명 : 상호전부를 기재한다.(예 : (주)○○○, △△(주), (유)○○○, □□기업)

ii) 대표자 : 대표자 성명을 기재한다.

iii) 설립일자

   ㄱ. 법인기업 : 법인등기사항전부증명서 상 회사(법인) 성립연월일

   ㄴ. 개인기업 : 사업자등록증명원 상 사업자등록일 기재한다.(개인기업의 법인전환시 사업자등록증명원 상 사업자등록일)

iv) 생년월일 : 주민등록번호 기준으로 작성한다.

v) 사업자등록번호 : 사업자등록증 상 등록번호를 기재한다.

vi) 법인등록번호 : 사업자등록증 상 법인등록번호를 기재한다.

vii) 업태/종목(사업자등록증) : 사업자등록증 상 사업의 종류의 업태와 종목을 기재한다.

viii) 상시근로자수 : 4대 보험 적용을 받는 종업원의 수를 기재한다. (아르바이트, 임시직 제외)

ix) 주생산품 : 창업 후 기술개발중인 경우에는 예정품목을 기재하고, 기존 생산(판매) 제품, 상품 (또는 서비스)이 있는 경우에는 품목을 기재한다.

x) 매출액 : 업체의 연간 매출액 기입한다.

   ㄱ. 1년 미만 업체의 경우 확인 가능한 매출액으로 연간으로 환산하여 기입

   ㄴ. 매출액이 확인되지 않는 신생업체의 경우 기입생략

   ㄷ. 수출실적이 있는 소공인은 기입

xi) 연락처

   ㄱ. 대표자

     ⓐ 전화 : 회사 대표자 전화번호를 기재한다.

     ⓑ 자택 : 대표자 자택 전화번호를 기재한다. (없을 경우, 미기재)

     ⓒ 휴대폰 : 대표자 휴대폰 번호를 기재한다.

     ※ 자금신청 처리결과 등을 휴대폰 문자메시지(SMS) '수신' 체크

   ㄴ. 담당자(직위/성명/전화) : 대표자 정보를 기재한다.

   ㄷ. E-mail

     ⓐ 대표자 : 회사 대표자 개인의 전자우편 주소를 기재한다.

     ⓑ 담당자 : 회사 대표자 개인의 전자우편 주소를 기재한다.

xii) 홈페이지 : 회사 Homepage 주소를 기재한다. (없을 경우, 미기재)

---

24) 출처 : 자금신청·현장조사 시 참고 및 유의사항

xiii) FAX : 회사 팩스번호를 기재한다.
xiv) 세금체납여부 : '정상'에 체크한다.
xv) 금융기관연체 여부 : '정상'에 체크한다.

(2) 신청내용

i) 융자신청금액 : 신청하고자 하는 '시설', '운전'자금에 체크하고, 금액을 기재한다.
ii) 담보종류 : 선택하고자 하는 담보종류를 체크한다. (일반적으로 '신용'에 체크)
iii) 융자기관 : '중진공 직접대출'에 체크한다.
iv) 고정금리 : 해당사항에 맞게 체크한다. (일반적으로 '해당없음'에 체크)
v) 신청인 : 기업명 및 대표자 기명 후 법인(개인)인감 날인
   ㄱ. 온라인 신청을 통한 정식접수 후 중진공 담당자와 상담 또는 현장실태조사
     시 실명 날인한다.
   ㄴ. 추후에 실사 시에 개인기업은 개인인감 날인, 법인기업은 명판과 법인인감
     날인한다.
     * 개인기업의 경우 대표자 서명 가능
   ㄷ. 날짜 : 서류 업로드 일자로 맞춰서 기입한다.

나) 기업현황 및 사업계획서

(1) 기업상세현황

i) 개요
- ㄱ. 소재지
  - ⓐ 본사 : 법인기업은 법인등기사항전부증명서 상의 본점, 개인기업은 사업자등록증명원상의 사업장 소재지를 도로명 주소로 기재한다.
  - ⓑ 지사 : 법인기업은 법인등기사항전부증명서 상의 지점, 개인기업은 사업자등록증명원상의 사업장 소재지를 도로명 주소로 기재한다. 사업자등록증 상의 사업자등록번호를 기재한다.
  - ⓒ 공장 : 법인기업은 법인등기사항전부증명서 상의 공장, 개인기업은 사업자등록증명원상의 사업장 소재지를 도로명 주소로 기재한다. 사업자등록증 상의 사업자등록번호를 기재한다.
    - * 별도의 공장이 없을 경우, 본사와 동일하게 작성한다.
    - * 인터넷등기소에서 '등기사항전부증명서' 발급하여 대지 와 공장 면적을 정확하게 기입한다.
    - * 소유 : 해당 내용에 맞게 체크 및 기재한다.
  - ㄴ. 생산방식 : 자사 직접제조와 외주가공 비중, 주문생산과 시장생산 비중을 기재한다.
ii) 대표자 경력
  - ㄱ. 최종학력
    - ⓐ 최종 졸업한 졸업연월, 학교, 학과명을 기재한다.
    - ⓑ 졸업, 수료, 중퇴 중 해당항목에 체크한다.
  - ㄴ. 주요경력(동업종 종사기간)
    - ⓐ 최근 경력이 위로 오게 하여 순차적으로 기재하되 장기간 공백이 있을 경우 그 내용을 "주요경력"란에 간단하게 기재한다.
    - ⓑ 대표자 동업계 경력중 "협회, 단체장, 임원 역임, 회원"인 경우 동 내용을 기재한다. (기업이 회원인 경우 포함) (예시) ○○단체장 역임, ○○단체 회원
    - ⓒ 근무처 업종은 구체적으로 표시한다.
      (예시) 유압프레스제조업, 전선제조업, 아동복제조업, 택시운수업 등
    - ⓓ 해당 근무처의 최종직위/담당업무를 기재한다.
  - ㄷ. 자격사항 : 자격증 등의 종류와 취득연월일, 발행기관에 대해 기재한다.
  - ㄹ. 주택 : 주주택 주소지 및 소유자 및 관계를 기재한다.
  - ㅁ. 경영실권자(성명/대표자와의 관계) : 대표자 본인으로 기재한다.
    - * 실제 경영권자 여부를 확인하기 위함.
iii) 주주상황(법인기업에 한해 작성)
  - ㄱ. 신청서 작성일 현재 주주명부상의 주주를 지분이 높은 순으로 기재한다.
  - ㄴ. 주주수가 난을 초과할 때는 "기타 ○명"으로 기재한다.
  - ㄷ. 실제경영자가 있는 경우 실제경영자와의 관계만을 기재한다.

(예시 : 처, 형, 제, 처남 등)

ㄹ. 소유주식은 금액으로 기재한다.

ㅁ. 소유주식에 대한 비율을 기재한다.

※ 실제경영자 주식비율이 50% 이하일 경우 정책자금 진행이 어려울 수 있으며, 이를 소명할 경우 진행이 가능하다.

iv) 회사연혁

ㄱ. 설립, 증자, 대표자/상호/업종 변경, 공장신축, 이전 등 기업의 주요 연혁을 기재한다.

ㄴ. 법인기업은 법인설립후의 자본, 대표자 등 변동상황을 기재하되, 법인등기사항증명서상 자본금 증자등기이후에 이루어진 증자분(유/무상증자)이 있을 경우 포함하여 기재한다.

v) 경영진 : 회사의 경영에 참여하는 주요 임원.

ㄱ. 법인기업의 경우

ⓐ 최근 법인등기부등본에 의하여 대표이사(수인인 경우 전부기재), 이사, 감사의 순으로 기재한다.

ⓑ 실제경영자가 있을 경우 실제경영자와의 관계만을 기재한다.

(예시) 처, 형, 제, 처남 등, 이하 같음

ㄴ. 개인기업의 경우 : 대표자(수인인 경우 전부 기재), 실제경영자에 대하여 직위 등을 확인 기재한다.

ㄷ. 경영실권자(공통) : 형식상의 직위, 직책, 주식지분 등에 불구하고 사실상 경영권을 가진 자를 기재함. 경영실권자가 대표자와 다른 경우 대표자와의 관계(예 : 처, 형, 제, 처남 등)를 기재한다.

ㄹ. 최종학력은 희망에 따라 기재 또는 생략이 가능하다.

vi) 관계(관련)회사 : 기재하지 않아도 된다.

(단, 아래의 경우에 해당하면 기재한다.)

* 관계기업은 독점규제 및 공정거래에 관한 법률 제2조 제2호와 동법시행령 제3조에 의한 기업집단에 해당하는 관계에 있는 기업이다.

* 관계기업은 개인기업도 포함된다.

ㄱ. 대표자가 동일 또는 지분을 소유하거나, 회사 상호간 지분을 소유하는 경우 기재한다.

ⓐ 동일인이 당해 회사의 발행주식(의결권이 없는 주식 제외) 총수의 100분의 30 이상을 소유하는 경우로서 최다 출자자인 회사

ⓑ 당해 회사의 경영에 대하여 상당한 영향력을 행사하고 있다고 인정되는 회사

ㄴ. 업체명 및 업체 정보 등 해당 내용에 맞게 기재한다.

vii) 매출 및 직원 현황

ㄱ. 매출(총 매출액, 수출액)

ⓐ 최근 3개년 수출실적과 총매출액을 구분하여 기재하고, 향후 3개년 실적 전망을 기재하며, 신청서 작성 전월말일 현재 기준으로 작성한다.

ⓑ 매출실적은 표준재무제표의 손익계산서를 기준으로 작성한다.

ㄴ. 직원(총인원, 기술/생산직)

ⓐ 원천징수이행상황신고서 상 최근 3개월간 평균인원(일용직 제외)으로 기재
한다.

ⓑ 지원 대상 여부 확인을 위해 업종에 따라 상시근로자수 확인이 필요한 경우
에는 추가 서류 확인이 필요할 수 있다.

ⓒ 향후 3개년 고용예정인 직원 수를 기재한다.

ㄷ. 수출유형 : 해당 내용 체크한다. (없을 경우, 미기재)

ㄹ. 주요 수출품목 : 해당 내용을 기재한다. (없을 경우, 미기재)

ㅁ. 주요 수출국 : 해당 내용을 기재한다. (없을 경우, 미기재)

viii) 매출세부내용 : 매입매출처별 세금계산서합계표를 활용하여 사실에 근거한 내
용으로 작성한다.

ㄱ. 매출처

ⓐ 매출액이 큰 순서대로 기재한다.

ⓑ 거래처 수가 란을 초과할 때에는 기타로 표시한다.

ⓒ 최근 1년 내 거래비중 기준으로 30%이상인 거래처부터 기재한다.

ㄴ. 매입처

ⓐ 매입원가가 큰 순서대로 기재한다.

ⓑ 거래처 수가 란을 초과할 때에는 기타로 표시한다.

ⓒ 최근 1년 내 거래비중 기준으로 30%이상인 거래처부터 기재한다.

❖ 확보된 매출처가 없는 경우에는 매출계획을 별도 수립하여 별지로 작성하여
첨부한다.

ix) 기타

ㄱ. 각각 해당항목이 있는 경우에 한하여 간략히 작성한다.

ㄴ. 실사(현장 조사) 시 관련 자료에 대해 확인한다.

x) 주요 생산제품(상품 및 서비스) 개요

ㄱ. 제품용도 및 특성 : 상품 및 서비스 주요내용에 대해 자세히 작성한다.

ㄴ. 제품생산공정도 : 주제품에 대해 기재하며, 비제조업의 경우 서비스 흐름도를
작성한다. 도식화하여 자세히 작성하는 것이 좋다.

ㄷ. 시장상황 : 시장규모, 주요 수요처, 경쟁업체 현황 등을 작성한다.

ㄹ. 기술품질경쟁력 : 국내외 경쟁사 제품과 기술, 품질, 가격비교를 작성한다.

ㅁ. 수요전망 및 판매계획 : 낙관적인 전망과 계획을 작성한다.

❖ 필요 시 항목별 별지 사용하여 작성한다.

(2) 사업계획

(자금활용 계획 및 기대효과)

i) 사업내용

　ㄱ. 사업내용 및 목적 : 앞으로의 사업계획을 작성하되 안정적인 운영, 판로개척, 인력충원에 대한 내용 등으로 구성하여 작성한다.

　ㄴ. 효과 : 정책자금을 활용한 2~3년간의 계획에 대한 매출 효과, 인력충원에 대한 대략적인 비용을 산출하여 작성금액 및 비율을 사용하여 작성한다.

ii) 자금 소요내역

　ㄱ. 시설 및 투자자금 : 실사(현장조사) 시 제출 및 확인 서류의 시설자금 신청 근거서류를 전제로 작성한다.

　　* 시설 설치장소는 신청 시설 도입 장소로 사업자 등록이 되어 있거나 가능한 장소를 기재한다.

　　※ 시설자금 진행시에만 작성한다.

　ㄴ. 운전자금 : 소요내역과 조달계획에 대한 내역과 금액을 대략적으로 산정하여 작성한다.

　ㄷ. 조달계획 : 진행하는 사업계획에 대한 중진공 정책자금 신청금액, 자체자금, 은행자금을 기입한다.

※ 필수기재사항(재무자료 온라인 제출)

　ㄱ. 해당여부 체크 : '재무제표 제출 대상'에 체크. (단, 간편장부 대상사업자는 '제출생략 대상'에 체크하며, 하단의 내용 미기재.)

　ㄴ. 발급방법 : '사업자등록번호 활용', '본사'에 체크.

　ㄷ. 최근 1년간 부가가치세과세표준증명원, 최근 3개년 재무제표

　　ⓐ 신청기업에서 국세청 홈택스서비스(www.hometax.go.kr)에 신청한 후 발급번호를 서식 해당란에 기입한다.

　　ⓑ 각 서류 발급 시, 반드시 신청매수에 2매로 신청한다.

iii) 연계지원 : 중진공 기타 사업 참여 예정 기업만 작성한다.

다) 중소기업 정책자금(융자) 윤리준수 약속

　　* 온라인 신청을 통한 정식접수 후　상담 또는 실태조사 시 동의필요

　　* 동의방법 : 대표자 자서 또는 명판 날인 후 법인(개인) 인감

　　ㄱ. 법인기업 : 실사 서류 제출 시, 명판 및 법인인감 날인

　　ㄴ. 개인기업 : 실사 서류 제출 시, 대표자 개인인감 날인

5) 실사(현장조사)

① 중소벤처기업진흥공단 담당자와 협의된 날짜에 사무실에 계셔야 합니다.
② 제출한 자료에 대한 내용을 숙지해야 합니다.
③ 사업과 관련이 없는 자료 및 물건 등은 가급적 보이지 않게 정리해야 합니다.
(TIP) 실사 진행중에 담당자가 필요한 자금을 물어보거나 사업에 대해 긍정적인 이야기를 한다면, 기존에 협의중이던 액수보다 더 높게 요청을 합니다. (사업에 대한 자신감이 중요합니다.)

나. 소상공인시장진흥공단(소진공)

소진공은 앞서 말했지만 중진공과 더불어서 직접자금 기관에 속한다. 소진공은 우리나라의 630만 소상공인과 1,450개 전통시장을 체계적으로 지원하고 육성하기 위해 설립된 준정부기관이다.

최근에는 코로나19로 인해 수많은 소상공인과 자영업자, 전통시장이 유래 없이 힘든 시기를 겪고 있고, 이에 대해 소진공에서는 긴급자금 지원과 제도권 금융에서 자금조달이 힘든 저신용자까지 지원 대상을 확대하였다.

소진공은 중진공과는 다르게 매월 정책자금 공고가 개시된다. 중진공의 경우는 연초에 자금이 대부분 소진되어 자금조달이 어려운 반면에, 소진공은 매월 접수를 할 수 있어 보다 효과적일 수 있다. 하지만 중진공과 마찬가지로 많은 기업이 신청을 하기 때문에 접수를 잘해야 하며, 중진공에 비해 자금 규모가 작다.

소진공의 경우에도 매년 융자계획이 변경되기 때문에 이를 잘 확인해야 하며, 공문의 내용을 잘 숙지하여 기업에 필요한 정책자금을 신청해야 한다. 2020년부터는 기존과는 다르게 온라인 신청이 기본으로 변경이 되어 자금신청이 매우 편리해졌다. 하지만 이점이 있다면 단점도 존재하듯이 온라인 신청이 오히려 기업 입장에서는 불리한 경우도 있다. 수도권의 다양한 기업을 상담하고 있지만, 필자가 경기도에서 만났던 많은 기업 대표님들이 온라인 신청, 온라인 서류구비, 서류작성 등을 매우 어려워했다. 요즘 시대에도 컴맹이 있나요? 하고 물을 수 있지만 실제로 많은 기업 대표님들이 기관의 공문을 찾아보고 기업에 맞는 정책자금을 확인하여 신청하기란 매우 어려운 일이다. 또한 점차 수기보다는 컴퓨터를 활용한 문서작성, 대면 상담보다 온라인 플랫폼을 활용한 비대면 상담이 더 어려울 수밖에 없는 것이다. 그렇기 때문에 이를 어려워하는 업체들이 타깃이 되어 불합리한 수수료, 보험계약, 상담료 먹튀 등의 피해사례가 생기는 것이다.

지금부터는 소진공의 지원사업 통합공고에 대해 알아보고 융자 중에서도 소공인특화자금에 대해 집중적으로 다루어보도록 하겠다. 소진공의 정책자금 융자계획 및 진행절차에 대해 순차적으로 알아보도록 하자.

1) 소진공 지원사업 통합 공고[25] : 총괄

□ 사업개요

○ 금번 통합공고 사업은 소상공인 정책자금(융자), 소상공인의 생애주기별 (창업-성장-재기) 지원, 소공인 특화지원으로 구분되며, 총 22개 사업으로 구성

<2021년 소상공인 지원사업 현황>

◆ 소상공인 정책자금(융자)

사 업 명	개 요	예산 (억원)	지원대상	사업 공고
일반경영안정자금	소상공인 경영애로 해소를 위해 필요한 운영자금 지원	13,000	소상공인	1월
성장기반자금	성장가능성이 높은 소상공인의 단계별 자금 지원(소공인특화자금, 성장촉진자금)	10,000	소상공인	1월
특별경영안정자금	경기침체지역 • 재해피해 소상공인, 청년사업자 및 청년고용 소상공인 지원(청년고용특별자금 등)	11,000	소상공인	1월
스마트소상공인 지원자금	스마트설비 도입 소상공인 및 혁신형소상공인 자금 지원	3,000	소상상인	1월

◆ 소상공인 창업-성장-재기 지원

사 업 명	개 요	예산 (억원)	지원규모	지원대상	사업 공고
신사업창업 사관학교	신사업 등 유망 아이디어와 아이템 등을 기반으로 창업하려는 예비창업자를 선발하여 창업교육, 온·오프라인 점포 경영체험 및 멘토링, 사업화 자금 등 지원	189.5	500명	신사업 등 유망 분야 예비창업자	(13기) 1월 (14기) 5월
생활혁신형 창업지원	생활 속 아이디어를 적용하여 성공 가능성이 있는 생활혁신형 창업자에 성공불융자 지원	5.18	1,000명 내외	신사업 분야 예비창업자	2월
소상공인 온라인판로 지원	소상공인 온라인 역량강화, 기반마련, 진출지원 등 온라인판로지원	762	5만개사 내외	소상공인	2월
스마트슈퍼 확산	동네슈퍼가 비대면 소비확산 등 유통환경 변화에 대응해 경쟁력을 높일 수 있도록 스마트 슈퍼 구축에 필요한 장비·기술 도입 등을 지원	67	800개	동네슈퍼	1월

---

25) 출처 : 2021년 소상공인 지원사업 통합 공고

사 업 명	개 요	예산 (억원)	지원규모	지원대상	사업 공고
중소슈퍼 협업화	중소슈퍼에 공동세일전 등 공동마케 팅, 상품배송 등 공동사업 활성화 지 원	17	2개 내외	슈퍼조합 (연합회)	2월
상생협력 프랜차이즈 육성	가맹점과 상생협력 하는 프랜차이즈 가 맹본부를 대상으로 브랜드 홍보, 해외 진출 등 맞춤 지원	11	12개 내외	소상공인 중소 가맹본부	2월
이익 공유형 사업화 지원	성공CEO가 노하우를 소상공인에게 전수하고 성과 향상시 이익 일부 공유	27	70곳	소상공인	3월
소상공인 협업활성화	소상공인간 협업 및 공동사업 지원을 통해 소상공인의 경쟁력을 제고	165.7	300여개 내외	(예비)소상 공인협동 조합	2월
소상공인 경영교육	예비창업자 및 소상공인이 경영/기술 환경 변화에 대처할 수 있도록 전문 기술교육/경영개선교육 지원	108.6	21,000명	소상공인 및 예비창업 자	1월
소상공인 역량강화	소상공인 경영역량 강화를 위한 컨설 팅 제공, 경영애로 소상공인에게 경영 환경개선 등 맞춤형 연계 지원	80	5,000개 내외	소상공인 및 예비창업 자	2월
백년가게 및 백년소공인 육성	오랜 경험과 노하우를 가진 우수 소상 공인을 발굴하여 백년이상 존속·성장 할 수 있도록 지원 및 성공모델 확산	58.5	700개 내외	백년가게 백 년 소 공 인	2월
소상공인 자영업자를 위한 생활혁신형 기술개발	소상공인을 위한 BM기획 및 개발지원 과 소상공인이 즉시 활용할 수 있는 기술개발 지원	39.6	69개사	소상공인 중소기업	3월
소상공인 스마트상점 기술보급	소상공인 점포가 밀집된 상권을 스마 트상가로 지정, 스마트기술 도입 지원	220	스마트상 가 100곳	소상공인 (상점가)	3월
희망리턴패 키지	소상공인의 폐업 부담을 완화하고, 신속한 재기를 위해 사업정리컨설 팅, 점포철거, 법률자문, 취·재창업 교육 등 지원	691	37,000건	폐업(예정) 소상공인	2월
1인 자영업자 고용보험료 지원	'자영업자 고용보험'기준보수 1~4등급 에 가입한 1인 자영업자에게 보험료 일부(30~50%) 지원	26	13,000명	1인 자영업자	2월

◆ 소공인 특화 지원

사 업 명	개 요	예산 (억원)	지원규모	지원대상	사업 공고
소공인 스마트공방 기술보급	소공인의 수작업 위주 공정에 IoT, AI 등 디지털 기술 접목을 통해 소공인 작 업장 스마트화 지원	294	600개사 내외	소공인	1월

소공인 공동기반시설 구축·운영	소공인의 조직화·협업화 유도 및 집적지 경쟁력 제고를 위한 공동전시장, 공동장비실, 공동창고, 교육장 등 공동기반시설의 구축 지원	112	7곳 내외	지자체	1월
소공인 특화지원센터 설치운영	소공인 집적지 내에 특화지원센터를 설치하여 교육·상담, 특화프로그램 운영 등을 통해 소공인의 성장·발전 촉진	119	34곳	법인 또는 단체	3월
소공인 복합지원센터 구축·운영	소공인 집적지내에 복합지원센터를 구축·운영하여 기획·디자인, 제품개발, 전시·판매까지 원스톱으로 지원	75	3곳 내외	지자체	1월
소공인 클린제조환경조성	소공인 작업장 내 공정을 분석하고 에너지 효율화·오염물질 저감 등 작업장 환경개선 지원	67.2	1,600개사 내외	소공인	2월
소공인 판로개척지원	제품 품질력과 성장잠재력을 보유한 소공인을 대상으로 국내외 판로개척 지원	76.5	218개사 내외	소공인	1월

□ 신청자격

　O 사업별로 신청자격은 아래와 같음
　　- 예비창업자 : 창업을 준비 중으로 사업자등록을 하지 않은 자
　　- 소상공인 :「소상공인 보호 및 지원에 관한 법률」제2조에 의한 소상공인
　　- 소공인 :「도시형소공인 지원에 관한 특별법」제2조에 의한 소공인
　　※ 사업별로 신청자격이 다를 수 있으므로 사업별 세부사업공고를 반드시 참조

□ 세부사업별 공고 일정

　O 사업별 추진일정에 따라 중소벤처기업부 홈페이지(www.mss.go.kr),소상공인시장진흥공단 　홈페이지(www.semas.or.kr), 　소상공인포털(www.sbiz.or.kr), 희망리턴패키지(hope.sbiz.or.kr) 등에 공고

□ 2021년 사업별 주요 변경 내용

◆ 소상공인 정책자금

　O 취약계층 지원 및 소상공인 디지털화 지원을 위한 자금 신설
　　- 저신용 취약계층 등을 위한 ‘특별경영안정자금’ 신설(‘21. 11,000억

원) 및 스마트상점·공방 구축 소상공인을 위한 '스마트소상공인 지원자금' 신설('21. 3,000억원)

○ 대출시스템 개편으로 수요자 편의 개선
 - 현장방문없이 정책자금 상담부터 대출실행까지 全과정을 비대면으로 진행 및 소진공-신보중앙회 업무망 연결로 온라인을 통한 '정책자금 지원대상 확인서' 정보 공유를 통한 대리대출 체계 간소화

◆ 소상공인 창업지원

○ (신사업창업사관학교) 온·오프라인 창업 지원 트랙 별도 운영, 신사업창업사관학교 확대 설치(3개소)
 * 지원규모 : ('21) 500명(13기, 14기), 우수교육생에게 최대 2,000만원 한도 사업화 자금 지원

◆ 소상공인 성장지원

○ (소상공인온라인 판로지원 확대) 소상공인 온라인진출 지원 강화 (지원업체 확대 4만개사 → 5만개사 내외) 및 스마트 플래그쉽 스토어, 구독경제 등 신규사업 추진

○ (스마트슈퍼 확산) 동네슈퍼가 비대면 소비확산 등 유통환경 변화에 대응하여 자생력을 갖추도록 무인점포 등 스마트화 지원
 * ('20년) 시범 5곳 → ('21년) 전국 800개 동네슈퍼 스마트 기술·장비 도입지원

○ (소상공인 협업 활성화) 신규 협동조합 지원 유형(고성장형) 신설 및 소상공인 협동 조합 설립 준비, 협업 교육을 지원하는 협업아카데미 확대 운영
 * (기존) 전국 10개소 → (확대) 전국 11개소

○ (소상공인 경영교육) 소상공인의 업종·수준 등을 고려한 디지털 역량 교육 강화, 소상공인 맞춤형 실시간·온라인 교육 지원

○ (백년가게 및 백년소공인 육성) 오랜 경험과 노하우를 가진 우수 소상공인을 발굴하여 백년이상 존속·성장할 수 있도록 지원 및 성공모델 확산(예산 '21. 58.5억원)
 * 온·오프라인 판로개척 및 사업장 시설개선 등 (700개사 내외)

○ (소상공인 스마트상점 기술보급) 공모를 통해 상점가를 선정하고, 스마트오더, 스마트미러 등을 집중 보급하여 경영개선 등 우수사례 창출

* 지원 상점가 확대 : (' 20년) 스마트상가 55곳 → (' 21년) 100곳

◆ 소상공인 재기지원

O (희망리턴패키지) 업종전환 · 재창업 사업화 신규 지원(' 21년)
 - 특화 아이템, 마케팅, 사업방식 개선 등에 소요되는 사업화 비용 일부 지원 단, 민간부담 50% 시 최대 1,000만원 국비 지원)

◆ 소공인특화 지원
O (스마트공방기술보급) 소공인의 수작업 위주 공정에 IoT, AI 등 디지털 기술 접목을 통해 소공인 작업장 스마트화 지원(예산 ' 21. 294억원)
 * 스마트기술 도입, 제품 · 기술 개발비용 지원(49백만원, 70%한도)

O (클린제조환경조성) 소공인 작업장 내 공정을 분석하고 에너지 효율화 · 오염물질 저감 등 작업장 환경개선을 지원(예산 '21. 67.2억원)
 * 작업장 개선 비용 지원(4.2백만원, 70% 한도)

2) 소진공 지원사업 통합 공고[26] : 사업별 개요

※ 지원내용, 지원규모, 추진일정 등은 변경될 수 있으므로 세부적인 사항은 사업별 공고를 반드시 참조

가) 소상공인 정책자금 (융자)

■ 21년 주요 변경 내용

구분	내용
저신용 등 취약계층 및 혁신형 소상공인 자금 신설	• 특별경영안정자금 : 경기침체지역, 재해피해, 금융소외 계층(장애인, 저신용자), 청년사업자 등 자금 지원 (11,000억원) • 스마트소상공인지원자금 : 스마트설비 도입 소공인, 혁신형 소상공인 자금 지원(3,000억원)
수요자 중심의 대출시스템 개편	• 정책자금 상담 → 신청·접수 → 심사·약정 → 대출실행 全과정을 소진공 방문없이 온라인 전환('21.3월) • 소진공-신보중앙회 업무망 연결로 '정책자금 지원대상 확인서' 정보 공유를 통한 대리대출 체계 간소화 ('21.上)

■ 문의처
   ○ 중소벤처기업부 소상공인정책과 (www.mss.go.kr) : 042-481-3988
   ○ 소상공인시장진흥공단(www.semas.or.kr) : 042-363-7122, 7130

■ 처리절차

사업 공고	신청·접수	대출 평가	대출 실행
2021.1월	2021.1월~	2021.1월~	2021.1월~

---

26) 출처 : 2021년 소상공인 지원사업 통합 공고

(1) 일반경영안정자금(융자)

■ 목적 : 소상공인 경영애로 해소를 위해 필요한 운영자금 지원

■ 지원규모 : 13,000억원

■ 지원대상 : 「소상공인 보호 및 지원에 관한 법률」상 소상공인
  * 소상공인 : 상시근로자 5인 미만 사업자(제조·건설·운수·광업은 10인 미만)

■ 지원조건
  ○ 대출금리 : 정책자금 기준금리* + 0.6%
  * 공공자금 관리기금의 예수금리 기준(매분기 변동금리)
  ○ 대출한도 : 업체당 7천만원
  ○ 대출기간 : 5년 이내(2년 거치 3년 분할상환)

■ 신청·접수 : 소상공인 정책자금 홈페이지(ols.sbiz.or.kr)에서 온라인 접수

(2) 성장기반자금(융자)

■ 목적 : 성장가능성이 높은 소상공인을 위한 단계별 자금지원

■ 지원규모 : 10,000억원

■ 지원대상 : 제조업을 영위하는 상시근로자수 10인 미만의 소공인 및 사업자등록증 기준 업력 3년 이상 소상인

■ 지원조건
  ○ 대출금리 : 정책자금 기준금리* + 0.2% ~ 0.6%
  * 공공자금 관리기금의 예수금리 기준(매분기 변동금리)
  ○ 대출한도 : (운전자금) 업체당 1억원 한도 (시설자금) 업체당 2~5억원 한도
  ○ 대출기간 : (운전자금) 5년 (시설자금) 8년

■ 신청·접수 : 소상공인 정책자금 홈페이지(ols.sbiz.or.kr)에서 온라인 접수

(3) 특별경영안정자금(융자)

- **목적 : 경기침체지역, 재해피해, 금융소외 계층(장애인, 저신용자), 청년사업자 등 자금 지원**

- **지원규모 : 11,000억원**

- **지원대상 : 「소상공인 보호 및 지원에 관한 법률」상 소상공인***
  - * 소상공인 : 상시근로자 5인 미만 사업자(제조·건설·운수·광업은 10인 미만)
  - * * 목적성 자금에 맞는 개별요건 충족 필요

- **지원내용**
  - ○ 청년고용특별자금 : 청년 소상공인 사업주 및 청년고용 소상공인 지원
  - ○ 사회적경제기업전용자금 : 협동조합, 사회적기업, 마을기업 등 지원
  - ○ 재도전특별자금 : 저신용자(7~10등급) 중 사업성이 우수한 소상공인 지원
    - * 자금별 대출한도, 금리, 대출기간 등 : 홈페이지 및 '21년 융자 개별공고 참고

- **신청·접수 : 소상공인 정책자금 홈페이지(ols.sbiz.or.kr)에서 온라인 접수**

(4) 스마트소상공인 지원자금(융자)

- **목적 : 스마트설비 도입 소상공인 및 혁신형소상공인 자금 지원**

- **지원규모 : 3,000억원**

- **지원대상 : 스마트설비 도입 소상공인 및 , '혁신형 소상공인' *으로 지정된 소상공인**
  - * 백년소공인, 백년가게, '혁신형 소상공인 육성사업'에 의해 지정된 혁신형소상공인

- **지원조건**
  - ○ 대출금리 : 정책자금 기준금리* + 0.2%

　　　 * 공공자금 관리기금의 예수금리 기준(매분기 변동금리)
　　○ 대출한도 : 운전 1억원 시설 5억원
　　○ 대출기간 : 운전 5년, 시설 8년

■ 신청·접수 : 소상공인 정책자금 홈페이지(ols.sbiz.or.kr)에서 온라인 접수

3) 소공인특화자금[27]

가) 개요

□ **사업목적** : 제조업을 영위중인 소공인이 필요로 하는 운영자금과 기계 및 설비 도입 등의 시설자금 지원을 통해 경영안정 도모

□ **신청대상** : 제조업을 영위하는 월평균 상시근로자 수 10인 미만의 소공인 (2가지 이상의 업종을 영위하는 경우 제조업의 비중이 가장 큰 경우만 신청가능)

　- 주요업종 : 기계·금속가공, 가죽·가방, 수제화, 의류·섬유, 인쇄 등
　　＊ 50%를 초과하여 위탁가공을 하는 업체는 "[참고1] 위탁가공업체 제조업 분류조건" 4가지에 모두 충족하는 경우만 제조업으로 인정가능(단, 인쇄업의 경우는 직접 생산하는 경우만 제조업 인정(위탁가공 시, 제조업 인정불가)

※ [참고1] 위탁가공업체 제조업 분류조건 (통계청 분류기준 적용)

1) 생산할 제품을 자기가 직접 기획(성능 및 기능수준, 고안 및 디자인, 원재료구성설계, 및 견본제작 등)
　- 해당요건을 충족하기 위해서는 제조하고자 하는 제품을 직접 기획하였다는 증빙(기본설계도, 도안, 견본제작 등)이 반드시 필요
　　＊ 하청을 받는 업체 중, 원청업체가 디자인 및 샘플을 제공하는 경우는 4가지 조건 중 1)번 '직접 기획'에 해당되지 않으며, 제조업 인정기준 미충족으로 대출지원제외

2) 자기계정의 원재료를 하청생산업체에 제공 ((원재료 명세서를 제공하고 그 비용을 자기계정으로 부담하는 경우 포함)
　- 세금계산서(자기 계정으로 원재료비를 처리하는 경우), 대금청구서(원재료비를 후지급하는 경우)등을 통해 확인

3) 자기명의로 제품을 생산
　- 임가공 계약서 등을 통해 확인

4) 생산제품에 대하여 자기책임하에 직접 시장에 판매
　- 관련 계산서, 계약서 등을 통해 확인(자기 계정으로 판매비를 부담하는 경우)

---

27) 출처 : 소공인특화자금 신청 안내자료

* 위탁가공을 하는 업체 중, 위탁가공 부분의 50%를 초과하여 해외에 의뢰하여 생산하는 경우는 제조업으로 분류되지 않고 도,소매업으로 분류되어 대출지원 제외
* 언급된 증빙자료들 이외에 4가지 요건 확인 가능한 서류가 있다면 인정 가능
* 표준재무제표와 부가가치세확정신고서 상에 제품(제조)매출이 더 커야 제조업 인정 가능

- 상시근로자수 : 산정 및 확인방법

구 분		내 용
산정기준	①직전사업연도 12개월 이상	직전 사업연도 1월~12월까지 매월 말일 기준 상시근로자수를 합하여 12로 나눈 인원
	②업력 12개월 이상	최근 12개월간의 매월 말일 기준 상시근로자수를 합하여 12로 나눈 인원
	③업력 12개월 미만	창업일부터 산정일까지의 매월 말일 기준 상시근로자수를 합하여 해당 월수로 나눈 인원
	④업력 1개월 미만	산정일 현재 인원
확인서류	상시근로자 無	보험자격득실확인서 또는 소상공인확인서
	상시근로자 有	월별원천징수이행상황신고서, 건강보험 (월별)사업장가입자별부과내역, 개인별건강보험고지산출내역, 월별보험료부과내역조회(고용·산재), 소상공인확인서 등
확인방법		- 상시근로자가 있는 경우, "확인기준"에 해당하는 사업 월수만큼의 건강보험 (월별)사업장가입자별부과내역 등을 제출받아 상시근로자수를 파악

(예시) 업력 12개월 이상인 소상공인이 '19.2.26 정책자금을 신청할 경우, 2018년 1월~12월까지의 월별사업장가입자별부과내역 등을 제출(12장)

- 최근 1년 이내 지역가입자(상시근로자 無)에서 직장가입자(상시근로자 有)로 전환된 경우 : 보험자격득실확인서(상실내역 포함된 과거이력 나오도록 발급)와 (월별)사업장가입자별부과내역 등을 함께 제출받아 확인

(예시)창업일 : 2017년 11월 2일, 제출기간 : 2018년 1월 ~ 12월 직원수가 창업일 당시 0명, 2018년 5월부터 1명 고용

<필요서류>
① 건강보험 자격득실 확인서 (상실내역 포함)
  2018년도 1월부터 4월까지 지역가입자로 상시근로자 없음
② (월별)사업장가입자별부과내역 (18년 5월~12월)
  2018년도 5월부터 12월까지 대표자 제외한 근로자 1명임을 확인 |

* 산정기준 ①과 ②에 모두 해당할 경우, 기준 ①을 우선 적용

□ 융자범위

　○ 운전자금
　　- 원부자재 구입비용 등 기업경영에 소요되는 자금

　○ 시설자금 : 생산설비, 시험검사장비 등의 도입에 소요되는 자금
　　　* 단, "[참고2] 시설자금대출 지원 제외대상" 각 호에 해당하는 시설은 지원대상에서 제외함

※ [참고2] 시설자금대출 지원 제외대상

　1. 토지구입비 및 임차보증금
　2. 공해방지시설, 폐수처리시설
　3. 임차공장(사업장) 건물에 부속된 설비*(구축물, 냉동창고 등)와 건물에 부착·매설된 공통설비(전기·수변전·공조설비 등) 등 시설형태가 건물과 분리하기 어려운 시설 <단, 자가공장(사업장)인 경우 지원 가능>
　　* 건물에 부속된 설비에 있는 범용성있는 기계(발전기, 변압기 등)는 지원 가능
　　* 자가공장(사업장) 내 후생복지시설(구내식당,화장실 등) 설치자금은 지원 가능
　4. 이동성이 심하고 사후관리가 곤란하여 주담보운용이 어렵다고 판단되는 기계설비, 기구, 차량, 중장비, 건설기계 등
　5. 기계노후 등으로 환가가치가 희박하거나 소액인 소모성 기계
　6. 신규 기계설비 도입없이 금형만 별도로 신청하는 경우와 수입 및 중고 금형
　7. 그 밖에 담보로 취득하더라도 환가에 실익이 없다고 판단되는 시설
　8. 감정평가업자가 다음 각 호의 사유로 감정평가의뢰를 반려한 시설
　　가. 공부(계약서)와 실제의 현격한 차이로 감정평가 목적물의 동일성 인정이 어려운 경우
　　나. 공법상 제한사항 및 기타 사유 등으로 담보로서 부적당하다고 판단되는 경우
　9. 리스기계 및 제3자 담보제공 시설
　10. 설치 후, 감정평가 및 기성고확인시 운휴중인 기계시설

※ 금형은 다음 사항을 모두 만족하는 경우 지원
　① 생산성 및 품질향상, 제품개발, 디자인 개선 및 개발기술(제품)의 사업화를 위해 도입하는 기계설비와 관련하여, 전문금형업체에 의뢰하여 제작하는 금형 비용. 단, 중고 및 수입금형 구입자금은 지원 제외.
　② 금형 제작비용이 단위 품목당 5백만원 이상이고 전체 금형 제작금액이 10

백만원 이상인 경우

※ 대출신청 전에 공장에 설치되어 있는 생산설비(기계) 및 기성된 부분에 대해서는 지원불가하며, 계약금 및 각종 조세(부가가치세, 관세 등)와 기계설치비용(전기승압공사, 배관공사 등)은 소요자금 산정에서 제외함

※ 공장건축, 주문제작기계 구입 등 기성고에 따라 대출금을 분할지급하는 조건으로는 취급이 불가하며, 완공후 일시지급하는 경우에만 가능

※ 신청기업의 사업장에 생산설비(기계) 설치 후 감정 및 기성고 확인을 통해 생산설비 공급업체에게 대출금을 일시지급 함

※ 시설자금대출로 취득하는 시설에 대하서는 당 공단에 1순위로 담보(양도담보 또는 공장근저당) 제공하고 화재보험에 가입하여야 함

□ 융자조건

○ 대출금리 : 정책자금 기준금리(분기별 변동금리) + 자금별 가산금리

※ 다음의 경우 가산금리 및 우대금리 적용(금리우대 중복시에는 최고 금리우대 항목 적용)

① 자율상환제 선택 시 추가 가산금리 적용
- 정책자금 기준금리('20년 4분기 기준 연1.37%) + 자금별 가산금리(0.6%p) + 추가 가산금리 (0.2%p)

② 자동화설비 도입 소공인 금리우대
- 정책자금 기준금리('20년 4분기 기준 연1.37%) + 자금별 가산금리(0.6%p) - 금리우대(0.2%p)

- (지원대상) 자동화설비를 도입하여 운영 중이거나, 도입하고자 하는 소공인
- (자동화설비 기준)
  업체가 재화 및 용역을 제공함에 있어서 조달, 공정, 판매, 회수 등 해당 업종과 관련된 사업운영 전반의 과정에 있어 기계, 설비, 장치 등의 도입을 통해 사람을 대체하여 인건비를 절감할 수 있는 자동화를 구현한(단순 수작업의 자동화 제외) 경우로 시중 판매되는 자동화설비부터 주문제작 자동화설비까지 포함

< 분야별 자동화설비 예시 >

- (공정자동화) 3D 프린팅 설비, 스마트 EBR, 자동 세척·세차기 등

- (물류자동화) 자동화물류시스템, 자동화창고, 무인반송시스템, 자동적재시스템, 피킹&분배시스템 등

- (범용 자동화 기계류) 레이저가공기, 방전가공기, 머시닝센터, 수치제어 식선반, 범용선반, 드릴링기, 보링기, 밀링기, 탭핑기, 연삭기, 기어절삭기, 톱기계(금속류), 기타 금속절삭가공기계, 액압프레스, 기계프레스, 금속절곡기, 금속전단기, 플라스틱 사출성형기, 플라스틱 압출성형기, 고무가공기계 등

- 이외 현장실사시 자동화 구현되었다고 인정되는 경우
  - (지원대상 확인) 심사담당자가 현장실사, 기성고 확인을 통해 확인

- 심사보고서에 자동화설비 관련 금리우대 내용을 기입하고, 자동화설비 사진 첨부

  - 기존 대출기업도 정책자금 기준금리 변동에 따라 대출금리가 변동되며, 대출금리는 정부정책에 따라 변경 가능
  - 정책자금 기준금리 및 분기별 대출금리는 공단 홈페이지에 공지 (www.semas.or.kr)

- 정책자금 기준금리는 전전분기 종료월 21일부터 전분기 종료월 20일까지 공공자금관리기금이 조달하는 자금의 평균조달금리에 기금운용경비를 추가하여 결정

○ 대출기간 : 자금구분별 상환기간에 따라 거치기간 연단위로 선택
  - (운전자금) 5년, (시설자금) 8년

구분	상환기간 5년(60개월)	상환기간 8년(96개월)
선택가능 거치기간	• 비거치 • 1년(12개월) • 2년(24개월) • 3년(36개월)	• 비거치 • 1년(12개월) • 2년(24개월) • 3년(36개월) • 4년(48개월)

- 정책자금 기준금리는 전전분기 종료월 21일부터 전분기 종료월 20일까지 공공자금관리기금이 조달하는 자금의 평균조달금리에 기금운용경비를 추가하여 결정

○ 대출한도 : 기업 당 총 5억원 이내(운전자금 연간 1억원 이내)
  단, 기업 당 총 대출한도는 5억원(지원잔액기준)을 초과할 수 없음
    * 수출 소공인은 운전자금 한도 연간 2억원 이내(수출 소공인 : 최근 1년 이내에 수출실적이 직전년도 연간매출액의 10% 이상인 소공인)
    * 1백만원 단위로 최소 1천만원 이상 대출 신청

※ [참고3] 소공인특화자금 한도 운영방법

1) "연간한도"로 운영

연간한도 란? 대출금 지급 연도를 기준으로 기업당 연간 대출가능 한도부여 (단, 6개월 이내 재신청 불가기준에 해당하지 않아야 함)

2) "업체당 최대한도" 적용
 - 동일기업에 대한 지원잔액 한도는 자금종류 및 지급연도와 무관하게 총 5억원(지원잔액 기준, 시설자금 포함)을 초과할 수 없음

3) "업체당 대출금액" 산출
 - 업체당 대출금액은 매출액, 사업성평가 및 신용도(신용등급), 기대출금액(타 금융기관 대출포함), 재무상태, 상환능력, 경영능력 등을 종합적으로 검토하여 대출한도 범위내에서 산출하므로, 대출심사 결과에 따라 대출지원이 어렵거나 신청금액 중 일부가 감액될 수 있음

○ 상환방식 : 거치기간 후 상환기간 동안 매월 원금 균등분할상환 또는 자율상환
  * 전액 또는 일부 임의(조기)상환 가능하며, 중도상환수수료 없음

☐ 자율상환제(추가 가산금리 + 0.2%p 적용)

○ 원금분할상환을 매월 지정한 날에 납부하지 않고, 약정된 연간 상환금액을 자금사정이 좋은 시기에 자율적으로 수시상환
 * 단, 대출이자는 매월 마다 상환

○ 매년 원금균등분할상환시 10원 미만 금액에 대하여 마지막 상환시에 상환

○ 대출금의 일부 또는 전부를 상환하는 경우에는 상환시마다 상환용 가상계좌를 통해 납입하며, 연간 약정 납입금액을 초과하여 일부상환하는 경우 차회차 선납으로 처리

○ (예시) 대출금액 50백만원, 대출기간 1년거치 4년상환
 • 자율상환 약정 시 원금 납입스케줄

구 분	1년 ~ 2년차	3년차	4년차	5년차
상환비율	1/4	1/4	1/4	1/4
상환금액	12,500,000	12,500,000	12,500,000	12,500,000

 • 15백만원(연간 약정 납입금액 초과분) 일부상환에 따른 원금 납입스케줄

구 분	1년 ~ 2년차	3년차	4년차	5년차
상환비율	1/4	1/4	1/4	1/4
상환금액	15,000,000	10,000,000	12,500,000	12,500,000

※ 대출기간 중에 분할상환방법 및 거치기간 변경은 불가하오니, 현금흐름 상황 등을 감안하여 신중하게 결정하시길 바랍니다.

□ 융자방식 : 공단이 자금 신청·접수와 함께 평가*를 통해 일정 평가등급 또는 일정기준 이상인 소공인을 결정 후 신용, 담보 직접대출
　　　* 고용창출, 수출실적, 노란우산공제가입 실적 등을 기업평가지표에 반영하여 평가 시 우대 (가점부여)

□ 자금대출 : 융자대상으로 결정된 소공인에 대하여, 약정 체결 후 대출

□ 사후관리 : 대출 후 당초 정해진 용도에 부합하는 자금집행 여부의 점검 및 사후관리를 위해, 사후관리 멘토링 의무수행업체는 멘토링 수행 및 대출기업에 대한 관련자료(결산재무제표 등) 징구 등 실태조사 실시

□ 접수기간(공단 홈페이지 확인, 아래의 일자는 2020년 11월 기준)
　　○ 2020년 11월 16일(월) 9시 ~ 2020년 11월 20일(금) 18시

□ 신청·접수 : 주된 사업장 관할의 소상공인시장진흥공단 지역센터

구분	접수방식
운전자금 신청	온라인 접수
시설자금 또는 운전자금·시설자금 동시 신청	사전예약 후 현장접수

　　* 온라인 접수 : 소상공인정책자금사이트(https://ols.sbiz.or.kr) → 대출신청 → 대출신청가이드 내려 받기 참고
　　* 사전예약 ('20년 11월 13일 ~ 11월 19일)
　　소상공인정책자금사이트(https://ols.sbiz.or.kr) → 사전예약 → 사전예약가이드 내려 받기 참고
※ 단, 법인기업은 모든 자금에 대해 사전예약 후 현장접수를 원칙으로 함

　　○ 소상공인정책자금 사이트 (https://ols.sbiz.or.kr/) 를 이용하여 온라인 접수 또는 사전예약 후 현장접수

　　○ 시설자금은 주된 사업장의 심사전담센터[붙임1]에서만 접수

※ 주된 사업장 결정기준

주된 사업장 결정은 다음 각 호의 어느 하나를 기준으로 함

1. 제조업
　가. 법인기업 : 공장 또는 법인등기사항전부증명서상의 본점

나. 개인기업 : 사업자등록증상의 공장

2. 그 밖의 업종
　가. 법인기업 : 법인등기사항전부증명서상의 본점 또는 주사무소
　나. 개인기업 : 사업자등록증상의 주사무소

3. 주된 사업장은 다음 각 목에서 정하고 있는 방법에 따라 판단
　가. 같은 기업이 수개업종을 겸영하고 있는 경우 : 매출액 비중이 가장 큰 업종의 주사업장을 기준으로 함
　나. 같은 업종에 사업장이 2개 이상인 경우 : 설비정도를 기준으로 주된 사업장을 판단하되, 설비정도를 기준으로 하는 것이 불합리하다고 인정될 때에는 매출액 또는 종업원수를 기준으로 함
　다. 자가사업장과 임차사업장을 동시에 소유하고 있는 경우 : 자가사업장을 기준으로 함. 다만, 임차사업장의 설비정도가 현저하게 큰 경우에는 임차사업장을 기준으로 함
　라. 공부상의 사업장과 실제사업장이 다른 경우에는 실제사업장을 기준으로 함.

□ 대출신청시 유의사항

　○ 「부정청탁 및 금품 등 수수의 금지에 관한 법률」 및 소상공인시장진흥공단 임직원 윤리규정에 의거 대출신청기업이 정책자금 대출과 관련하여 공단 임직원은 물론 어떠한 자에 대해서도 일체의 금품, 향응, 편의 등을 제공하거나, 제3자 부당개입에 의한 융자청탁 등의 행위를 하는 경우에는 대출지원 제외, 지원결정 취소 등의 불이익을 받을 수 있습니다.

　○ 정책자금 수령을 사유로 접근하는 불법브로커는 공단 지역본부·소상공인지원센터 또는 공단 홈페이지에 신고하여 주시기 바랍니다.

　○ 제3자 부당개입 사례
　　1. 정책자금 지원결정 조건으로 결정금액의 일정비율을 성공보수로 지급하기로 신청기업과 제3자가 계약을 한 경우

　　2. 제3자가 보수를 받고 기업 현장평가 및 대면평가 시 동행하여 사업에 대해 언급하는 등 기업 실태조사 등 평가에 관여하는 경우

　　3. 제3자가 부당하게 개입하여 대출알선 등 업무추진을 위해 공단에 사례를 해야한다는 명목으로 금품 등을 요구하는 경우

　　4. 제3자가 평가결과 등에 영향력을 미칠 수 있음을 암시하는 등 기타 부정한 방법으로 사례를 받고 알선 행위를 하는 경우

5. 정책자금 대출 관련 업무대행 및 컨설팅 등의 대가(수수료)로 보험계약 체결을 요구하는 경우

6. 재무제표 분석, 사업계획 과대포장 등 허위로 신청서류를 작성하고 수수료 를 요구하는 경우

7. 정부기관, 공단 직원 등과의 인적 네트워크를 통해 정책자금 지원이 가능하도록 하겠다고 약속하고, 착수금 등을 요구하는 경우

8. 제3자가 정부 공무원이나 공공기관 직원의 명함을 임의로 사용하거나 허위로 정책자금 관련 기관 직원을 사칭하는 경우 등

○ 소상공인정책자금은 제3자의 조력 없이도 정책자금을 신청하실 수 있도록 홈페이지에 제출서류 작성방법 예시 공시 및 해당 지역 소상공인지원센터에서 신청서 작성을 지원하고, 각 지방중소벤처기업청에서는 분야별 비즈니스지원단이 무료로 전문자문을 실시하고 있으니 적극 활용하시길 바랍니다.

□ 기타

○ 대출금을 융자목적이 아닌 용도로 사용하거나, 허위 자료제출 또는 부정한 방법으로 대출받은 사실이 확인된 경우 관련 대출금을 회수할 수 있으며, 향후 대출제한 등 제재조치를 받을 수 있음

○ 업체의 사업성 평가 및 대표자(실제경영자 포함), 업체의 신용도(신용등급)등을 통한 기업평가 결과가 미흡할 경우, 대출이 불가할 수 있음

○ 대출신청 접수는 대표(이사)자 본인만 가능함(단, 부득이한 사유로 대표(이사)자 부재 시 위임장(위임내용 포함), 대표(이사)자 (법인)인감증명서, 대리인 신분증 지참하여 대출신청서류 대리제출 가능하나, 향후 대표(이사)자 본인 확인 절차 등 필요)

○ 서류상 휴업은 아니더라도, 현장조사 시 정상가동이 안되는 업체로 실질적인 휴업중이면 대출 진행 불가

○ 사업성 평가시 기술 및 제품경쟁력은 다음사항을 포함

- (기술 및 제품의 차별성) 보유 기술의 우위성 및 차별성, 주력 생산제품의 품질 및 성능 등을 통해 기술 및 제품의 차별성을 평가

- (대체재 위험 및 모방난이도) 대체 또는 유사제품의 출현 가능성 등을 고려한 대체재 위험과 기술개발의 모방난이도가 기업에 미치는 영향을 평가

○ 신기술 개발 등 공단 자체적으로 평가가 어려운 전문적인 기술평가는 외부 전문가 또는 기술보증기금의 기술가치평가를 활용하거나 자문을 받을 수 있음

○ 대출신청인 및 보증인(실제경영자 포함) 이외의 주민번호 뒷자리는 가림처리 후 제출

○ 대출신청 전, 자가진단 양식을 통해 대출신청 가능여부 판단 후 신청

나) 지원대상

□ 소상공인*으로 다음 사항(가~라)을 모두 만족해야 함
  * 『소상공인 보호 및 지원에 관한 법률』 제2조에 따른 소상공인

가. 상시근로자수

  - 주된 사업*에 종사하는 상시근로자 수가 "업종별 상시근로자수 기준"에
    해당할 것
    * 주된 사업이란? 하나의 기업이 2개 이상의 서로 다른 업종을 영위하는
      경우, 평균매출액 비중이 가장 큰 업종

  ※ 업종별 상시근로자수 기준

   - 제조업, 건설업, 운송업, 광업은 10인 미만
   - 이외 업종은 5인 미만

  ※ 상시근로자 (법적)기준 (『소상공인보호 및 지원에 관한 법률시행령』 제2조
    제3항)
   - '근로기준법' 제2조제1항제1호에 따른 근로자 중 다음 각 호에 해당하는 사
     람은 제외한 사람
     1. 임원* 및 '소득세법 시행령' 제20조에 따른 일용근로자
        : 법인의 대표이사, 등기임원(감사 포함), 개인기업 대표

     2. 3개월 이내의 기간을 정하여 근로하는 자
     3. 기업부설연구소 및 연구개발전담부서*의 연구전담요원
        : '기초연구진흥 및 기술개발지원에 관한 법률 제14조의1제1항에 따라 인
        정받은 경우
     4. 단시간근로자*로서 1개월 동안의 소정(所定)근로시간이 60시간 미만인 사람
        : '근로기준법 제2조제1항제8호에 따른 단시간근로자
     ▶ [붙임2-1] 주된 업종별 평균매출액등의 소기업 규모 기준

나. 평균매출액
  - 주된 업종 연매출액이 [붙임 2-1] 소기업 규모 기준에 해당할 것
  ▶ 평균매출액 확인방법은 "[붙임2] 소상공인 확인 기준" 참조

다. 사업구분
  - 사업자등록증을 소지한 개인 또는 법인 사업자에 해당할 것
  - 비영리 개인사업자·법인, 조합이 아닐 것
    * 법인 등록되어 있는 영리 조합의 경우 지원가능(법인격 없는 조합 지원
    제외)

라. 업종
- 정책자금 지원제외 업종*이 아닐 것
  ▶ "[붙임3] 업종구분 방법", "[붙임4] 소상공인 융자사업 지원제외 업종" 참조
  ▶ 하나의 기업이 2개 이상의 서로 다른 업종을 영위하고 있는 경우, 주된 업종을 기준으로 업종을 구분

※ 신청가능 자격

- 개인기업은 실제경영자*를 주채무자로 운용
  (사업자등록증상 대표자 외 실제경영자가 따로 존재하는 경우에는 실제 경영자를 사업자등록증상 공동대표로 등재한 후 주채무자로 운용)

---

* "실제경영자"란 다음 각 목의 어느 하나에 해당하는 자를 말한다.
1. 기업에 대한 자신의 영향력을 이용하여 임원 또는 간부사원에게 업무집행을 지시하는 자
2. 직위(사장, 전무, 상무 등), 명칭, 출자지분율 등에 불구하고 기업을 사실상 지배하는 자

- 1개 대표기업 : 개인사업자 1인이 사업자등록 번호가 다른 다수의 개인기업을 영위할 경우, 1개 대표기업(대표 사업자번호)에 대한 대출만 신청 가능

- 대표자 1인 : 2인 이상의 공동대표자에게 각각 대출을 취급할 수 없으며, 대표자 1인(실제경영자)을 정하여 대출 신청
  (단, 법인사업자는 공동대표이사 모두의 연서를 통해 대출 신청)

□ 대출제한대상

○ 채무자(법인포함), 개인기업 공동대표자, 법인(공동, 각자)대표이사, 실제경영자, 보증인(법인)이 다음 제1호 내지 제12호 중 하나에 해당하는 경우 대출신청 제한

◇ 대출제한대상 기준	
1. 세금체납	- 국세 및 지방세를 체납 중인 소상공인 (단, 징수유예의 경우 신청 가능, 체납처분유예의 경우 신청 불가)
2. 신용정보등록	- 한국신용정보원의 "일반신용정보관리규약"에 따라 "신용도판단정보" 또는 "공공정보"에 해당하는 다음의 경우

◇ 대출제한대상 기준		
		• 신용도 판단정보 : 연체, 대위변제·대지급, 부도(어음거래정지처분 등), 관련인, 금융질서문란 등 • 공공정보 : 세금·과태료 체납, 채무불이행자 등재, 신용회복지원, 회생·개인회생·파산면책 결정, 산재·고용보험료·임금 체납, 국외이주신고에 대한 정보 등
3.	연체	– 공단 및 금융기관 등의 대출금 등이 현재 연체 중이거나, 최근 3개월 이내에 계속하여 30일 이상 연체 또는 10일 이상 연체가 4회 이상 발생한 사실이 있는 경우
4.	자가(임차)사업장 또는 자가주택 권리침해	– 자가(임차)사업장 또는 자가주택에 대한 권리침해사실*이 있는 경우 또는 권리침해사실이 해제되었더라도 권리침해 해제시점(등기접수일자 기준)이 3개월 이내인 경우 ※ 권리침해사실 기준 1. 자가사업장 및 자가주택에 경매신청, 압류, 가압류, 가처분 사실이 있는 경우 2. 임차사업장에 경매신청기입등기가 있는 경우(임차주택 제외) ※ 자가사업장 및 자가주택 기준 – 자가사업장 : 주된 사업장을 대표자, 대표자의 배우자, 보증인, 대출신청 법인이 소유한 경우 * 주된 사업장 결정기준 참조 – 자가주택 : 대표자, 실제경영자의 거주주택을 대표자, 대표자의 배우자, 보증인, 대출신청 법인이 소유한 경우
5.	허위 또는 부정신청, 목적 외 자금 사용	– 제3자 부당개입 등 허위 또는 부정한 방법으로 정책자금 대출을 신청하거나, 대출목적이 아닌 용도로 대출자금을 사용하는 등의 사유로 기존에 제재조치를 받은 경우
6.	법인 실제경영자 부적정	– (법인 대출) "실제경영자"가 다음 각 호 중 하나에 해당하지 아니하는 경우 1. (공동)대표이사, 무한책임사원 2. 최대주주
7.	휴·폐업	– 신청업체가 휴·폐업 중인 경우

◇ 대출제한대상 기준		
8.	한계기업	– 업력 5년 초과 기업 중, 대출신청일 현재 다음의 "한계기업 기준" 각 호의 하나라도 해당하는 경우 ※ 한계기업 기준 　1. 최근 2년 연속 매출액이 전년대비 50%이상 감소한 기업 　2. 당기(직전회계연도) 적자기업 중 자기자본 전액 잠식 기업 　3. 최근 3년 연속 이자보상배율 (영업이익/ 이자비용) 1.0 미만인 기업 　단, 제2호, 3호는 복식부기 작성대상 기업에만 적용하며, 정부보조금을 지원받은 기업은 제3호를 적용하지 아니할 수 있다.
9.	6개월 이내 재신청 불가	– 신청기업이 다음 "6개월 이내 재신청 불가 기준" 각 호의 하나라도 해당하는 경우, 연도가 변경되었더라도 사유발생일로부터 6개월 이내 재신청 불가 ※ 6개월 이내 재신청 불가 기준 < 신청불가 기간 > 　1. 공단 직접대출 심사·평가 결과 대출결정에서 거절 (부결)된 경우 　　< 대출부결 승인일로부터 6개월 이내 > 　　단, 당기(직전 회계연도) 결산을 확정하고 결산재무제표를 제출하거나, 매출액을 확인할 수 있는 서류 (부가가치세과세표준증명 등)를 제출하는 등 대출부결사유가 해소되는 경우 대출지원대상에 포함 　2. 공단 직접대출 승인통보 된 대출결정자금을 전액 포기(실효)하는 경우 　　< 대출승인일로부터 6개월 이내 > 　3. 동일한 자금의 운전자금을 기 지원 받은 경우 　　< 대출지급일로부터 6개월 이내 > 　단, 시설자금을 지원 받은 또는 받으려는 경우와 기 지원 받은 대출금 전액을 조기(중도)상환한 경우에는 대출지원대상에 포함
10.	사회적 물의	– 임직원의 자금횡령 등 사회적 물의를 일으킨 소상공인
11.	부채비율 700%	– 당기 표준재무제표 상 부채비율 700% 초과 업체 （자기자본 전액 잠식업체 포함）

◇ 대출제한대상 기준		
	초과	* 단, 업력 5년 미만 업체와 복식부기 작성의무 비대상 업체는 적용 제외 * 부채비율 700% 초과이지만 제13호의 매출액 대비 차입금 비율이 100% 이하이고, 전년대비 최근 매출액(당기 매출액 또는 최근 1년간 매출액 기준)이 증가한 기업은 신청 가능
12	매출액초과차입금	– 대출신청일 기준 총 차입금이 당기 표준재무제표 상 매출액(당기 매출액 또는 최근 1년간 매출액 기준) 대비 100% 초과하는 기업 * 단, 업력 5년 미만 업체는 적용 제외

다) 제출서류

□ 대출신청 서류(대출신청인 및 보증인(실제경영자 포함) 이외의 주민번호 뒷자리는 가림처리 후 제출), 모든 서류는 원본 제출이 원칙

  ○ 공통서류

분류	서류명 및 검토사항	개수
대출신청관련서류	– 소상공인정책자금 직접대출 신청 자가진단 * 정책자금 홈페이지 신청 시 온라인 확인	온라인제출
	– 대출신청서	각1부
	<개인기업, 법인> · 기업(신용) 정보의 수집·이용·제공·조회·활용 동의서 · 소상공인 정책자금(융자) 윤리준수 약속 <개인기업(공동)대표자,법인(공동,각자)대표이사,보증인,실제경영자> · 개인(신용) 정보의 수집·이용·제공·조회·활용 동의서	
	· 소상공인 정책자금(융자) 윤리준수 약속	
대표자실명확인	– 주민등록증, 운전면허증, 외국인등록증, 국내거소신고증, 영주증, 여권 * 여권은 여타 실명확인증표의 제출이 어려울 경우 예외적으로 인정	1부
사업자등록 및 업종확인	– 사업자등록증 사본	택1부
	– 사업자등록증명 (1개월 이내 발급)	
	<하나의 기업이 2개 이상의 서로 다른 사업을 영위 + 당기(직전회계연도) 표준재무제표증명 제출이 불가한 경우> – 최근 1년간 부가가치세신고서 1. 홈텍스 출력 또는 세무대리인(직인필) 확인서류 2. 업력 1년 미만 업체는 제출가능한 최대 기간 자료 제출	1부

상시근로자수 확인	<상시근로자 없는 경우> - 보험자격득실확인서 또는 소상공인 확인서	택1 (1개월 이내,
	<상시근로자 있는 경우> - 월별원천징수이행상황신고서, 건강보험 (월별)사업장가입자별부과내역, 개인별건강보험고지산출내역, 월별보험료부과내역조회(고용, 산재), 소상공인확인서 1. 상시근로자 수 확인은 '건강보험' 가입현황을 기본으로 하며, 제출이 어려운 경우 4대보험 중 상시근로자 수 확인 가능서류로 제출할 수 있음. 2. 소상공인확인서 제출 시, 상시근로자수는 대출신청서에 기입 3. 원천징수이행상황신고서 : 세무대리인 직인 날인 또는 본인 서명	소상공인확인서상 유효기간 이내)
세금납부증빙	<개인기업(공동)대표자,법인,법인(공동,각자)대표이사,보증인,실제경영자> - (국세)납세증명서 - 지방세납세증명서	각1부 (증명서상 유효기간 내)
주소확인	<개인기업(공동)대표자, 법인(공동,각자)대표이사, 실제경영자> - 주민등록표등본 (외국인 : 외국인등록사실증명) 1. 주민등록번호 및 과거 주소변동(이력)사항 표시 2. 채무자를 제외한 사람들의 주민등록번호 뒷자리 가림 처리	1부 (1개월 이내)
금융거래확인	<개인기업(공동)대표자,법인,법인(공동,각자)대표이사,보증인, 실제경영자> - 금융거래확인서 1. 현재 대출거래(시설대여 등 리스포함) 중인 모든 금융기관 및 당좌(가계당좌) 거래 은행의 확인서(금융기관별 별도양식 사용가능) 단, 대부업체 금융거래확인서는 생략 할 수 있다. 2. 은행발급 및 온라인 출력분 인정 단, 금융기관이 원거리지역인 경우 또는 2~3금융권 금융거래확인서는 FAX 발급서류 인정 3. 대출신청, 대출약정시 2회 징구(심사기간 중 연체 등 확인) 단, 대출약정시에는 채무자만 재징구 4. 담보현황 표시	1부 (7영업일 이내) *금융거래확인서 기준일 확인

주된 사업장 · 거주 주택 확인	- 주된 사업장 토지 및 건물 등기사항전부증명서 1. 사업장은 임차 및 자가 여부와 무관하게 제출 2. "제출(발급)용"만 인정 3. 최근 3개월 이내 사업장 주소지 변경시, 변경 전 주소지 등기사항전부증명서 추가 제출 4. 말소된 등기사항 포함 발급 5. 건물이 미등기인 경우 건축물대장 제출, 무허가(가건물 등)인 경우 제출 생략	각1부 (1개월 이내)
		<개인기업(공동)대표자, 법인(공동,각자)대표이사, 약정인, 실제경영자> - 거주주택(주민등록 주소지) 토지 및 건물 등기사항전부증명서 1. 거주주택의 임대차계약서 제출한 경우, 제출 생략 2~5. 상동	
		<개인기업대표자, 법인> - 주된사업장 임대차 계약서 사본 1. 사업장이 임차인 경우 제출 2. 전대차 임차사업장인 경우는 전대차계약서(임대인 동의 사실 기입 및 서명 또는 날인) 또는 별도 임대인 전대차동의서 징구 3. 임대인 주민등록번호 뒷자리 가림처리	1부
		- 거주주택(주민등록 주소지) 임대차 계약서 사본 1. 거주주택의 임차인이 채무자 또는 보증인인 경우 제출 2. 임대인 주민등록번호 뒷자리 가림처리	
매출 증빙	<개인 사업자(복식부기대상자), 법인 사업자> - 최근 3년간 표준재무제표증명 업력 3년 미만 업체는 제출가능한 최대 기간 자료 제출 < 대체서류 – 개인 면세사업자> · 최근 3년간 면세사업자수입금액증명 < 대체서류 – 개인 과세사업자(간편장부대상자)> · 최근 3년간 부가가치세과세표준증명	택1 (1개월 이내)

<개인 · 법인 과세사업자> - 최근 1년간 부가가치세과세표준증명 1. 업력 1년 미만 업체는 제출 가능한 최대 기간 자료 제출 2. 과세표준증명은 과세기간을 분기별로 구분하여 발급 <법인 면세사업자> · 최근 1년간 매출처별세금계산서 합계표 홈택스 출력 또는 세무대리인 직인날인, 본인 서명	택1 (1개월 이내)

※ 상시근로자 수 서류제출 예시

1) 업력이 12개월 이상이며, 직전 사업연도의 1월부터 12월까지의 자료가 확인 가능한 경우
 - 직전 사업연도의 12개월분의 자료만 제출

2) 업력은 12개월 이상이지만 직전 사업연도의 기업운영 기간이 12개월을 넘지 못하는 경우
 - 최근 12개월분의 자료 제출(현재 대출신청시점부터 소급하여 12개월)

3) 업력이 12개월 미만인 경우
 - 사업개시일부터 대출신청시점까지의 자료 제출

4) 업력이 1개월 미만인 경우
 - 대출신청일 현재의 인원을 확인할 자료 제출(상시근로자 존재시, '사업장 가입자명부', 상시근로자 미존재시, '보험자격득실확인서' 제출)

○ 추가서류 (해당되는 업체에 한해 제출)

대분류	세분류	서류명	개수 (유효 기간) * 접수일 기준
추가	법인 대출	- 법인 인감증명서 공동대표이사는 각자의 법인인감증명서 전부 징구 - 법인 등기사항전부증명서	각1부 (1개월 이내)

		1. "제출(발급)용"만 인정 2. 말소된 등기사항 포함 발급 3. 지점이 있는 경우, 지점까지 표시되도록 발급	
		- 법인 주주명부 및 주식 등 변동상황명세서 사본	
		1. 원본확인필 법인인감 날인 2. 채무자 이외 주주의 주민등록번호 뒷자리 가림처리 3. 대출신청일 기준 최근 1년 이내에 주주·출자자 등의 변동사항이 없는 경우 '변동사항 없음' 기재된 주식등변동상황명세서 사본 제출	1부
		- 고용·산재보험료 완납증명원	1부 (1개월 이내)
	법인 연대 보증	- 법인 등기사항전부증명서	1부 (1개월 이내)
		1. "제출(발급)용"만 인정 2. 말소된 등기사항 포함 발급 3. 지점이 있는 경우, 지점까지 표시되도록 발급	
		- 법인 인감증명서	
		- 법인 주주명부 사본	각1부
		원본확인필 법인인감 날인	
		- 법인 이사회입보결의서	
	시설 자금 대출	<공통> - [작성] 시설투자계획서	1부
		신청기업 자체양식으로 제출 가능하나 시설투자계획서 내용이 포함되어야 함	
		<기계시설(중고기계 포함)>	해당서 류 각1부
		1. 견적서(또는 매매계약서) 사본 등(카탈로그, 기계사양서 등) 2. 자체제작인 경우 : 제작비내역서, 설계도면 사본 등	
추가	고용	- 최근 1개월 이내(대출신청 전월말) 상시근로자수 확	(1개월

	증가 증빙	인서류	이내)
(한도 우대 및가점 부여 해당 업체)	수출 실적 증빙	- (직접수출) 수출실적증명원 (한국무역통계진흥원, 무 역협회)	택1 (1개월 이내)
		- (간접수출) 수출실적증명원 (발행은행, KTNET)	
	노란 우산 공제 가입	- 소기업·소상공인 공제부금 납부내역확인서(증명서) * 노란우산공제(www.8899.or.kr), 국세청 홈택스 (www.hometax.go.kr) 에서 발급가능	1부

    ○ 현장평가시 제출서류 (제출시 가점 적용)

대분류	세분류	서류명	개수
공통 (현장 평가)	①사업성 증빙	- 지식재산권	해당서 류 각1부
		- 수상(인증)실적	
		- 자격증 등	
	②기타증빙	- 이노비즈, 메인비즈, 벤처기업 확인서	
		- ISO, HACCP 인증 등	
		- 특허등록원부, 실용신안등록원부, 디자인등록 원부, 상표등록원부 등	

※ 제출서류 간소화 안내
    [소상공인정책자금 사이트(https://ols.sbiz.or.kr)] - [서비스안내] - [온라인
자료제출]에서 세무회계자료 등을 제출할 수 있습니다.

<제출가능서류>

사업자등록 및 업종확인	사업자등록증명
매출증빙	표준재무제표증명, 부가가치세과세표준증명, 면세사 업자수입금액증명 등
상시근로자확인	보험자격득실확인서
세금납부증명	(국세)납세증명서, 지방세납세증명서
주소확인, 배우자확인	주민등록표등·초본
법인	법인등기부등본
수출실적증빙	수출실적증명원

4) 진행절차

가) 진행절차 및 제출서류 안내

i) 회원가입
: 소상공인정책자금 사이트 (https://ols.sbiz.or.kr)
: 회원가입

ii) 대출신청
: 소상공인정책자금 사이트 (https://ols.sbiz.or.kr)
: 직접 대출 신청

iii) 실사
ㄱ. 소상공인시장진흥공단 담당자가 해당 사무실 및 공장(창고)으로 실사
ㄴ. 기간 : 자료 제출 후 2~3주 정도 소요
ㄷ. 자료 제출(실사 전, 담당자가 자료 요청을 한 경우)

iv) 보증서 발급
ㄱ. 소상공인시장진흥공단 사인 후, 보증서 발급
ㄴ. 기간 : 기관 실사 후, 1주 내

v) 대출
ㄱ. 소진공 방문하여 사인 및 대출 진행
ㄴ. 기간 : 사인 후, 1~3영업일 내

나) 소상공인정책자금 사이트[28] 이용방법

(1) 회원가입

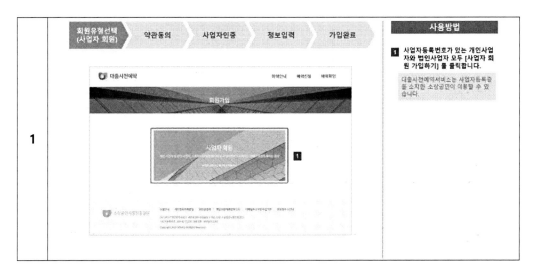

28) 출처 : 소상공인시장진흥공단(www.semas.or.kr)

3	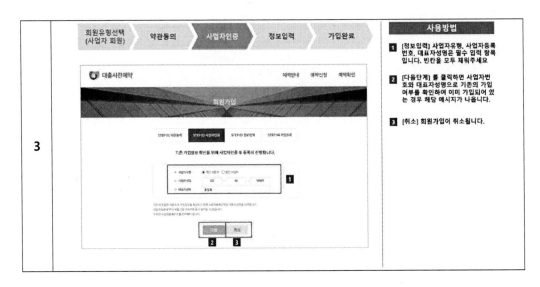	**사용방법** **1** [정보입력] 사업자유형, 사업자등록번호, 대표자성명은 필수 입력 항목입니다. 빈칸을 모두 채워주세요 **2** [다음단계] 를 클릭하면 사업자번호와 대표자성명으로 기존의 가입여부를 확인하여 이미 가입되어 있는 경우 해당 메시지가 나옵니다. **3** [취소] 회원가입이 취소됩니다.
4	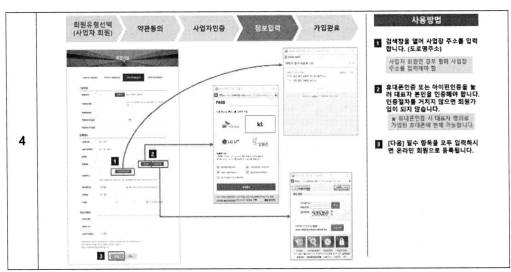	**사용방법** **1** 검색창을 열어 사업장 주소를 입력합니다. (도로명주소) 사업자 회원인 경우 필히 사업장 주소를 입력해야 함 **2** 휴대폰인증 또는 아이핀인증을 눌러 대표자 본인을 인증해야 합니다. 인증절차를 거치지 않으면 회원가입이 되지 않습니다. ★ 휴대폰인증 시 대표자 명의로 가입된 휴대폰에 한해 가능합니다. **3** [다음] 필수 항목을 모두 입력하시면 온라인 회원으로 등록됩니다.
5	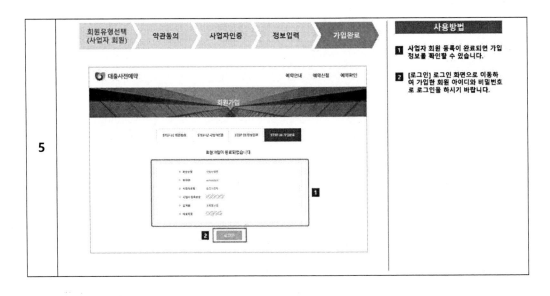	**사용방법** **1** 사업자 회원 등록이 완료되면 가입정보를 확인할 수 있습니다. **2** [로그인] 로그인 화면으로 이동하여 가입한 회원 아이디와 비밀번호로 로그인을 하시기 바랍니다.

(2) 예약 신청하기

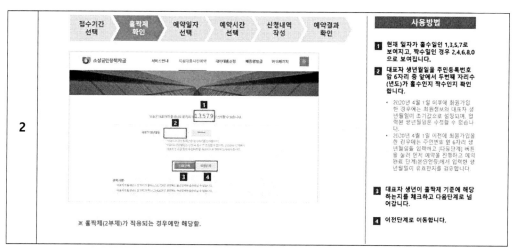

※ 홀짝제(2부제)가 적용되는 경우에만 해당함.

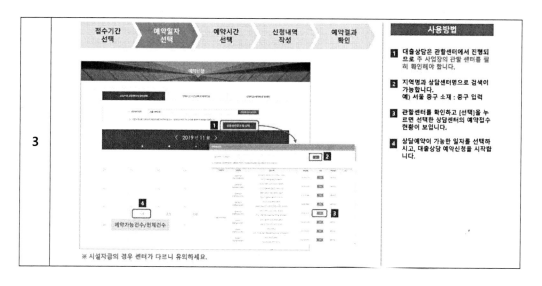

※ 시설자금의 경우 센터가 다르니 유의하세요.

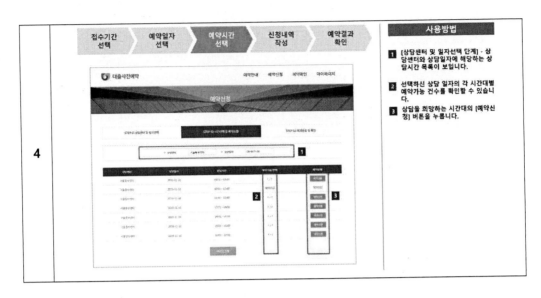

사용방법

1. [상담센터 및 일자선택 단계] - 상담센터와 상담일자에 해당하는 상담시간 목록이 보입니다.

2. 선택하신 상담 일자의 각 시간대별 예약가능 건수를 확인할 수 있습니다.

3. 상담을 희망하는 시간대의 [예약신청] 버튼을 누릅니다.

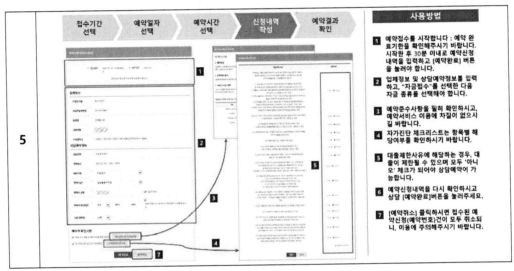

사용방법

1. 예약접수를 시작합니다 : 예약 완료기한을 확인해주시기 바랍니다. 시작한 후 30분 이내로 예약신청 내역을 입력하고 [예약완료] 버튼을 눌러야 합니다.

2. 업체정보 및 상담예약정보를 입력하고, "자금접수"를 선택한 다음 자금 종류를 선택해야 합니다.

3. 예약준수사항을 필히 확인하시고, 예약서비스 이용에 차질이 없으시길 바랍니다.

4. 자가진단 체크리스트는 항목별 해당여부를 확인하시기 바랍니다.

5. 대출제한사유에 해당하는 경우, 대출이 제한될 수 있으며 모두 '아니오' 체크가 되어야 상담예약이 가능합니다.

6. 예약신청내역을 다시 확인하시고 상담 [예약완료]버튼을 눌러주세요.

7. [예약취소] 클릭하시면 접수된 예약신청(예약번호)건이 모두 취소되니, 이용에 주의해주시기 바랍니다.

사용방법

1. [예약완료 및 확인] 예약번호와 상담일자 및 시간을 확인하실 수 있습니다. (이때 등록된 휴대전화번호로 예약확인문자가 발송됩니다)

2. [예약신청내역확인] 을 누르면 예약신청내역과 이력을 조회할 수 있는 화면으로 이동합니다.

| 7 | 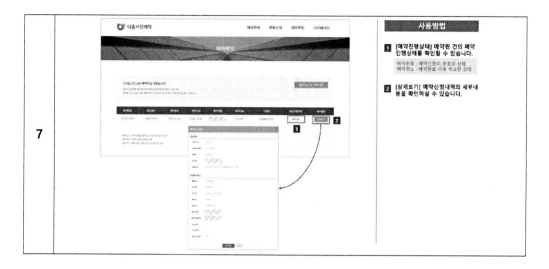 | **사용방법**

1 [예약진행상태] 예약된 건의 예약 진행상태를 확인할 수 있습니다.

예약완료: 예약신청이 완료된 상태
예약취소: 예약완료 이후 취소한 상태

2 [상세보기] 예약신청내역의 세부내 용을 확인하실 수 있습니다. |

(3) 직접대출 신청하기

| 1 |  | **사용방법**

1 접수기간 내에는 [신청하기]버튼이 활성화 되어 있습니다.

2 직접대출 신청 접수기간의 세부정 보를 조회합니다. |

| 2 | 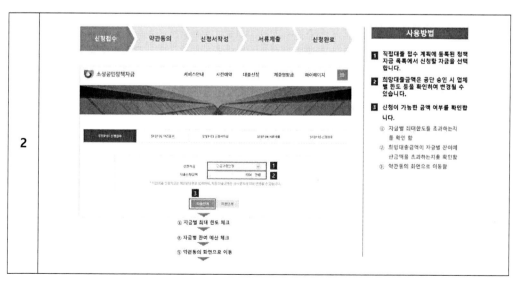 | **사용방법**

1 직접대출 접수 계획에 등록된 정책 자금 목록에서 신청할 자금을 선택 합니다.

2 희망대출금액은 공단 승인 시 업체 별 한도 등을 확인하여 변경될 수 있습니다.

3 신청이 가능한 금액 여부를 확인합 니다.

① 자금별 최대한도를 초과하는지 를 확인 함
② 희망대출금액이 자금별 잔여예 산금액을 초과하는지를 확인함
③ 약관동의 화면으로 이동함 |

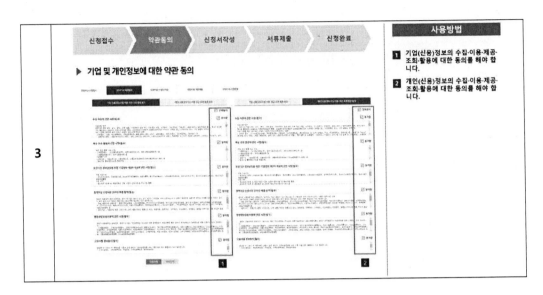

3

> 기업 및 개인정보에 대한 약관 동의

1 기업(신용)정보의 수집·이용·제공·조회·활용에 대한 동의를 해야 합니다.

2 개인(신용)정보의 수집·이용·제공·조회·활용에 대한 동의를 해야 합니다.

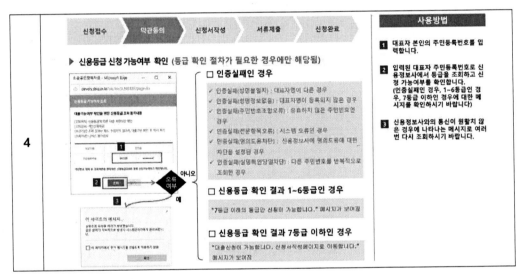

4

> 신용등급 신청 가능여부 확인 (등급 확인 절차가 필요한 경우에만 해당됨)

□ 인증실패인 경우

✓ 인증실패(성명불일치) : 대표자명이 다른 경우
✓ 인증실패(성명정보없음) : 대표자명이 등록되지 않은 경우
✓ 인증실패(주민번호조합오류) : 유효하지 않은 주민번호인 경우
✓ 인증실패(전문항목오류) : 시스템 오류인 경우
✓ 인증실패(명의도용차단) : 신용정보사에 명의도용에 대한 차단을 설정한 경우
✓ 인증실패(실명확인당일차단) : 다른 주민번호를 반복적으로 조회한 경우

□ 신용등급 확인 결과 1~6등급인 경우

"7등급 이하의 등급만 신청이 가능합니다." 메시지가 보여짐

□ 신용등급 확인 결과 7등급 이하인 경우

"대출신청이 가능합니다. 신청서작성페이지로 이동합니다." 메시지가 보여짐

1 대표자 본인의 주민등록번호를 입력합니다.

2 입력된 대표자 주민등록번호로 신용정보사에서 등급을 조회하고 신청 가능여부를 확인합니다. (인증실패인 경우, 1~6등급인 경우, 7등급 이하인 경우에 대한 메시지를 확인하시기 바랍니다)

3 신용정보사와의 통신이 원활치 않은 경우에 나타나는 메시지로 여러 번 다시 조회하시기 바랍니다.

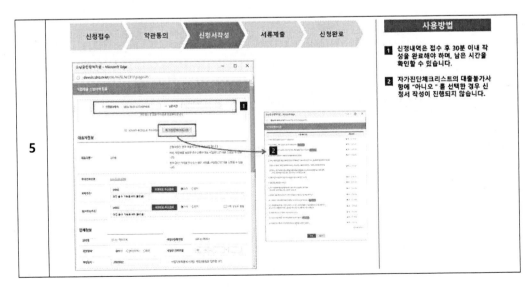

5

> 신청서작성

1 신청내역은 접수 후 30분 이내 작성을 완료해야 하며, 남은 시간을 확인할 수 있습니다.

2 자가진단체크리스트의 대출불가사항에 "아니오."를 선택한 경우 신청서 작성이 진행되지 않습니다.

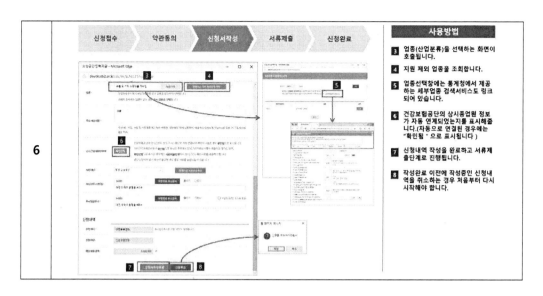

사용방법

3 업종(산업분류)을 선택하는 화면이 호출됩니다.

4 지원 제외 업종을 조회합니다.

5 업종선택창에는 통계청에서 제공하는 세부업종 검색서비스도 링크되어 있습니다.

6 건강보험공단의 상시종업원 정보가 자동 연계되었는지를 표시해줍니다.(자동으로 연계된 경우에는 "확인됨" 으로 표시됩니다)

7 신청내역 작성을 완료하고 서류제출단계로 진행됩니다.

8 작성완료 이전에 작성중인 신청내역을 취소하는 경우 처음부터 다시 시작해야 합니다.

다음 페이지에 계속

사용방법

1 사전에 온라인 서류제출(원클릭)을 통해 해당 서류를 등록한 경우 온라인원클릭제출여부를 체크합니다.

2 비대면 서류제출 시 주의사항에 대한 안내창이 보여집니다.

3 제출할 파일을 선택합니다.
  - 제출서류별로 파일이 여러 개인 경우 압축하여 올려야 합니다.
  - 파일은 PDF,JPG,JPEG,GIF,PNG,ZIP 입니다.
  - 파일의 크기는 각각 5MByte 이하여야 합니다.

4 매출액확인서류의 양식을 내려 받아 날인 후, 스캔본 파일을 올려야 합니다.

5 "온라인(원클릭)제출여부" 체크 후 "온라인제출하기"버튼을 클릭합니다.

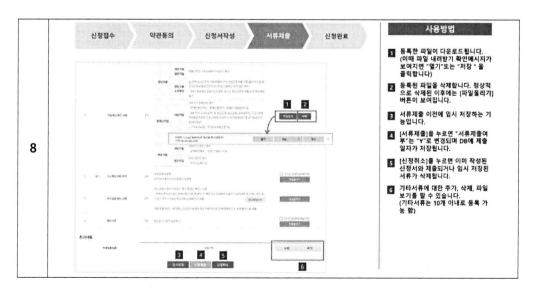

사용방법

1 등록한 파일이 다운로드됩니다. (이때 파일 내려받기 확인메시지가 보여지면 "열기"또는 "저장" 을 클릭합니다)

2 등록된 파일을 삭제합니다. 정상적으로 삭제된 이후에는 [파일올리기] 버튼이 보여집니다.

3 서류제출 이전에 임시 저장하는 기능입니다.

4 [서류제출]을 누르면 "서류제출여부"는 "Y"로 변경되며 DB에 제출일자가 저장됩니다.

5 [신청취소]를 누르면 이미 작성된 신청서와 제출되거나 임시 저장된 서류가 삭제됩니다.

6 기타서류에 대한 추가, 삭제, 파일보기를 할 수 있습니다. (기타서류는 10개 이내로 등록 가능 함)

(4) 대출신청 결과 확인하기

사용방법

1 신청번호를 클릭하면 신청내역을 조회하는 화면이 보여집니다.

2 서류제출 및 최종제출 여부를 확인할 수 있습니다.

[서류제출] 버튼을 누르면 서류제출 목록과 등록된 파일을 조회하는 화면이 보여집니다.

[최종제출] 버튼을 누르면 STEP04신청완료 단계로 이동하며, 신청서를 최종제출할 수 있습니다.

3 신청진행단계를 보여줍니다.

4 대출신청에 대한 센터 접수 및 심사결과를 보여줍니다.

5) 소상공인 정책자금 대출신청서[29](사업계획서)

<서식1> 소상공인정책자금 대출신청서(직접대출)

소상공인 정책자금 대출신청서

<table>
<tr><td rowspan="6">업체현황</td><td>업체명</td><td colspan="3"></td><td>대표자</td><td colspan="3"></td></tr>
<tr><td>법인등록번호</td><td colspan="3"></td><td>생년월일</td><td>년</td><td>월</td><td>일</td></tr>
<tr><td>사업자등록번호</td><td colspan="3"></td><td>사업개시일</td><td>년</td><td>월</td><td>일</td></tr>
<tr><td>사업장주소
(본점소재지)</td><td colspan="7"></td></tr>
<tr><td>주사업장주소</td><td colspan="7"></td></tr>
<tr><td>업태/종목</td><td colspan="3">   /</td><td>상시근로자수</td><td colspan="3">명</td></tr>
<tr><td rowspan="4">연락처</td><td rowspan="3">대표자</td><td colspan="7">자택 : (   )   -   휴대폰 : (   )   -</td></tr>
<tr><td colspan="7">※ 대출신청 처리결과, 대출원리금 상환안내 서비스 등을 휴대폰 문자메시지(SMS) 또는 E-mail로 (□ 수신, □ 수신거부) 하겠습니다.</td></tr>
<tr><td>공부상(등본상)
거주지주소</td><td colspan="6"></td></tr>
<tr><td>실제
거주지주소</td><td colspan="6"></td></tr>
<tr><td colspan="2">전화(사무실)</td><td colspan="3">(   )   -
(담당자 :   )</td><td>E-mail</td><td colspan="2"></td></tr>
<tr><td colspan="2">팩스(사무실)</td><td colspan="3">(   )   -</td><td>홈페이지</td><td colspan="2"></td></tr>
<tr><td rowspan="4">신청내용</td><td rowspan="2">대출신청금액</td><td rowspan="2" colspan="3">금   원</td><td>운전자금</td><td colspan="3">금   원</td></tr>
<tr><td>시설자금</td><td colspan="3">금   원</td></tr>
<tr><td>대출신청
자금분류</td><td colspan="6">□신사업창업사관학교연계자금   □소공인특화자금
□성장촉진자금_자동화설비   □사회적경제기업전용자금
□스마트설비도입자금</td></tr>
<tr><td>담보종류</td><td colspan="6">□신 용   □보증서   □부동산   □기타 (   )</td></tr>
</table>

상기와 같이 중소벤처기업부 소관 소상공인 정책자금 대출을 신청하며, 기재내용이 사실과 다름이 없음을 확인합니다.

20   년   월   일

신청업체 :

대표자 :   (인, 서명)

※ 붙임서류 : 사업현황, 국세청자료 발급번호, 정보제공동의서(기업 및 개인), 윤리준수약속 각 1부

소 상 공 인 시 장 진 흥 공 단   앞

[표5 – 소상공인 정책자금 대출신청서①]

---

29) 출처 : 소공인특화자금 작성서류

<서식2> 사업현황

사 업 현 황

* 신청업체 해당 항목에 대하여 성실히 기재

영업현황	주 생산품목				매출액			백만원
					수출실적			백만원
	생산방식	자사제조 :		%	주문판매비중 :		%	
		외주가공 :		%	직접판매비중 :		%	
	가동상황	월평균 :	일	(1일 평균 :		시간)		

경력	구분	기간		근무처	담당업무	최종직위
	대표자	년 월~	년 월			
		년 월~	년 월			
	실제경영자 (대표자와의 관계 :)	년 월~	년 월			
		년 월~	년 월			

주요 보유 시설	구분	시설명	규모	소유자	구분	시설명	수량	소유자
	공장	토지	m²		기계기구		대	
		건물	m²				대	

생산품목개요	용도 및 특성	

주요 거래처	구분	거래처명	거래품목	거래비중 (%)	결제조건 외상비율(%)	결제조건 결제기간(일)	거래기간 (개월)
	매출처						
	매입처						

경영진 (대표자 제외)	직위	성명	연령	실제경영자와의관계	주요경력 (근무년수)

향후 사업 계획	자금용도 및 사업계획					
	자금소요 내역 (백만원)	시설 자금		운전 자금		합계
	자금조달 계획 (백만원)	본건 차입금	자체자금	은행차입금등 기타		합계

* 필요시 별지 사용하여 작성 가능

[표5 – 소상공인 정책자금 대출신청서②]

<서식3> 기업(신용)정보의 수집·이용·제공·조회·활용 동의서 <개정>

기업(신용)정보 수집 · 이용 · 제공 · 조회 · 활용 동의서

소상공인시장진흥공단(이하 '공단'이라 합니다) 귀중

본인은 소상공인 정책자금 융자사업 대출 및 채권관리 등과 관련하여 아래의 내용과 같이 공단이 본인의 기업(신용)정보를 수집·이용·제공·조회·활용하는 것에 동의합니다.

1. 수집·이용에 관한 사항

수집이용 목적	정책자금 관련 상담, 심사, 평가, 지원 결정, 거래관계의 설정·유지·이행·관리·변경, 사후관리, 리스크관리, 채권관리, 공공기관에서 정책자료로 활용, 중소기업지원사업 통합관리시스템에서 지원이력정보로 활용, 소상공인연계지원업무(소상공인정책자금 사후관리 멘토링 등), 고객만족도 조사, 기타 법령상 의무이행
수집·이용할 항목 (본 동의 이전에 수집된 개인(신용)정보도 포함)	▶ 식별정보 : 상호, 법인등록번호, 사업자등록번호, 본점·영업소 등의 소재지, 설립연월일, 연락처(주소, 전자우편주소, 전화번호) 등 ▶ 신용거래 정보 : 대출(현금서비스 포함), 보증, 담보제공, 당좌거래, 신용카드(체크카드 포함), 할부금융 등 거래와 관련한 상품종류, 거래조건, 거래일시, 금액, 한도 등 정보 ▶ 신용도판단정보 : 연체, 대위변제, 대지급, 부도 등 ▶ 신용능력정보 : 자산, 채무, 소득의 총액, 납세실적, 기업현황, 대표자 및 경영진 현황, 영업상황(대출현황, 최근영업 상황), 지무상황, 신용거래정보, 금융회사 거래상황, 수출에 관한 거래내역 ▶ 공공정보 : 세금체납, 신용회복정보(회생, 파산 면책) 등 ▶ 신용등급 및 평점정보, 타 기관의 신용조회 기록 등 ▶ 기타신용정보 : 정책자금 신청서류 및 제반서류(사업계획서, 기타 정책자금 대출 및 채권관리 등에 필요한 서류 일체) 등에 기재된 정보, 세금계산서 발급, 국세기본법 제81조의13 및 관세법 제116조에 따른 과세정보(단, 활용정보는 매출액, 가업일, 휴업기간, 폐업일 / 수출액에 한함) ▶ 기타 금융거래의 설정·유지·이행, 관리를 위한 상담, 채권관리 등을 통해 생성되는 정보 등 ▶ 부동산정보(지적전산정보자료 등), 직장 및 고용급여정보, 과세 및 납세정보(사업자등록증명원, 국세납세증명서 등), 정책지원내역 등
보유·이용 기간	기업(신용)정보는 제공된 날로부터 동의 철회 시 또는 제공된 목적을 달성할 때까지 보유·이용됩니다.(중소기업지원사업 통합관리 시스템 수혜기업 정보는 사업 참여 이전 3개년부터 참여 이후 10년간 수집), 동의 철회 또는 제공된 목적 달성 후에는 위에 기재된 이용 목적과 관련된 금융사고 조사, 분쟁 해결, 민원 처리, 사후관리, 리스크 관리, 채권관리, 법령상 의무 이행 등을 위하여 필요한 범위 내에서만 보유·이용됩니다.
동의를 거부할 경우의 불이익	동의하지 않으실 경우 소상공인 정책자금 대출 등과 관련한 상담 및 신청, 지원, 거래관계의 설정 및 유지가 불가능합니다.

2. 제공·조회·활용에 관한 사항

제공·조회·활용 대상 기관	▶ 신용조회회사 : NICE평가정보(주), 한국기업데이터(주), 코리아크레딧뷰로(주), (주)한국신용데이터 등 ▶ 신용정보집중기관 : 한국신용정보원 등 ▶ 감정평가기관 ▶ 보증기관 : 기술보증기금, 신용보증기금, 신용보증재단중앙회(지역신용보증재단 포함) 등 ▶ 중소기업 통합관리시스템 운영기관 ▶ 소상공인정책자금 사후관리 멘토링 관계기관(전달기관, 전문기관, 멘토 등) ▶ 국가기관(중소벤처기업부, 국토교통부, 행정자치부, 국세청, 관세청, 무역통계진흥원 등), 지방자치단체, 국민연금공단, 국민건강보험공단, 근로복지공단, 그 밖의 대통령령으로 정하는 공공단체 등
제공·조회·활용의 목적	▶ 신용조회회사, 신용정보집중기관, 감정평가법인, 보증기관 등 기업(신용)정보 제공·활용 목적 : (금융) 거래의 설정, 유지, 이행, 관리 등에 필요한 업무의 수행, 사후관리, 리스크관리, 채권관리, 신용 및 사업성을 판단 ▶ 신용조회회사의 신용도평가, 실명확인 등 업무 목적으로 이용 ▶ 연대보증인에 기업(신용)정보 제공·활용 목적 : 보증인 보호를 위한 대출계약 체결여부 판단 및 유지, 관리, 이행 ▶ 소상공인정책자금 사후관리 멘토링 관계기관, 중소벤처기업부 등 공공기관, 중소기업 통합관리시스템 운영기관, 국가기관 등에 기업(신용)정보 제공·활용 목적 : 공공기관에서 정책자료, 중소기업지원사업 통합관리시스템에서 지원이력정보로 활용, 소상공인연계지원업무(소상공인정책자금 사후관리 멘토링 등), 고객만족도 조사, 기타 법령상 의무이행, 사후관리, 리스크관리, 채권관리
제공·조회·활용할 기업(신용)정보	▶ 신용조회회사, 신용정보집중기관, 감정평가법인, 보증기관 등에 제공·활용하고자 하는 귀하의 기업(신용)정보는 다음과 같습니다. · 식별정보 : 식별정보(상호, 법인등록번호, 사업자등록번호, 소재지, 설립연월일 등), 연락처(주소, 전화번호 등) · 신용거래정보 : 대출(현금서비스 포함), 보증, 담보제공, 당좌거래, 신용카드(체크카드 포함), 할부금융 등 거래와 관련한 상품종류, 거래조건, 거래일시, 금액, 한도 등 · 신용능력정보 : 자산, 채무, 소득의 총액, 납세실적 등 · 신용도판단정보 : 연체, 대위변제, 대지급, 부도 등 · 공공정보 : 세금체납, 신용회복정보(회생, 파산 면책) 등

[표5 - 소상공인 정책자금 대출신청서③]

	· 기업정보 : 기업체개요, 대표자와 경영진, 사업장 및 가동현황, 영업상황, 금융회사 거래상황, 재무상황 등
	· 신용등급 및 평점정보, 타 기관의 신용조회 기록 등
	· 기타 신용정보 : 정책자금 대출 신청서류 및 제반서류(사업계획서, 기타 정책자금 대출 및 채권관리
	  등에 필요한 서류 일체) 등에 기재된 정보 등, 기타 금융거래의 설정유지이행, 관리를 위한 상담,
	  채권관리 등을 통해 생성되는 정보 등
	▶ 소상공인정책자금 사후관리, 멘토링 관리기관, 중소기업 통합관리시스템 운영기관, 국가기관, 지방자치
	단체, 국민연금공단, 국민건강보험공단, 근로복지공단, 그 밖의 대통령령으로 정하는 공공단체에 활용하
	고자 하는 기업(신용)정보는 다음과 같습니다.
	
	　· 식별정보 : 식별정보(상호, 법인등록번호, 사업자등록번호, 소재지, 설립연월일 등), 연락처(주소, 전화번호 등)
	　· 개인식별정보 : 성명, 주민등록번호 등 고유식별정보, 연락처(주소, 전화번호 등)
	　· 신용능력정보 : 기업현황, 사업장 및 가동현황, 신용거래정보, 영업상황, 재무상황, 수출에 관한 거래내역 등
	　· 신용거래정보 : 대출 등 지원현황
	　· 부동산정보(지적전산정보자료 등), 직장 및 고용.급여정보, 과세 및 납세정보(사업자등록증명원,
	　 국세납세증명서 등), 정책지원내역 등
	▶ 위 정보를 활용하기 위하여 제공 활용대상기관에게 제공되는 귀하의 기업(신용)정보는 다음과 같습니다.
	　· 식별정보 : 법인의 명칭, 상호, 법인번호, 사업자번호, 주소, 전화번호 등 연락처

제공·조회·활용할 동의의 효력 기간	▶ 귀하가 본 동의서를 제출한 시점부터 동의 철회 또는 신청한 계약의 목적 달성 때까지 또는 제공(조회)된 목적을 달성할 때까지 동의의 효력이 유지됩니다. 다만, 귀하가 신청한 계약이 위 기관 또는 귀하의 의사에 의하여 거절된 경우에는 그 시점부터 동의의 효력은 소멸됩니다. 동의철회 또는 계약의 목적달성 또는 제공된 목적달성 후에는 위에 기재된 이용 목적과 관련된 금융사고 조사, 분쟁해결, 민원처리, 법령상 의무이행, 사후관리, 리스크관리, 채권관리를 위하여 필요한 범위내에서만 보유이용됩니다. 단, 신용조회회사는 예외로 합니다.
동의를 거부할 권리 및 거부할 경우 불이익	동의하지 않으실 경우 정책자금 대출 등의 상담 및 신청, 지원, 거래관계의 설정 및 유지가 불가능합니다.
권한부여	공단이 본인을 대리하여 대상기관인 국가기관 등에 위와 같이 본인의 신용 정보를 제공 요청하는 것에 동의합니다.

※ 신용조회회사를 통하여 귀하의 신용정보를 조회한 기록은 타 금융기관 등에 제공될 수 있으며, 귀하의 신용등급이
하락할 수 있음을 알려드립니다. 단, 2011년 10월 4일부터 귀하의 신용정보를 조회한 기록은 신용평가 목적으로 타
금융기관 등에 제공되지 않으며, 무등급자의 신용평가 목적 이외에는 신용등급 산정에 반영되고 있지 않습니다.

3. 유관기관 정보공유를 위한 기업정보 제3자 제공에 관한 사항

제공 대상기관	▶ 중소벤처기업부, 기술보증기금, 중소벤처기업진흥공단, 창업진흥원, 중소기업 유통센터, 신용보증재단 중앙회, 한국벤처투자(주), 장애인기업종합지원센터, 중소기업기술정보진흥원
제공 목적	▶ 중소벤처기업부 및 유관기관의 지원 사업간 연계지원 및 후속지원 활용 ▶ 중소벤처기업부 등 중앙부처 및 지자체 중소기업지원사업 안내 등
제공 정보의 항목	▶ 사업자번호, 법인번호, 기업명, 지원사업명, 선정일자, 지원일자, 지원금액, 기업주소, 기업대표전화 번호, 기업대표이메일, 주생산품 등
제공 정보 보유·이용 기간	▶ 기업(신용)정보는 제공된 날로부터 동의 철회 시 또는 해당 지원 사업 참여 종료 후 6년간 보유 이용됩니다.
동의를 거부할 권리 및 동의를 거부할 경우 불이익	동의를 거부할 권리가 있으며, 동의를 거부한 경우에는 중소벤처기업부 및 유관기관의 연계지원 정보 미제공 등의 불이익이 발생할 수 있음

4. 정책자금 신청서류 온라인 제출 동의(선택사항)

공단의 대출업무 등과 관련하여, 동의기간 동안 공단이 당사 또는 당사의 기장대행 세무사(회계사)에게 다음의 정책자금 신 청서류 온라인 제출을 요청할 때에는 당사의 별도 동의 없이 공단에 정책자금 신청서류를 전송하는 것에 동의합니다. ▪ 전송 정책자금 신청서류 : 표준재무제표증명, 사업자등록증명, 부가가치세과세표준증명, 면세사업자수입금액증명, 납세(국세) 　증명서, 납부내역증명, 소득금액증명, 부가가치세신고내역, 종합소득세신고내역, 보험자격득실확인서, 국민연금납부확인서, 　지방세납세증명서, 주민등록표등본, 법인등기부등본, 법인세신고내역, 주주명부, 수출실적증명원 등 ▪ 동의기간 : 대출거래 종료 시까지(단, 계약 종료 후에도 금융사고 조사, 분쟁해결, 민원처리, 사후관리, 리스크관리, 채권관리 　법령상 의무이행 등을 위하여 필요한 범위 내에서만 이용됩니다)

※ 세무회계자료 온라인 제출 동의를 하지 않은 경우에도 불이익은 없으나 해당 서류를 직접 제출하여야 합니다.

[표5 - 소상공인 정책자금 대출신청서④]

5. 행정정보공동이용에 관한 사항(선택사항)

공단의 대출업무와 관련하여, 동의기간 동안 「전자정부법」 제36조에 따른 행정정보의 공동이용을 통해 공단의 업무담당자가 행정정보를 열람이용하는 것에 동의합니다.
- 이용행정정보 : 지방세납세증명서, 지방세세목별과세(납세) 증명서(재산세), 국가기술자격취득사항확인서, 벤처기업확인서, 머인비즈확인서, 이노비즈확인서, 디자인등록원부, 상표등록원부, 실용신안등록원부, 특허등록원부, 공장등록증명서, 국가유공자(유족) 확인원, 국민기초생활수급자증명서, 장애인증명서, 사업자등록증명원, 부가가치세과세표준증명, 표준재무제표증명, (국세)납세증명서, 소득금액증명, 휴업사실증명, 폐업사실증명, 납부내역증명, 건강보험자격득실확인서, 주민등록표등초본, 고용보험료환납증명원, 산재보험료환납증명원
- 동의기간 : 대출거래 종료 시까지(단, 계약 종료 후에도 금융사고 조사, 분쟁해결, 민원처리, 사후관리, 리스크관리, 채권관리, 법령상 의무이행 등을 위하여 필요한 범위 내에서만 이용됩니다)

※ 행정정보이용에 동의를 하지 않은 경우에도 불이익은 없으나 해당 서류를 직접 제출하여야 합니다.

기업(신용)정보 수집·이용·제공·조회·활용 동의 여부

1. 수집·이용 동의	본인은 위 목적으로 본인의 개인(신용)정보를 수집이용하는 것에 동의합니다. (동의함 ☐ 동의하지 않음 ☐)	
2. 제공·조회·활용 동의	본인은 위 목적으로 본인의 개인(신용)정보를 제공조회활용하는 것에 동의합니다. (동의함 ☐ 동의하지 않음 ☐)	
3. 기업정보 제3자 제공 동의 여부	공단이 본인을 대리하여 중소벤처기업부 및 유관기관에 제공하는 것에 동의하고, 제공된 정보를 중소벤처기업부가 제공 대상기관에 제공하는 것도 동의합니다. (동의함 ☐ 동의하지 않음 ☐)	
4. 정책자금 신청서류 온라인 제출 동의	공단의 대출업무 등과 관련하여, 동의기간 동안 공단이 당사 또는 당사의 기장대행 세무사회계사에게 정책자금 신청 서류 온라인 제출을 요청한 때에는 당사의 별도 동의 없이 공단에 정책자금 신청서류를 전송하는 것에 동의합니다. (동의함 ☐ 동의하지 않음 ☐)	
5. 행정정보 공동이용 동의	공단의 대출업무와 관련하여, 동의기간 동안 「전자정부법」 제36조에 따른 행정정보의 공동이용을 통해 공단의 업무담당자가 행정정보를 열람이용하는 것에 동의합니다. (동의함 ☐ 동의하지 않음 ☐)	
고유식별 정보동의	본인은 위 기관이 위 목적으로 다음과 같은 본인의 고유식별정보를 수집이용제공조회활용하는 것에 동의합니다. * 고유식별정보 : 주민등록번호, 여권번호, 외국인등록번호, 운전면허번호 (동의함 ☐ 동의하지 않음 ☐)	

20   년   월   일

기업체명 :

법인(주민)등록번호 :

동의자 성명 :   (인, 서명)

[표5 – 소상공인 정책자금 대출신청서⑤]

- 160 -

<서식4> 개인(신용)정보의 수집·이용·제공·조회·활용 동의서 <개정>

개인(신용)정보 수집·이용·제공·조회·활용 동의서

소상공인시장진흥공단(이하 '공단'이라 합니다) 귀중

소상공인정책자금 대출 및 채권관리 등과 관련하여 귀 기관이 본인의 개인(신용)정보를 수집·이용하거나 제3자에게 제공하고자 하는 경우에는 「개인정보보호법」 제15조제1항제1호, 제17조제1항제1호, 제23조제1항제1호, 제24조제1항제1호 및 「신용정보의 이용 및 보호에 관한 법률」 제32조제1항, 제2항, 제33조, 제34조에 따라 본인의 동의를 얻어야 합니다. 이에 본인은 아래의 내용과 같이 귀 기관이 본인의 개인(신용)정보를 수집·이용 또는 제공하는 것과 개인(신용) 정보를 조회하기 위하여 아래와 같이 개인(신용) 정보를 수집·이용·제공·조회·활용하는 것에 동의합니다.

1. 수집·이용에 관한 사항

수집이용 목적	정책자금 관련 상담, 심사, 평가, 지원 결정, 거래관계의 설정·유지·이행 관리·변경, 사후관리, 리스크관리, 채권관리, 공공기관에서 정책자료로 활용, 중소기업지원사업 통합관리시스템에서 지원이력정보로 활용, 소상공인 연계지원업무(소상공인정책자금 사후관리 멘토링 등), 고객만족도 조사, 기타 법령상 의무이행
수집·이용할 항목 (본 동의 이전에 수집된 개인(신용)정보도 포함)	▸ **필수적 정보 : 개인식별정보**(성명, 주민등록번호, 여권번호, 외국인등록번호, 운전면허번호 등 고유식별정보, 주소, 전자우편주소, 전화번호 등), **신용거래 정보**(대출(현금서비스 포함), 보증, 담보제공, 당좌거래, 신용카드(체크카드 포함), 할부금융 등 상품종류, 거래조건, 거래일시, 금액 등 거래 설정 및 내역 정보), **신용도판단정보**(연체, 대위변제, 대지급, 부도 등), **신용능력정보**(자산, 채무, 소득의 총액, 납세실적, 재무상황, 신용거래정보, 금융회사 거래상황, 수출에 관한 거래내역 등), **공공정보**(세금체납, 신용회복정보(회생, 파산 면책) 등), **신용등급 및 평점정보, 타기관의 신용조회 기록 등, 기타신용정보**(정책자금대출 신청서류 및 제반서류(사업계획서, 기타 정책자금 대출 및 채권관리 등에 필요한 서류 일체) 등에 기재된 정보 등), 기타 금융거래의 설정·유지·이행·관리를 위한 상담, 채권관리 등을 통해 생성되는 정보 등, 부동산정보(지적전산정보자료 등), 직장 및 고용급여정보, 과세 및 납세정보(사업자등록증명원, 국세납세증명서 등), 정책지원내역 등 ▸ **선택적 정보** : 개인식별정보 외에 고객이 제공한 정보(학력, 수상경력 등)
보유·이용 기간	위 개인(신용)정보는 금융거래 종료일로부터 6년까지 보유·이용됩니다. 단, 금융거래 종료일 후에는 금융사고 조사, 분쟁해결, 민원처리, 법령상 의무이행, 리스크 관리, 채권관리 만을 위하여 보유·이용됩니다.
동의를 거부할 경우의 불이익	▸ 위 개인(신용)정보 중 필수적 정보의 수집·이용에 관한 동의는 계약의 체결 및 이행을 위하여 필수적이므로, 위 사항에 동의하셔야만 귀 기관과의 거래관계 설정 및 유지가 가능합니다. ▸ 위 개인(신용)정보 중 선택적 정보의 수집·이용에 관한 동의는 거부하실 수 있으며, 다만 동의하지 않으시는 경우 금융거래 조건 등에 일부 혜택을 받지 못할 수 있습니다.

2. 제공·조회·활용에 관한 사항

제공·조회·활용 대상 기관	▸ 신용조회회사 : NICE평가정보(주), 한국기업데이터(주), 코리아크레딧뷰로(주), (주)한국신용데이터 등 ▸ 신용정보집중기관 : 한국신용정보원 등 ▸ 감정평가기관 ▸ 보증기관 : 기술보증기금, 신용보증기금, 신용보증재단중앙회(지역신용보증재단 포함) 등 ▸ 중소기업 통합관리시스템 운영기관 ▸ 소상공인정책자금 사후관리 멘토링 관계기관(전담기관, 전문기관, 멘토 등) ▸ 국가기관(중소벤처기업부, 국토교통부, 행정자치부, 국세청, 관세청, 무역통계진흥원 등), 지방자치단체, 국민연금공단, 국민건강보험공단, 근로복지공단, 그 밖의 대통령령으로 정하는 공공단체 등
제공·조회·활용의 목적	▸ 신용조회회사, 신용정보집중기관, 감정평가법인, 보증기관 등 개인(신용)정보 제공 목적 : (금융) 거래의 설정, 유지, 이행, 관리 등에 필요한 업무의 수행, 사후관리, 채권관리, 신용 및 사업성을 판단 ▸ 신용조회회사의 신용도평가, 실명확인 등 업무 목적으로 이용 ▸ 연대보증인에 개인(신용)정보 제공 목적 : 보증인 보호를 위한 대출계약 체결여부 판단 및 유지, 관리, 이행 ▸ 소상공인정책자금 사후관리 멘토링 관계기관, 중소기업 통합관리시스템 운영기관, 국가기관 등에 개인(신용)정보 제공 목적 : 공공기관에서 정책자료, 중소기업지원사업 통합관리시스템에서 지원이력정보로 활용, 소상공인연계지원업무(소상공인정책자금 사후관리 멘토링 등), 고객만족도 조사, 기타 법령상 의무이행, 사후관리, 채권관리
제공·조회·활용할 개인(신용)정보	▸ 신용조회회사, 신용정보집중기관, 감정평가법인, 보증기관 등에 제공·활용하고자 하는 귀하의 개인(신용)정보는 다음과 같습니다. · 개인식별정보 : 성명, 주민등록번호 등 고유식별정보, 주소, 전자우편 주소, 전화번호 등 · 신용거래정보 : 대출(현금서비스 포함), 보증, 담보제공, 당좌거래, 신용카드(체크카드 포함), 할부금융 등 거래와 관련한 상품종류, 거래조건, 거래일시, 금액, 한도 등 · 신용능력정보 : 재산, 채무, 소득의 총액, 납세실적 등 · 신용도판단정보 : 연체, 대위변제, 대지급, 부도 등 · 공공정보 : 세금체납, 신용회복정보(회생, 파산 면책) 등 · 기업정보 : 기업개요, 대표자와 경영진, 사업장 및 가동현황, 영업상황, 금융회사 거래상황, 재무상황 등

[표5 – 소상공인 정책자금 대출신청서⑥]

	· 신용등급 및 평점정보, 타 기관의 신용조회 기록 등
	· 기타 신용정보 : 정책자금 대출 신청서류 및 제반서류(사업계획서, 기타 정책자금 대출 및 채권관리 등에 필요한 서류 일체) 등에 기재된 정보 등, 기타 금융거래의 설정 유지이행, 관리를 위한 상담, 채권관리 등을 통해 생성되는 정보 등
	▶ 소상공인정책자금 사후관리 컨트롤 관계기관, 중소기업 통합관리시스템 운영기관, 국가기관, 지방자치 단체, 국민연금공단, 국민건강보험공단, 근로복지공단, 그 밖의 대통령령으로 정하는 공공기관에 활용하고자 하는 개인(신용)정보는 다음과 같습니다.
	· 식별정보 : 식별정보(상호, 법인등록번호, 사업자등록번호, 소재지, 설립연월일 등), 연락처(주소, 전화번호 등) · 개인식별정보 : 성명, 주민등록번호 등 고유식별정보, 연락처(주소, 전화번호 등) · 신용능력정보 : 기업현황, 사업장 및 가동현황, 신용거래정보, 영업상황, 재무상황 등 · 신용거래정보 : 대출 등 지원현황 · 부동산정보(지적전산정보자료 등), 직장 및 고용급여정보, 과세 및 납세정보(사업자등록증명원, 국세납세증명서 등), 정책지원내역 등
	▶ 위 정보를 활용하기 위하여 제공 활용대상기관에게 제공되는 귀하의 개인(신용)정보는 다음과 같습니다. · 개인(신용)정보 : 성명, 주민등록번호 등 고유식별정보, 주소, 전화번호 등 연락처
제공·조회·활용할 동의의 효력 기간	▶ 귀하가 본 동의서를 제출한 시점부터 신청한 계약의 목적 달성 또는 제공(조회)된 목적을 달성할 때까지 동의의 효력이 유지됩니다. 다만, 귀하가 신청한 계약이 위 기관 또는 귀하의 의사에 의하여 거절된 경우에는 그 시점부터 동의의 효력은 소멸됩니다. 동의철회 또는 계약의 목적달성 또는 제공된 목적달성 후에는 위에 기재된 이용 목적과 관련된 금융사고 조사, 분쟁해결, 민원처리, 법령상 의무이행, 사후관리, 리스크관리, 채권관리를 위하여 필요한 범위에서만 보유·이용됩니다. 단, 신용조회회사는 예외로 합니다.
동의를 거부할 권리 및 거부할 경우 불이익	동의하지 않으실 경우 정책자금 대출 등의 상담 및 신청, 지원, 거래관계의 설정 및 유지가 불가능합니다.
권한부여	공단이 본인을 대리하여 대상기관인 국가기관 등에 위와 같이 본인의 신용 정보를 제공 요청하는 것에 동의합니다.

※ 신용조회회사를 통하여 귀하의 신용정보를 조회한 기록은 타 금융기관 등에 제공될 수 있으며, 귀하의 신용등급이 하락할 수 있음을 알려드립니다. 단, 2011년 10월 4일부터 귀하의 신용정보를 조회한 기록은 신용평가 목적으로 타 금융기관 등에 제공되지 않으며, 무등급자의 신용평가 목적 이외에는 신용등급 산정에 반영되고 있지 않습니다.

3. 유관기관 정보공유를 위한 기업정보 제3자 제공에 관한 사항

제공 대상기관	▶ 중소벤처기업부, 기술보증기금, 중소벤처기업진흥공단, 창업진흥원, 중소기업 유통센터, 신용보증재단 중앙회, 한국벤처투자(주), 장애인기업종합지원센터, 중소기업기술정보진흥원
제공 목적	▶ 중소벤처기업부 및 유관기관의 지원 사업간 연계지원 및 후속지원 활용 ▶ 중소벤처기업부 등 중앙부처 및 지자체 중소기업지원사업 안내 등
제공 정보의 항목	▶ 사업자번호, 법인번호, 기업명, 지원사업명, 선정일자, 지원일자, 지원금액, 기업주소, 기업대표전화 번호, 기업대표이메일, 주생산품 등
제공 정보 보유·이용 기간	▶ 기업(신용)정보는 제공된 날로부터 동의 철회 시 또는 해당 지원 사업 참여 종료 후 6년간 보유 이용됩니다.
동의를 거부할 권리 및 동의를 거부할 경우 불이익	동의를 거부할 권리가 있으며, 동의를 거부한 경우에는 중소벤처기업부 및 유관기관의 연계지원 정보 미제공 등의 불이익이 발생할 수 있음

4. 정책자금 신청서류 온라인 제출 동의(선택사항)

공단의 대출업무 등과 관련하여, 동의기간 동안 공단이 당사 또는 당사의 기장대행 세무사(회계사)에게 다음의 정책자금 신청 서류 온라인 제출을 요청한 때에는 당사의 별도 동의 없이 공단에 정책자금 신청서류를 전송하는 것에 동의합니다.
- 전송 정책자금 신청서류 : 표준재무제표증명, 사업자등록증명, 부가가치세과세표준증명, 면세사업자수입금액증명, 납세(국세) 증명서, 납부내역증명, 소득금액증명, 부가가치세신고내역, 종합소득세신고내역, 보험자격득실확인서, 국민연금납부확인서, 지방세납세증명서, 주민등록표등본, 법인등기부등본, 법인세신고내역, 주주명부, 수출실적증명서 등
- 동의기간 : 대출거래 종료 시까지(단, 계약 종료 후에도 금융사고 조사, 분쟁해결, 민원처리, 사후관리, 리스크관리, 채권관리, 법령상 의무이행 등을 위하여 필요한 범위 내에서만 이용됩니다)

※ 세무회계자료 온라인 제출 동의를 하지 않은 경우에도 불이익은 없으나 해당 서류를 직접 제출하여야 합니다.

[표5 – 소상공인 정책자금 대출신청서⑦]

5. 행정정보공동이용에 관한 사항(선택사항)

공단의 대출업무와 관련하여, 동의기간 동안 「전자정부법」 제36조에 따른 행정정보의 공동이용을 통해 공단의 업무담당자가 행정정보를 열람이용하는 것에 동의합니다.

- 이용행정정보 : 지방세납세증명서, 지방세세목별과세(납세) 증명서(재산세), 국가기술자격취득사항확인서, 벤처기업확인서, 개인비즈확인서, 이노비즈확인서, 디자인등록원부, 상표등록원부, 실용신안등록원부, 특허등록원부, 공장등록증명서, 국가유공자(유족) 확인원, 국민기초생활수급자증명서, 장애인증명서, 사업자등록증명원, 부가가치세과세표준증명, 표준재무제표증명, (국세)납세증명서, 소득금액증명, 휴업사실증명, 폐업사실증명, 납부내역증명, 건강보험자격득실확인서, 주민등록표등본 초본, 고용보험료완납증명원, 산재보험료완납증명원
- 동의기간 : 대출거래 종료 시까지(단, 계약 종료 후에도 금융사고 조사, 분쟁해결, 민원처리, 사후관리, 리스크관리, 채권관리, 법령상 의무이행 등을 위하여 필요한 범위 내에서만 이용됩니다.)

※ 행정정보이용에 동의를 하지 않은 경우에도 불이익은 없으나 해당 서류를 직접 제출하여야 합니다.

개인(신용)정보 수집·이용·제공·조회·활용 동의 여부

1. 수집·이용 동의	본인은 위 목적으로 본인의 개인(신용)정보를 수집·이용하는 것에 동의합니다. ▶ 필수적 정보 (동의함 □ 동의하지 않음 □) ▶ 선택적 정보 (동의함 □ 동의하지 않음 □)
2. 제공·조회·활용 동의	본인은 위 목적으로 본인의 개인(신용)정보를 제공·조회·활용하는 것에 동의합니다. (동의함 □ 동의하지 않음 □)
3. 기업정보 제3자 제공 동의 여부	공단이 본인을 대리하여 중소벤처기업부 및 유관기관에 제공하는 것에 동의하고, 제공된 정보를 중소벤처기업부가 제공 대상기관에 제공하는 것도 동의합니다. (동의함 □ 동의하지 않음 □)
4. 정책자금 신청서류 온라인 제출 동의	공단의 대출업무 등과 관련하여, 동의기간 동안 공단이 당사 또는 당사의 기장대행 세무사·회계사에게 정책자금 신청 서류 온라인 제출을 요청한 때에는 당사의 별도 동의 없이 공단에 정책자금 신청서류를 전송하는 것에 동의합니다. (동의함 □ 동의하지 않음 □)
5. 행정정보 공동이용 동의	공단의 대출업무와 관련하여, 동의기간 동안 「전자정부법」 제36조에 따른 행정정보의 공동이용을 통해 공단의 업무담당자가 행정정보를 열람이용하는 것에 동의합니다. (동의함 □ 동의하지 않음 □)
고유식별 정보동의	본인은 위 기관이 위 목적으로 다음과 같은 본인의 고유식별정보를 수집·이용·제공·조회·활용하는 것에 동의합니다. • 고유식별정보 : 주민등록번호, 여권번호, 외국인등록번호, 운전면허번호 (동의함 □ 동의하지 않음 □)

20 년 월 일

주민등록번호 :

동의자 성명 :   (인, 서명)

[표5 – 소상공인 정책자금 대출신청서⑧]

소상공인 정책자금(융자) 윤리준수 약속

소상공인시장진흥공단(이하 "공단")은 소상공인 정책자금 융자사업을 청렴하고 투명하게 운영하기 위해 노력하고 있습니다. 이에 정책자금 대출 신청자(이하 "고객")와 공단 임직원은 다음의 사항을 약속하고 실천합니다.

□ 고객의 준수사항

① 고객은 정책자금 대출과 관련하여 공단 임직원은 물론 어떠한 자에 대해서도 일체의 금품, 향응, 편의 등을 제공하지 않으며, 제3자 부당개입에 의한 대출청탁 등의 행위를 하지 않습니다.

> ※ 정책자금 대출과 관련하여 다음과 같이 정책목적을 위반하는 행위는 공단본부·지역본부·소상공인지원센터에 설치된 제3자부당개입 신고센터 또는 공단 홈페이지에 신고하여 주시기 바랍니다.
>
> ○ (금품, 향응 요구) 제3자가 부당하게 개입하여 대출알선 등 업무추진을 위해 공단에 사례를 해야한다는 명목으로 금품 등을 요구하는 경우
>
> ○ (대출심사 허위 대응) 재무제표 분식, 사업계획 과대포장 등 허위로 신청서류를 작성하고 수수료를 요구하는 경우
>
> ○ (허위 대출약속) 지원자격이 안되는 기업(요건미흡 등)을 대상으로 정책자금을 받아주겠다며 대가를 요구하는 경우
>
> ○ (부정청탁) 정부기관, 공단 직원 등과의 인적 네트워크를 통해 정책자금 지원이 가능하도록 하겠다고 약속하고, 착수금 등을 요구하는 경우
>
> ○ (정부기관 등 사칭) 제3자가 정부 공무원이나 공공기관 직원의 명함을 임의로 사용하거나 허위로 정책자금 관련 기관 직원을 사칭하는 경우

② 고객은 사업 추진 과정에서 대한민국 법률 및 관련 시행령에서 규정한 법률적 책임(예> 세법, 노동법, 환경법 등에서 규정하고 있는 의무 이행사항)을 준수합니다.

③ 고객은 도박, 사행성 제품 및 서비스의 제공, 불량식품 제조 등 사회적 손실이 발생 가능하거나 사회적으로 물의를 일으킬 수 있는 사업을 운영하지 않습니다.

④ 고객은 정책자금을 신청목적에 따라 사용하며, 신청목적외 사용 여부 점검을 위한 관련자료 요청 등에 적극 협조합니다.

⑤ 위 준수사항을 위반한 경우에는 대출지원 제외, 지원결정 취소 등의 불이익 처분이 있더라도 이의를 제기하지 않습니다.

• 또한 공단은 고객이 인권보호, 아동노동금지 및 환경보호를 적극적으로 이행할 것을 권유하며, 부당이득 취득 및 뇌물제공 등을 포함하는 모든 형태의 부패에 반대할 것을 기대합니다.

□ 공단 임직원 준수사항

① 공단 임직원은 고객에게 친절한 자세로 성실히 업무에 임하겠으며, 어떠한 경우에도 고객으로부터 일체의 금품, 향응, 편의도 제공받지 않겠습니다.

② 공단 임직원은 법령과 『임직원행동강령』 및 관련 공단 규정을 준수하고, 이를 위반할 경우 상응하는 처벌을 받겠습니다.

년   월   일

고 객	소상공인시장진흥공단
기업체명 :	담 당 자 :
대 표 자 : (인 또는 서명)	(인 또는 서명)

[표5 - 소상공인 정책자금 대출신청서⑨]

시 설 투 자 계 획 서

(년 월 일)

업체명		대표자		(인, 서명)

1. 시설투자 계획

(단위 : 백만원)

시설명	모델명(규격)	수량	단가	금액	공급(구입)업체
합 계					부가세 제외

2. 자금조달계획

(단위 : 백만원)

본건 신청차입금	지체자금	금융기관차입금 등 기타	합 계

3. 시설투자 사유

[표5 - 소상공인 정책자금 대출신청서⑩]

4. 시설투자 시 기대효과(매출액 및 순이익 증가, 종업원 수 증가 등)

5. 상환계획

6. 기타

<작성방법>
① 1~5번까지 항목 외 기타 항목은 자유롭게 작성 가능하며, 견적서, 계약서, 허가서 등 증빙서류를 첨부해야 합니다.
② 객관적인 자료에 의해 확인 가능한 금액만 인정되며, 통상적으로 관련업계 또는 시장에서 형성된 평균비용을 초과하여 과다계상된 금액은 대출심사시 조정될 수 있습니다.
③ 작성된 시설투자계획서의 충실성이 떨어지거나 기재 내용이 사실과 다를 경우 대출지원 불가 등의 불이익을 받으실 수 있습니다.
④ 대출심사 과정에서 공단이 추가·보완 소명자료를 요구하는 경우 즉시 제출합니다.
⑤ 신청기업 자체양식으로 제출 가능하나 시설투자계획서 1~5번까지의 내용이 포함되어 있어야 합니다.
⑥ 작성 공간 부족시 별지 첨부하여 작성합니다.

[표5 – 소상공인 정책자금 대출신청서⑪]

<서식7> 무상사용 사실 확인서

무상사용 사실 확인서

1. 소재지

주소	면적	용도

2. 사용기간 및 무상사용 사유

사용기간		년 월 일 ~ 년 월 일
무상사용 사유	친인척 관계	□부모 □자녀 □형제 □배우자 □기타( )
	기타 관계	□친구 □고용 □기타( )
사용 승낙자	건물 소유자 또는 전월세계약자	성 명 : 연락처 :

　　위와 같이 무상사용 사실을 확인하고, 후에 위 사실이 허위임이 밝혀질 경우 대출거래(지원)중단, 대출금액 전액회수와 더불어 민·형사상 모든 책임을 부담할 것을 확약합니다.

20 년 월 일		
소상공인시장진흥공단 앞	업체명	
	대표자	(인, 서명)

[표5 - 소상공인 정책자금 대출신청서⑫]

지금부터 소상공인 정책자금 대출신청서 작성요령[30])에 대해 알아보도록 하겠다.

가) 신청서 표지

i) 업체현황
　ㄱ. 업체명 : 사업자등록증 상의 상호
　ㄴ. 대표자 : 사업자등록증 상의 대표자 성명
　　* 공동사업자의 경우 공동사업자 중 채무예정자 성명 기입
　ㄷ. 법인등록번호 : 사업자등록증 상의 법인등록번호
　　* 법인기업만 해당
　ㄹ. 생년월일 : 대표자의 생년월일
　ㅁ. 사업자등록번호 : 사업자등록증 상의 사업자등록번호
　ㅂ. 사업개시일 : 개인업체의 경우 사업자등록증 상의 사업개시일/ 법인의 경우 법인등기사항전부증명서 상의 회사성립연월일(법인설립일)
　ㅅ. 사업장주소(본점소재지) : 사업자등록증 상의 본점사업장 소재지
　ㅇ. 주사업장 주소 : 주사업장이 따로 있는 경우 주사업장주소(사업장주소와 동일할 경우 "상동"으로 기재)
　ㅈ. 업태/종목 : 사업자등록증 상 사업의 종류의 업태와 종목
　ㅊ. 상시근로자수 : 4대 보험 적용을 받는 종업원의 수 (아르바이트, 임시직 제외)

ii) 연락처
　ㄱ. 대표자
　　ⓐ 자택 : 대표자 자택 전화번호를 기재(없을 경우, 미기재)
　　ⓑ 휴대폰 : 대표자 휴대폰 번호 기재
　　ⓒ 대출신청 처리결과, 대출원리금 상환안내 서비스 등을 휴대폰 문자메시지(SMS) 또는 e-mail로 "수신"에 체크
　　ⓓ 공부상(등본상)거주지 주소 : 대표자의 주민등록등본상 거주지 주소
　　ⓔ 실제 거주지 주소 : 대표자의 실제 거주지 주소(공부상 거주지 주소와 동일할 경우 "상동"으로 기재)
　ㄴ. 전화(사무실) : 실제 사무실 전화번호 기재
　ㄷ. 팩스(사무실) : 실제 사무실 팩스번호 기재
　ㄹ. E-mail : 회사 대표자 개인의 전자우편 주소를 기재
　ㅁ. 홈페이지 : 회사 Homepage 주소를 기재

iii) 신청내용
　ㄱ. 대출신청금액 : 소상공인 정책자금 융자를 원하는 희망금액을 한글로 기재
　ㄴ. 운전자금 : 희망금액을 한글로 기재

---

30) 출처 : 소공인특화자금 작성서류

ㄷ. 시설자금 : 희망금액을 한글로 기재

ㄹ. 대출신청 자금분류 : 신청자금의 종류선택

ㅁ. 담보종류 : 정책자금 신청 후 대출을 위한 채권보전방식 선택

  ⓐ 신용 : 담보 없이 순수 개인(기업)신용만으로 대출 취급 시

  ⓑ 신용보증서 : 신용보증기관의 신용보증서 사용

  ⓒ 부동산 : 부동산 담보(본인, 배우자, 제3자) 사용

  ⓓ 기타 : 기타의 담보 취급 시

iv) 신청업체 대표자(신청업체/대표자) : 신청업체 기업명 및 대표자 성명, 서명 또는 날인

ㄱ. 법인기업 : 명판과 법인인감 날인한다.

ㄴ. 개인기업 : 대표자 성명 기재, 개인인감 날인한다.

나) 사업현황

(1) 영업현황
ㄱ. 주 생산품목 : 업체의 주 생산품목 기입
ㄴ. 매출액 : 업체의 연간 매출액 기입
   ⓐ 1년 미만 업체의 경우 확인 가능한 매출액으로 연간으로 환산하여 기입
   ⓑ 매출액이 확인되지 않는 신생업체의 경우 기입생략
   ⓒ 수출실적이 있는 소공인은 기입
ㄷ. 수출실적 : 업체의 연간 수출실적 기입(없을 경우, 미기재)
ㄹ. 생산방식 : 생산방식에 따른 매출 비중 기입
ㅁ. 가동상황 : 업체의 가동현황 기입

(2) 경력
ㄱ. 대표자 : 대표자의 학력 및 근무경력, 사업경력 등을 기입
ㄴ. 실제경영자 : 실제 대표자의 학력 및 근무경력, 사업경력 등을 기입

(3) 주요보유시설
ㄱ. 공장 : 대지, 건물을 부동산등기사항증명서상의 수치를 기입하고, 소유 형태 기입
ㄴ. 기계기구 : 목록 및 소유 형태 기입

(4) 생산품목개요
ㄱ. 용도 및 특성 : 생산하는 제품의 용도 및 특성 기술
ㄴ. 예시 : 수요처의 주문에 따라 금형소재를 가공하여 자동차 부품용 프레스 금형을 생산함. 프레스 금형은 코어, 베이스 등으로 구성되어 있고, 당사는 프레스, 밀링 등의 설비를 활용하여, 설계에 따라 절삭가공 및 조립을 하여 완성 금형을 생산함. 당사가 생산하는 금형은 oo자동차의 oo 부품 생산에 활용되고 있음.

(5) 주요거래처
ㄱ. 매출처 : 업체가 현재 거래하는 매출처에 대한 내용을 기입
ㄴ. 매입처 : 업체가 현재 거래하는 매입처에 대한 내용을 기입

(6) 경영진(대표자 제외)
- 대표자를 제외한 경영진이 있는 경우 기입

(7) 향후사업계획
ㄱ. 자금용도 및 사업계획 : 업체의 자금용도 및 사업계획 기입
  - (예시) oo사의 신차 개발로 신규 금형 개발이 필요하며, 당사는 금회 oo부품

용 금형 oo벌을 수주하여 6월까지 개발을 완료할 계획임.
ㄴ. 자금소요내역 : 향후 업체가 시설자금 및 운전자금을 이용하고자 하는 내용 기입
ㄷ. 자금조달계획 : 업체가 향후 투자 계획에 따른 자금조달 계획을 기입

다) 기업(신용)정보 수집· 이용· 제공· 조회· 활용 동의서
ㄱ. 각 항목 "동의함" 체크
ㄴ. 날짜 : 세류 제출일로 기입
ㄷ. 기업체명 : 자필로 기업체명 기입
ㄹ. 법인(주민)등록번호
  ⓐ 법인사업자 : 법인등록번호 자필로 기입
  ⓑ 개인사업자 : 주민등록번호 자필로 기입
ㅁ. 동의자 성명
  ⓐ 법인사업자 : 명판, 법인인감 날인
  ⓑ 개인사업자 : 대표자 성명, 개인인감 날인

라) 개인(신용)정보 수집· 이용· 제공· 조회· 활용 동의서
ㄱ. 각 항목 "동의함" 체크
ㄴ. 날짜 : 세류 제출일로 기입
ㄷ. 주민등록번호(법인, 개인사업자 동일)
  - 자필로 기입
ㄹ. 동의자 성명(법인, 개인사업자 동일)
  - 자필로 기입
  - 개인인감 날인

마) 소상공인 정책자금(융자) 윤리준수 약속
ㄱ. 날짜 : 세류 제출일로 기입
ㄴ. 기업체명(법인, 개인사업자 동일)
  ⓐ 법인사업자 : 명판, 법인인감 날인
  ⓑ 개인사업자 : 자필로 기입, 개인인감 날인

6) 실사(현장조사)

① 소상공인시장진흥공단 담당자와 협의된 날짜에 사무실에 계셔야 합니다.
② 제출한 자료에 대한 내용을 숙지해야 합니다.
③ 사업과 관련이 없는 자료 및 물건 등은 가급적 보이지 않게 정리해야 합니다.
(TIP) 실사 진행중에 담당자가 필요한 자금을 물어보거나 사업에 대해 긍정적인 이야기를 한다면, 기존에 협의중이던 액수보다 더 높게 요청을 합니다. (사업에 대한 자신감이 중요합니다.)

아래는 실사 시 필요한 서류이다.

[현장실사 기간] : 20 . . ~ .
**미리 작성하여 현장 실사시 제출

1. 사업성 : (제품 차별성, 가격수준, 모방난이도, 기술인력, 시설, 영업방법)

2. 시장성 : (수요층, 경기민감도, 경쟁력, 거래처수, 부실채권발생)

3. 경영수준 : (동업계경력, 사업전략 및 개획, 사업이해도, 자금현황)

제출서류 : 최근 3개월 급여, 임차료 통장이체 자료
==> 통장 복사 또는 인터넷 출력하여 표시 요망

[표6 – 소상공인 정책자금 현장실사 제출서류①]

5

—

사례로 알아보는 정책자금

5. 사례로 알아보는 정책자금

가. 창업초기기업

<기업현황>
- 창업 : 1년 미만
- 업태 : 건설업
- 매출 : 약 4억원
- 특이사항 : 세금체납, 대표자 신용등급 8등급

실제로 업태가 제조업인 이 기업은 사업자등록증상의 업태가 건설업으로 되어 있었다. 기관에 따라 차이는 있지만 건설업의 경우, 정책자금 진행이 매우 불리하다. 하지만 이 기업의 경우 실제 업태는 제조업이었기 때문에 업태를 변경하여 정책자금 진행을 할 수 있었다.

☞ 꿀팁!

- 조건① : 사업자등록증상의 업태가 1개 이상이고, 실제로 기업의 사업과 관련된 업태인 경우
- 조건② : 사업자등록증상의 업태 순서가 건설업, 제조업 순서이거나 또는 건설업, 다른 업태일 경우

⇒ 사업자등록증상의 업태 순서를 변경한다. 예를들어 건설업, 제조업 순서로 되어있다면 제조업, 건설업 순서로 변경한다.

상황에 따라 다르지만 사업자등록증상의 업태 순서의 변경만으로도 정책자금 성공확률은 매우 높아진다. 실제로 영위하는 사업이 금속구조물, 가구 제조 등의 기업은 업태에 건설업이 꼭 들어가야 한다. 이유는 제작된 금속시설 및 가구를 납품하고 설치해야 하기 때문에 업태에 건설업이 꼭 들어가야 한다. 이런 경우에 업태가 건설업만 있다거나 건설업, 제조업 순서로 되어 있다면 기관에서 상담을 제대로 받아보지도 못하고 반려가 나기도 한다.

각 기관에서는 정책자금 상담, 실사뿐만 아니라 내부적인 업무까지 포함하여 매우 바쁘다. 또한 전국에 기업은 매우 많고 정책자금을 필요로 하는 기업도 넘쳐난다. 그런 이유 때문인지 아직까지 기관 담당자가 친절하게 업태를 변경해야 가능하다 등의 설명을 해준 경우는 없었다. 필요한 설명을 해주는 경우도 있지만 하나하나 세세하게 컨설팅을 받을 수 없고, 때로는 기업의 조건이 기관에서 원하는 조건에 부합하지 않는 이유를 기업에서는 알 수 없게 이야기하는 경우도 있기 때문에 기업에서는 정책자금 받기가 매우

어렵다고 느낄 수 있다.

각 기관에서는 기업의 등급이 아닌 개인기업이나 법인기업 모두 기업을 운영하는 대표자의 신용등급을 확인한다. 신용등급은 나이스지키미와 올크레딧을 통해 확인한다. 두 군데 모두 1~6등급 이라면 정책자금 진행하는데 어려움이 없을 것이다. 하지만 하나는 6등급 이상이고, 다른 하나는 7등급이나 그 이하일 경우 정책자금 진행이 매우 불리해진다. 그렇기 때문에 대표자의 개인 신용등급 관리가 필요하다.

요즘은 유튜브에서 '신용등급관리하기'라고 검색하면 자세한 정보들이 나오기 때문에 그 내용을 참고하기 바란다. 신용등급을 올리는 방법 중에는 카드론, 현금서비스, 캐피탈을 상환하는 방법도 있는데, 이런 방법을 쓰게 되면 일부 기업은 자금사정이 어려워서 정책자금을 받으려고 하는데 그럴 돈이 어디 있느냐, 그걸 상환할 돈이 있으면 정책자금을 받으려고 했겠느냐 등의 이야기를 한다. 하지만 정책자금을 받을수만 있다면 상환하고 받는 것을 추천한다. 그 이유는 첫 번째로 카드론, 현금서비스, 캐피탈을 상환하고 정책자금을 받지 못해도 이후에 다시 이용한다면 더 높은 금액으로 서비스를 받을 수 있다. 두 번째로 정책자금을 받게 된다면 저금리의 자금을 활용할 수 있기 때문이다.

창업초기기업은 정책자금을 받기에 매우 유리하다. 창업초기기업은 부채비율이 높거나 자본잠식이거나 결손이거나 상관없이 정책자금을 신청할 수 있다. 창업한지 3년 미만의 기업은 신용등급이 1~6등급 이하거나 세금체납, 연체 및 체납 등의 이유로 신용정보등록이 되어있지 않다면 무조건 신청해 볼 것을 추천한다.

나. 세금체납기업

<기업현황>
- 창업 : 5년 이상
- 업태 : 제조업
- 매출 : 약 7억원
- 특이사항 : 세금체납, 담보대출

　정책자금은 각 기관별 특징이 다르고, 정책자금을 필요로 하는 기업의 상황이 각기 다르기 때문에 다양한 변수들이 존재한다. 하지만 각 기관들이 공통적으로 정책자금이 불가능한 항목을 명시하고 있는데 그 중에 하나가 세금체납이다. 하지만 기업들을 만나다 보면 많은 기업들이 세금을 체납하고 있는 경우들이 많았다. 기업 입장에서는 힘든 기업을 도와줘야지 어떤 기업을 도와주냐고 이야기를 하지만 기관에서는 세금체납 중에 있는 기업에 대해 자금사정이 악화되어 있음을 보여주고 이는 현금흐름이 원활하지 못하여 대출상환에 어려움이 보인다고 판단하여 대출신청이 불가능하다고 규정하고 있다.

☞ 꿀팁!

- 조건① : 국세 및 지방세 체납 중인 기업
- 조건② : 세금을 갚을 수 있는 여력

⇒ 세금을 갚을 수 있는 여력이 있다면 먼저 세금을 갚지 말고 정책자금 상담을 먼저 받기를 추천한다. 이유는 정책자금이 정상적으로 나온다면 문제가 되지 않겠지만 정책자금이 불가능할 경우에 보유중인 자금으로 사업에 필요한 원부자재 및 영업활동비를 우선적으로 사용해야 할 수도 있기 때문이다.

　세금을 갚을 수 있는 여력이 있는 기업이라면 먼저 정책자금 상담을 받고 기관에서 정책자금 진행이 가능하다고 하면 그 이후에 세금을 납부하도록 하자. 정책자금이 필요한 기업에서는 세금체납으로 가산세가 부가되어도 우선적으로 사업운영비가 필요하기 때문에 정책자금 가능여부 이후에 세금을 납부해도 늦지 않다. 정책자금이 안된다면 세금을 납부해야 하는 비용을 급한 곳에 써야할지도 모르기 때문이다.

　하지만 꿀팁이 적용되지 않는 상황이 있다. 정책자금을 진행하다보면 기관에서 납부내역증명을 요구하기도 하는데, 세금체납이 없다고 하여도 납부내역증명에 확인되는 잦은 체납의 경우에는 납부불성실에 대한 것을 문제 삼기도 한다. 다시말해 납부불성실은 '도덕성의 문제'로 보기 때문에 정책자금 진행이 불리해질 수 있다. 친구 사이에도 빌려준 돈을 갚아야 할 날짜에 잘 갚는 친구에게 돈을 또 빌려주지 잘 갚지 않고 나눠서 갚거나 늦게 갚는 친구에게는 또 빌려주고 싶지 않기 때문이다.

다. 특이사례

> **<기업현황>**
> - 창업 : 6년 이상
> - 업태 : 도매업
> - 매출 : 약 80억원
> - 특이사항 : 정책자금 대출(신용보증기금), 세금체납

정책자금을 진행하다보면 다양한 변수들이 생긴다. 변수들 중에서 최근 특이했던 사례이다. 매출도 좋고, 직원도 매년 추가되고, 특별히 문제되는 게 없는 기업이었다. 세금체납의 경우는 너무 바빠서 납부기일을 지키지 못한 것이고, 기존에 신용보증기금에서 정책자금을 받았지만 대출여신한도가 있어서 추가로 정책자금을 받을 수 있었다.

> ☞ **꿀팁!**
>
> - 조건① : 정책자금(신용보증기금) 갱신기간
> - 조건② : 정책자금 추가 신청 시
>
> ⇒ 정책자금은 직접자금과 간접자금 두 종류로 구분할 수 있다. 간접자금의 경우 매년 갱신으로 하는 경우가 많은데, 갱신 일을 미루지 말자.

이 기업은 신용보증기금에서 정책자금을 두 번 받았다. 기존에 받은 정책자금 갱신 일자가 2월과 3월이라고 가정해 보자. 정책자금은 2월에 진행 중이었는데, 마침 은행에서 연락이 와서 기존의 신용보증기금 대출이 2월과 3월에 각각 갱신을 해야 하는데 이에 대해 3월에 한 번에 갱신하자는 것이었다. 그래서 대표자는 한 번에 처리하는 것이 좋을 것 같아 그렇게 하자고 한 것이다. 이럴 경우 2월에 갱신을 해야 하는 정책자금 대출이 연체가 되어 문제가 된 것이다. 앞서 이야기했던 연체 및 체납 등의 이유로 신용정보등록이 된 경우에는 정책자금 불가사유에 해당한다.

결국 이 기업은 정책자금 2억 상담 중에 신용정보등록의 이유로 정책자금이 반려 나게 되었다. 정책자금 상담을 하면서 특이사항에 대해서 당부를 했고, 연체 관련하여 조심해야 한다고 여러 번 당부를 했지만 대표자의 실수로 문제가 되고 말았다. 연체는 9일까지는 괜찮다. 하지만 10일째가 되면 신용정보등록이 되는데 이 기록은 지울 수 없기 때문에 1년 이상 정책자금 진행이 불가능해진다. 이 점을 조심하기 바란다.

라. 자주하는 질문

이 내용은 소공인특화자금[31] 안내 자료에 담긴 내용을 가져왔다. 이 내용은 다른 기관도 동일하게 적용되는 내용이며, 앞서 이야기한 내용과 겹치거나 조금은 다를 수 있는데 기관에서 명시하는 내용이니 참고하기 바란다.

Q1. 신용이 낮은 소공인도 소공인특화자금 지원을 받을 수 있나요?

- 소공인특화자금은 사업성과 신용은 있으나 담보력이 부족한 숙련기술 기반의 소공인들에게 장비 및 시설도입 등 시설자금과 운영자금을 신용으로 지원함으로써 경쟁력을 제고하고자 하는 목적으로 지원하고 있습니다.

- 이러한 지원취지에 따라 공단은 한정된 지원예산을 효율적으로 운용하기 위하여 대출을 신청하는 소공인의 사업전망, 경영성, 신용도 등을 공정하게 평가하여 성장 가능성이 있는 기업에 대해 적정금액을 대출하고 있으며, 영세 소공인이라는 사유만으로 대출지원을 하는 것이 아니기 때문에 신용이 낮은 경우 대출이 제한 될 수 있습니다.

Q2. 금융기관 대출금을 연체중인 소공인도 대출신청이 가능한가요?

- 금융기관 대출금을 연체 중에는 대출신청이 불가합니다. 다만, 연체가 정리된 경우라도 금융거래확인서에 연체사실이 있는 기업은 경영자의 지급의사, 지급성향 등 경영자의 신용에 문제가 있거나, 기업이 심각한 자금부족에 직면하고 있다는 상황으로 판단할 수 있습니다.

- 심각한 자금부족은 기업의 부실로 연결되어 대출금의 부실 위험이 높아지며, 기업의 신용도가 저하된 것으로 판단되므로 대출에 제한을 받습니다.

- 다만, 연체가 전액 정리되고 3개월이 경과하면 기업의 자금사정이 호전된 것으로 보아 대출신청이 가능합니다.

Q3. 국세·지방세 체납중인 소공인도 대출신청이 가능한가요 ?

- 기업이 영업활동에서 수입되는 자금으로 기일내에 납부해야 하는 국세나 지방세가 체납 중에 있는 기업은 자금사정이 악화되어 있음을 보여주는 것으로써, 자금사정의 악화는 생산 및 영업활동상의 현금흐름이 원활하지 못하고 기업의 수익구조가 취약하다는 것을 의미합니다.

---

31) 출처 : 소공인특화자금 신청 안내자료

- 따라서 국세, 지방세를 체납중인 상태에서는 대출신청이 불가합니다.

- 다만, 체납 세금을 전액 납부하여 신용상태가 회복되거나, 징수유예를 받은 기업은 대출신청이 가능합니다.

Q4. 자가사업장 또는 자가주택에 압류 등 권리침해 사실이 있는 경우 대출신청이 가능한가요?

- 자가사업장과 대표자(실제경영자, 배우자 포함)의 자가주택에 가압류, 압류, 가처분, 경매신청 등 권리침해사실이 있는 경우, 제3자와 채권관계로 분쟁 중에 있음을 나타내는 것입니다.

- 대표자가 제3자와 채권관계로 소송 중에 있거나 채무불이행으로 사업장 등이 압류되어 있으면 영업활동에 상당한 영향이 있을 것으로 판단되어 기업의 미래가 불투명하게 됩니다. 특히, 사업장에 대한 권리침해는 조업중단의 위험에 노출되는 것으로 기업의 존속에 심각한 위협요인이 됨으로 대출신청이 불가합니다.

Q5. 대출신청기업 및 대표자(실제경영자 포함)가 한국신용정보원에 신용도 판단정보가 등록된 경우 대출신청이 가능한가요?

- 대출신청기업 및 대표자(실제경영자 포함)가 한국신용정보원의 '신용정보관리규약'에 따라 연체, 대위변제·대지급, 부도, 회생·개인회생·청산절차 진행 등의 신용도판단정보 등록 기업은 기업의 영업활동이 정상적으로 이루어지지 못하여 자금수급 계획에 문제점이 발생되었으며, 자금의 흐름이 영업활동과 연계되어 원활하게 이루어지지 못했다는 사실을 나타내는 것으로 대출신청이 불가합니다.

Q6. 차입금과다, 자본잠식 등 재무상황이 불량한 경우 자금지원을 받을 수 있나요?

- 재무제표는 기업의 일정시점에서의 자산 및 부채의 현황과 일정기간의 경영성과를 보여주는 자료로써, 차입금이 매출액 대비 과다하고 누적된 영업손실로 인하여 자기자본이 잠식되는 등 재무상황이 불량하다고 하는 것은 계속기업으로서 생존할 가능성이 낮다는 것을 의미합니다.

- 기업의 경영성과와 현황을 나타내는 재무제표 검토를 통해 기업의 안정성, 수익성, 생산성, 현금흐름 등을 분석하여 기업의 신용도를 평가하고 있으며, 신용도가 하락 추세에 있거나 동업계보다 불량한 것으로 나타난 기업은 부실화될 가능성이 높은 것으로 판단되어 대출 취급이 제한됩니다.

Q7. 업종에 따라 자금지원을 제한하는 이유는?(자금지원 제한업종)

- 정책자금 지원은 국민경제 기여도 및 산업발전 등에 이바지가 큰 업종을 대상으로 하고 있습니다.

- 따라서, 기타제품제조업 중 도박기계 및 사행성, 불건전오락기구 제조업은 산업연관 효과 및 국민경제 기여도가 낮아 소공인특화자금 대출제한업종으로 정하고 있습니다.

Q8. 휴업중인 소공인도 대출신청이 가능한가요?

- 영업활동 부진, 경기침체 등의 사유로 휴업중인 기업은 정상적인 이자납입과 원금상환 등 금융거래와 원활한 영업 및 생산활동을 기대할 수 없고, 신용위험이 크기 때문에 대출신청을 제한하고 있습니다.

6

—

맞음말

6. 맺음말

정책자금은 많은 기업들이 필요로 한다. 매출이 작은 기업부터 수십, 수백억 원이 넘는 기업까지 말이다. 하지만 기업들을 만나다보면 정책자금에 대한 장벽을 높게 느끼는 기업들이 더 많았다. 가장 큰 문제는 어떤 기관이 있는지 조차 몰라서, 어떤 기관에서 상담받는 것이 우리 기업에 좋은지 몰라서, 어디서 보았던 기관이나, 아는 사장님 통해서 듣고 신청하는 것이다. 약은 약국이나 병원에 가서 처방을 받아야 하는 것처럼 정책자금이 필요하다면 각 기관 홈페이지나 공문을 한 번이라도 읽어보고 확인해 보아야 한다. 이 책을 통해 정책자금이 필요하지만 어떤 자금이 있고 어떻게 신청해야 하는지 모르는 기업들에게 도움이 되기를 바란다.

이 책은 정책자금에 대한 모든 정보와 자료를 담지는 못했다. 그만큼 정책자금은 종류도 다양하고 각 기관별, 자금종류별로 융자계획에 대한 기준이 다르고 방대하다. 하지만 창업기업이 꼭 알아야하는 기본적인 정책자금의 대표적인 기관, 융자계획, 신청방법 등에 대한 내용을 다루었다. 특히 중진공과 소진공은 융자계획에 대해 비중이 있게 다루었으며, 이 책을 통해 주요한 공문의 내용을 한 번에 볼 수 있다.

마지막으로 당부하고 싶은 것은, 정책자금을 너무 어렵게 생각하지 말자. 어렵게 생각하기 때문에 많은 기업들이 컨설팅 브로커들로부터 피해를 입게 된다. 그들이 말하는 신청제한 기준, 정책자금 반려 시 약 6개월간 재신청 불가 등의 기준보다 기업의 성장과 운영에 필요한 고민이 더 중요하다. 각 기관별 정책자금을 잘 이용하기를 바라며, 이를 토대로 기업이 지향하는 성장과 목표를 이룰 수 제목 있기를 바란다.

<중진공 - 별표 1>

중소기업 정책자금 융자제외 대상 업종

업종 분류	산업분류코드 (KSIC)	융자제외 업종
제조업	33402 中	불건전 영상게임기 제조업
	33409 中	도박게임장비 등 불건전 오락용품 제조업
건설업	41 ~ 42	건설업(단, 산업 생산시설 종합 건설업(41225), 환경설비 건설업(41224), 조경 건설업(41226), 배관 및 냉·난방 공사업(42201), 건물용 기계·장비 설치 공사업(42202), 방음, 방진 및 내화 공사업(42203), 소방시설 공사업(42204), 전기 및 통신공사업(423)은 지원가능 업종)
도매 및 소매업	46102 中	담배 중개업
	46331, 3	주류, 담배 도매업(단, 주류 중개업 면허보유 기업은 지원 가능)
	4722 中	주류, 담배 소매업
숙박 및 음식점업	5621	주점업
게임 소프트웨어 및 공급업	5821 中	불건전 게임소프트웨어 개발 및 공급업
금융 및 보험업	64 ~ 66	금융 및 보험업(단, 정보통신기술을 활용한 핀테크 기업 중 그외 기타 금융 지원 서비스업(66199)은 지원 가능)
부동산업	68	부동산업
전문서비스업	711~2	법무, 회계 및 세무 관련 서비스업
	7151	회사본부
수의업	731	수의업
공공행정, 국방 및 사회보장 행정	84	공공행정, 국방 및 사회보장 행정
교육서비스업	851~854	초·중·고등 교육기관 및 특수학교
	855~856 中	일반교과 및 입시 교육
보건업	86	보건업
예술, 스포츠 및 여가관련 서비스업	9124	갬블링 및 베팅업
협회 및 단체	94	협회 및 단체
가구 내 고용 및 자가소비 생산활동	97 ~ 98	가구 내 고용활동 및 별도로 분류되지 않는 자가소비 생산활동
국제 및 외국기관	99	국제 및 외국기관

* 「소상공인 보호 및 지원에 관한 법률」에 따른 소상공인은 융자제외

□ **융자제외 업종 운용의 예외**

○ 제조업 영위기업 : 소상공인 지원 허용

○ 중점지원분야(참고1~10) 영위기업 : 소상공인 지원 허용

○ 사회적경제기업(사회적기업, 예비사회적기업, 협동조합, 마을기업, 자활기업)

- 소상공인 지원 가능
- 보건업(86) 영위기업도 정책자금 지원대상에 포함

○ 제주특별자치도 소재 기업 : 다음 업종은 소상공인 지원 허용

- 호텔업(55101) 중 관광숙박업, 기타 일반 및 생활 숙박시설 운영업(55109), 청소년 수련시설 운영업(85614), 자동차 임대업(76110), 유원지 및 테마파크운영업(91210), 기타 오락장 운영업(91229), 수상오락 서비스업(9123), 산업용세탁업(96911), 세탁물공급업(96913)

<중진공 - 별표 2>

최대대출한도(잔액) 우대기준

☐ **지방소재기업 : 70억원**

☐ **사업별 우대 : 100억원**

- 협동화·협업사업 승인기업 지원자금
- 제조현장스마트화자금
- 미래기술육성자금
- 고성장촉진자금
- 긴급경영안정자금
- 사업전환 및 사업재편 승인기업에 대한 사업전환자금

☐ **정부정책에 따른 우대 기업 : 100억원**

- 혁신성장지원자금 신청기업 중 소재·부품·장비(참고5) 영위기업 및 혁신형 중소기업(참고 11)
- 고용창출 100대 기업 등 일자리창출 우수기업
- 납품단가 조정, 협력이익공유제 참여 등 상생협력 우수기업
- 공정위 소비자중심경영(CCM) 인증기업
- 고용부인증 시간선택제 우수기업
- 공동근로복지기금 참여기업
- 안전보건경영 인증사업장
- 한류활용 수출전용 펀드 투자 유치기업
- 해외진출기업 국내복귀 지원법령에 의한 국내복귀기업
- 지방중소기업특별지원지역 입주기업 및 지역특화발전특구 소재 중점지원분야 영위기업
- 소재·부품·장비 강소기업 100 · 스타트업 100 · 경쟁력위원회 추천기업
- BIG3 혁신성장 지원기업
- 아기유니콘 200
- 글로벌 강소기업
- 중기부 지정 인재육성형 중소기업
- 브랜드K 인증기업
- 최근 3년 이내 기술혁신대전 등 정부포상 수상기업
- 국가핵심기술 보유 중소기업
- 우수물류기업 인증기업
- 그린분야(참고2) 영위기업
- 여성기업
- 사회적경제기업

<중진공 - 별표 3>

사업별 대출한도(연간) 우대기준

□ **시설자금** : 기업별 '최대대출한도(잔액) 우대기준'과 동일

□ **운전자금** : 10억원

- 수출향상기업(최근 1년간 직수출실적 50만불 이상이며 20% 이상 증가)
- 최근 1년간 10인 이상 고용창출 기업
- 최근 1년간 10억원 이상 시설투자기업(금회 포함)
- 약속어음 폐지·감축 기업
- 여성기업
- TIPS성공 졸업기업
- 경영혁신마일리지와 관련하여 500마일리지 사용기업

<중진공 - 별표 4>

대출금리 우대 조건

□ **대출금리 차감**

   ○ 시설자금 대출기업 : △0.3%p

   ○ 사회적경제기업 : △0.1%p

   ○ 소재·부품·장비 강소기업 100 : △0.1%p

   ○ 일자리창출촉진자금 대출기업 : △0.1%p

□ **대출이자 환급**

  ① **(고용성과유형)** 대출전월 대비, 대출 후 3개월 내 고용한 인원에 대해 1년 이상 고용을 유지할시 **1인당 최대 0.2%p** 이자환급

   - 고용증가 인원 유지기간에 따라 이자환급률을 차등 적용하며, 1년 유지시 0.1%p, 2년 유지시 0.1%p 추가 환급

인원확인 기준월			환급금리
기존인원	**고용창출**	**고용유지**	
대출전월	대출월 포함 3개월	대출월 포함 1년	1인당 0.1%p 환급
		대출월 포함 2년	1인당 0.1%p 추가 환급

    * 시설자금 지원기업은 3개월 내 추가고용이 없을시, 6개월 내 고용실적 인정

    ** 고용창출 유형에 대한 추가환급은 旣환급기업 대상으로 진행(별도 신청 불필요

  ② **(수출성과유형)** 신시장진출지원자금 대출 후 수출성공 또는 수출향상 성과 발생시, **0.3%p** 이자환급

구분	대출이전 12개월(대출월 제외)	대출이후 12개월(대출월 포함)
수출성공	직수출실적 합계 10만불 미만	직수출실적 합계 10만불 이상
수출향상	-	직수출실적 합계 50만불 이상이고, 대출이전 12개월 대비 20% 이상 향상

- 고정금리 적용기업, 연체, 휴·폐업, 약정해지 기업은 이자환급 불가
- 환급한도 : 1년간* 납부한 이자총액(중진공 수납기준)
  - * (최초환급시) 최초대출일로부터 1년, (추가환급시) 대출월포함 13개월 시점으로부터 1년 (고용성과 유형은 고용유지 기간에 따라 이자환급률을 차등 적용하여 최대 2회 환급)
  - * 대리대출의 경우, 취급은행이 중진공에 수납한 이자 기준으로 환급 (대출금리에서 취급수수료(1.0%)를 차감 후 수납)

<중진공 - 별표 5>

업종별 융자제한 부채비율

* 업종별 산업분류코드 중 하위코드 항목이 있을 경우 우선적용

번호	업종(KSIC-10)	평균부채 비율(%)	제한부채 비율(%)	사업전환 융자
1	A01(농업)	154.1	462.3	924.7
2	A03(어업)	251.4	500.0	1000.0
3	B(광업)	149.0	447.1	894.2
4	C(제조업)	125.3	375.8	751.7
5	C10(식료품)	150.9	452.8	905.7
6	C11(음료)	138.6	415.8	831.6
7	C13(섬유제품(의복제외))	128.9	386.6	773.1
8	C14(의복, 의복액세서리 및 모피제품)	131.6	394.8	789.6
9	C15(가죽, 가방 및 신발)	133.6	400.8	801.5
10	C16(목재 및 나무제품(가구 제외))	165.2	495.7	991.4
11	C17(펄프, 종이 및 종이제품)	125.4	376.2	752.4
12	C18(인쇄 및 기록매체 복제업)	129.0	387.0	774.1
13	C19(코크스, 연탄 및 석유정제품)	131.4	394.3	788.7
14	C20(화학물질 및 화학제품(의약품 제외))	95.8	287.4	574.8
15	C21(의료용 물질 및 의약품)	65.5	200.0	400.0
16	C22(고무제품 및 플라스틱제품)	122.3	367.0	734.1
17	C23(비금속 광물제품)	101.1	303.4	606.8
18	C24(1차 금속)	137.8	413.5	827.1
19	C25(금속가공제품(기계 및 가구 제외))	142.8	428.3	856.5
20	C26(전자부품, 컴퓨터, 영상, 음향 및 통신장비)	108.0	323.9	647.9
21	C27(의료, 정밀, 광학기기 및 시계)	93.5	280.4	560.8
22	C28(전기장비)	110.9	332.6	665.3
23	C29(기타 기계 및 장비)	123.1	369.3	738.6
24	C30(자동차 및 트레일러)	170.5	500.0	1000.0
25	C31(기타 운송장비)	322.5	500.0	1000.0
26	C32(가구)	162.5	487.6	975.3
27	C33(기타 제품 제조업)	113.4	340.2	680.4
28	C34(산업용기계 및 장비수리업)	113.1	339.3	678.5
29	D35(전기, 가스, 증기 및 공기조절 공급업)	460.7	500.0	1000.0

번호	업종(KSIC-10)	평균부채 비율(%)	제한부채 비율(%)	사업전환 융자
30	E(하수·폐기물 처리, 원료재생 및 환경복원업)	130.4	391.2	782.4
31	F(건설업)	100.4	301.2	602.5
32	G(도매 및 소매업)	137.6	412.8	825.7
33	H(운수 및 창고업)	177.9	500.0	1000.0
34	I(숙박 및 음식점업)	315.3	500.0	1000.0
35	J(정보통신업)	123.1	369.4	738.7
36	L(부동산업)	426.5	500.0	1000.0
37	M(전문, 과학 및 기술 서비스업)	122.5	367.4	734.8
38	N(사업시설관리 및 사업지원 및 임대서비스업)	195.7	500.0	1000.0
39	P(교육 서비스업)	171.2	500.0	1000.0
40	R(예술, 스포츠 및 여가관련 서비스업)	272.7	500.0	1000.0
41	기타산업	185.1	500.0	1000.0

* 제한부채비율은 최소 200%, 최대 500% 이내(부채비율=부채총계/자본총계)

* 한국은행 기업경영분석에 의한 최근 3개년 가중평균 부채비율

혁신성장 분야

1. 첨단제조·자동화

분 야	품 목		
신제조공정	3D머신비전	롤투롤제조	개인맞춤형 제품생산시스템
	3D프린팅	이종소재접합	4D프린팅
	복합재 제조공정	지능형기계	지능형 4D스캐닝
	스마트팩토리 솔루션	첨단소재가공시스템	인덕션히터
	미세가공	심해저/극한환경 해양플랜트	원전 비파괴 검사
로봇	미래형 제조로봇	스웜로보틱스	지능형 서비스로봇
항공·우주	드론(무인기)	위성	발사체
	항공기		
차세대 동력장치	첨단철도	스마트카	스마트모빌리티
	전기차/하이브리드	전기차/하이브리드 인프라/서비스	수소전기자동차
	스털링엔진	고효율/친환경 선박	수소전기자동차 인프라/서비스

2. 화학·신소재

분 야	품 목		
차세대 전자소재	기능성 탄소소재	압전소자	초전도체
	전도성잉크	열전소자	차세대 디스플레이소재
	다차원물질		
고부가 표면처리	특수코팅	자기치유재료	원자증증착
	미세캡슐형성	부식억제제	
바이오소재	생물유래소재	의료용 화학재료(생체적용)	바이오화학소재
융복합소재	탄소섬유	슈퍼섬유	세라믹파이버
	나노섬유	스마트섬유	복합재료

분 야	품 목		
다기능소재	이온성액체	상변화물질(PCM)	하이퍼 플라스틱
	기능성나노필름	자극반응성고분자	초고강도 금속
	초경량소재	고기능 다공성소재	기능성 분리막
	타이타늄	기능성 특수유리	기능성 나노입자
	엔지니어링 플라스틱	스마트패키징	고기능성 고분자 첨가제
	고기능성촉매		

3. 에너지

분 야	품 목		
신재생에너지	태양전지(3세대)	해양에너지(발전기술 및 해양자원개발)	대형풍력발전시스템
	태양광발전 (건물일체형 포함)	도심형풍력발전	수열발전
	바이오매스에너지 (해양,농산,산림 포함)	신재생에너지 하이브리드시스템	수소에너지 (생산운송저장시설 포함)
	지열발전		
친환경발전	원전플랜트 (4세대원자력발전)	초임계CO2발전시스템	가스터빈 발전플랜트
	연료전지	에너지하베스팅	
에너지저장	정압식압축공기저장	리튬이온배터리	바이오배터리
	에너지저장장치(ESS)	양성자전지	배터리에너지관리체계
	에너지저장클라우드	슈퍼커패시터	레독스 흐름전지
	에너지가스변환	냉온열에너지저장	
에너지 효율향상	가정용에너지관리	독립형해수담수화	동적송전용량측정기술
	제로에너지빌딩/ 친환경에너지타운	지능형공조시스템	스마트직류배전
	액화기술	청정석탄에너지	가상발전소
	마이크로그리드	초고압직류송배전	무선전력송신

분 야	품 목		
	폐열회수	분산에너지시스템	에탄분해법
	원격검침 인프라	스마트그리드	

4. 환경·지속가능

분 야	품 목		
스마트팜	양어수경재배	수직농법	곤충사육
	정밀농업	생물비료	스마트종자 개발·육종
	농업용미생물	스마트 드론 파밍	스마트양식
환경개선	정삼투	대기오염관리	통합환경관리서비스
	바이오필름수처리	이산화탄소 포집/저장/배출원관리	자원효율관리서비스
	친환경공조시스템	토양정화	친환경 패키징
	기름유출방제	원전플랜트 해체	유니소재화 제품
환경보호	전자폐기물 업사이클링	막여과폐수처리 (하폐수처리수재사용, 수생태계복원)	도시광산
	플라스틱 업사이클링	소음관리	재제조
	방사성폐기물 처리	실내공기질 관리	신재생발전시스템 재자원화
	폐자원에너지		

5. 건강·진단

분 야	품 목		
생체조직재건	3D바이오프린팅	바이오의약품생산시스템	의료용 임플란트
	재생의료	바이오/인공장기 (전자기계식 인공장기 포함)	
친환경소비재	유전자화장품	미용식품(뉴트리코스메틱스)	고부가가치식품

분 야	품 목		
	분자농업		
차세대 치료	바이오시밀러	경피약물전달	개량신약
	면역치료	치료용항체	혁신신약
	장내미생물치료	단백질치료법	
차세대 진단	암검진	액체생체검사	유전자 진단예측
	동반진단	의료/바이오진단시스템 (분자진단)	
유전자연구 고도화	초고속유전자 염기서열분석	차세대줄기세포	유전자 활용치료
첨단영상진단	첨단의료영상진단기기	인공지능 원격영상진단	디지털병리학
맞춤형의료	기능성 스텐트	전기자극치료기	첨단의료기기
	신경조절술	스마트알약	고령친화 의료기기
스마트 헬스케어	의료정보서비스	맞춤형웰니스케어 (모바일헬스)	
첨단외과수술	영상가이드수술	수술용로봇	홀로그램 원격수술
	수술용레이저		

6. 정보통신

분 야	품 목		
차세대 무선 통신미디어	4G/5G 통신	가시광통신(Li-Fi)	스마트시티
	저전력블루투스	방송통신인프라	6G 통신
	차량간통신(V2X)	RFID/USN	와이기그 무선통신
	사물인터넷 (IoT, M2M 포함)	선박통신시스템	다중입출력 안테나시스템 (Massive MIMO)
	밀리미터파(초고주파)		
능동형 컴퓨팅	인공지능	동작인식 및 분석	인간컴퓨터상호작용(HCI)
	상황인지컴퓨팅	디지털트윈	스마트 물류시스템
	에지컴퓨팅	대화형 플랫폼	
실감형콘텐츠	확장현실	스마트 홈	커넥티드 스마트글라스
	가상훈련시스템	실감형콘텐츠 소프트웨어	

분 야	품 목		
가용성강화	블록체인	DRM/CAS	로봇 프로세스 자동화(RPA)
	XaaS	소프트웨어정의	클라우드 컴퓨팅
	사이버보안	인메모리컴퓨팅	
지능형데이터 분석	빅데이터	지능형교통시스템	지능형 사회간접자본 유지관리
	데이터시각화	스몰데이터	예측 및 처방적 분석
	재난안전관리시스템		
소프트웨어	임베디드 소프트웨어	게임엔진	시맨틱기술

7. 전기·전자

분 야	품 목		
차세대 반도체	3D집적회로	AI칩	차세대 메모리
	전력반도체소자	VCSE레이저	반도체장비
	시스템반도체	극자외선리소그래피	자외선발광다이오드 (UVLED)램프
감성형 인터페이스	뇌컴퓨터 인터페이스	입체영상 디스플레이	MICRO-LED
	스크린리스 디스플레이	OLED디스플레이	인간교감 소셜로봇
	초고화질 디스플레이		
웨어러블 디바이스	플렉시블 전지	웨어러블 전자기기	무선충전
	고속충전	플렉시블 전자소자	구조전자 (Structural Electronics)
	투명전자소자	플렉시블 디스플레이	
능동형조명	OLED(LED)조명	스마트조명	
차세대 컴퓨팅	차세대 데이터저장	스핀트로닉스	슈퍼컴퓨팅

8. 센서·측정

분야	품목		
감각센서	3차원이미지센서	고해상도이미지센서	바이오센서
	3차원터치기술	햅틱기술	전자피부
	후각센서		
객체탐지	생체인식	관성센서기술	첨단운전자지원시스템
	화생방 핵폭발탐지	센서융합	동적 비전센서
	나노센서	테라헤르츠센싱	음성인식/처리 반도체
	비접촉모니터링	스마트센서	포터블 실시간 유전자센싱
	초소형 인바디센서		
광대역측정	광섬유센서	라이더(LiDAR)	실시간 위치추적시스템

9. 지식서비스

분야	품목		
게임	온라인게임	가상현실게임	
영화/방송/음악/ 애니메이션/ 캐릭터	영화 콘텐츠	케이팝(K-pop)	웹툰
	영화/방송/음악/ 애니메이션/캐릭터	방송 콘텐츠	애니메이션 콘텐츠
창작공연전시	무대기술	MICE산업	
광고	애드테크		
디자인	디지털/콘텐츠 디자인	제품/시각정보 디자인	서비스/경험 디자인
고부가서비스	에듀테크	티커머스	제품서비스
	전자출판	공유경제 플랫폼	주문형 맞춤 보안
	모바일서비스	글로벌의료서비스 (글로벌헬스케어)	OTT
핀테크	송금·결제	금융소프트웨어	혁신금융서비스
	금융데이터분석	금융플랫폼	

* 혁신성장 분야(2.5차 개정)는 9대 테마, 46개분야, 306개 품목으로 구성
* 혁신성장 분야 해당여부는 중진공 기술전문가의 현장 확인 후 판단

그린 분야

1. 환경산업 (출처 : 한국환경산업기술원 환경산업통계조사보고서)

세부분야	관련 업종
자원순환관리	폐기물 관리, 폐자원 에너지화 제조·서비스 재생용 가공원료 및 재활용 제품 제조·서비스 자원순환 관련 분석, 자료수집 및 평가 서비스
물관리	오·폐수 관리 제조·서비스 수도사업 제조·서비스 물 관련 분석, 자료수집 및 평가 서비스업
환경복원 및 복구	토양, 지표수, 지하수 개선 및 정화 제조·서비스 환경복원 및 복구 관련 분석, 자료수집 및 평가
기후대응	기후변화 대응 제조·서비스 기후대응 관련 분석, 자료수집 및 평가 서비스
대기관리	대기오염 통제 제조·서비스 실내공기질 통제 제조·서비스 대기 관련 분석, 자료수집 및 평가 서비스
환경 안전·보건	소음 및 진동 저감 시설 제조·서비스 환경보건 대응 제조·서비스 환경안전·보건 관련 분석, 자료수집 및 평가 서비스
지속가능 환경·자원	열 · 에너지 절약 및 회수 기기 제조·서비스 생물자원 관리, 보전관련 기기 제조·서비스 산림 관리 관련 기기 서비스 산림 관리 및 유지 서비스 생물다양성 및 경관 보호기기 제조·서비스 생물다양성 및 바이오관련 제조·서비스 지속가능 환경, 자원 관련 분석, 자료수집 및 평가 서비스
환경지식·정보·감시	환경감시, 분석 및 측정장치 제조·서비스 환경연구개발 관련 서비스 환경 관련 엔지니어링, 평가 및 컨설팅 서비스 환경 관련 법무, 교육 서비스 환경 지식·정보·감시 관련 분석, 자료수집 및 평가 서비스

2. 녹색기술(인증) : 「저탄소 녹색성장 기본법」 제32조 및 「녹색인증제 운영요령」 제27조에 따른 '녹색기술인증' 보유 기업

* 분야 : 10개 대분류, 93개 중분류, 428개 소분류로 구성
  신재생에너지, 탄소저감, 첨단수자원, 그린IT, 그린차량선박·수송기계,
  첨단그린주택·도시, 신소재, 청정생산, 친환경농수산식품 및 시스템,
  환경보호 및 보전 분야

** 녹색기술 인증범위의 세부사항은 www.greencertif.or.kr 참조

3. 그린뉴딜 (출처 : 혁신성장정책금융협의회 혁신성장공동기준)

테마	분야	품목
2020 혁신성장 공동기준		
첨단제조 ·자동화	신제조공정	3D머신비전, 3D프린팅, 스마트팩토리 솔루션, 지능형기계 4D프린팅, 지능형 4D스캐닝
	로봇	미래형 제조로봇, 스윔로보틱스
	차세대동력장치	첨단철도, 전기차/하이브리드, 스털링엔진, 스마트카 전기차/하이브리드 인프라/서비스, 고효율/친환경 선박, 스마트모빌리티 수소전기자동차, 수소전기자동차 인프라/서비스
화학 ·신소재	바이오소재	생물유래소재
에너지	신재생에너지	태양전지(제3세대), 태양광발전(건물일체형 포함), 바이오매스에너지(해 양,농산,산림 포함), 지열발전, 해양에너지(발전기술 및 해양자원개발), 도심 형풍력발전, 신재생에너지 하이브리드시스템, 대형풍력발전시스템,
	친환경발전	원전플랜트(4세대원자력발전), 연료전지, 초임계CO₂발전시스템, 에너 지하베스팅
	에너지저장	정압식압축공기저장, 에너지저장장치(ESS), 에너지저장클라우드, 에너지가스변환, 리튬이온배터리, 양성자전지, 슈퍼커패시터, 냉온열에너지저장, 바이오배터리, 배터리에너지관리체계, 레독스 흐름전지
	에너지효율향상	가정용에너지관리, 제로에너지빌딩/친환경에너지타운, 액화기술, 폐 열회수, 독립형해수담수화, 지능형공조시스템 분산에너지시스템, 스마트그리드, 가상발전소
환경 ·지속가능	스마트팜 환경개선	농업용미생물, 생물비료, 곤충사육, 스마트종자 개발·육종 정삼투, 바이오필름수처리, 친환경공조시스템, 기름유출방제 대기오염관리, 이산화탄소 포집/저장/배출원관리, 토양정화 원전플랜트 해체, 통합환경관리서비스, 자원효율관리서비스 친환경 패키징, 유니소재화 제품
	환경보호	전자폐기물 업사이클링, 플라스틱 업사이클링, 방사성폐기물 처리, 폐 자원에너지, 막여과폐수처리(하폐수처리수재사용, 수상태계복원), 소 음관리, 실내공기질 관리, 도시광산, 재제조 신재생발전시스템 재자원화
건강 ·진단	친환경소비재 차세대치료	유전자화장품 개량신약, 혁신신약
정보통신	실감형콘텐츠	스마트홈
전기 ·전자	능동형조명	전력반도체소자, OLED(LED)조명, 스마트조명
센서 ·측정	객체탐지	비접촉모니터링

<중진공 - 참고 3>

비대면 분야

테마	분야	품목
스마트 헬스케어	웨어러블	손목시계형 혈압기, 웨어러블 심전도 패치
	원격의료(진단, 치료), 병원·의료 관련 플랫폼	AI기반 의료영상진단기, 원격의료 시스템, 병원예약, 원격 심리상담
교육	온라인 교육시스템	인공지능 학습 데이터 플랫폼, 교육용 네트워크 플랫폼, 강의자-사용자 매칭형 교육 플랫폼
	온라인 교육컨텐츠	교육용 전자책, 외국어 및 코딩 등 온라인 교육강의, 유튜브 키즈강의 제작
스마트 비즈니스 및 금융	원격근무·화상시스템	영상회의 플랫폼, 협업툴
	온라인 홍보, 고객응대	AI활용 맞춤형 추천, 온라인 홍보, 챗봇 콜센터 시스템
	스마트 금융	P2P 대출, 가상화폐 중개, 해외송금, 결제대행, 로보어드바이저, 전자결제대행서비스
생활소비	온라인 소비재(식품 등) 제조판매	반조리 식품, 밀키트 등 식품 제조하여 온라인 판매 또는 온라인 입점
	생활중개 플랫폼	배달앱, 일자리 중개, 가사서비스 중개, 부동산 중개, 중고거래 중개 등
	스마트 상점	매장 고객관리, 무인스토어 앱, 자판기
	전자상거래	공산품, 신제품 판매, 신선식품 유통·판매
엔터테인먼트	게임	게임, e스포츠, 게임 유통·마케팅
	콘텐츠	MCN 콘텐츠, 연예인 매니지먼트, 공연·영화·드라마·애니·음반 기획 및 제작, 도서제공 플랫폼, 동영상 편집프로그램, 오디오 스트리밍, OTT, 웹툰, 웹소설 등
	소통	대화형·게시형 SNS
	여행·숙박·장거리이동	여행, 숙박예약, 렌터카 등
물류·유통	물류 플랫폼, 배송대행	물류관리 플랫폼, 커머스 배송대행, 물류 효율화를 위한 포장재 개발 등
	드론·무인기, 자율차	드론 제작, 드론 운영프로그램, 자율차 프로그램
기반기술	빅데이터, AI	AI를 통한 음성생성 프로그램
	가상현실 (AR/VR)	AR칫솔, 스마트줄자, 태아영상 VR체험
	클라우드	클라우드 서비스, 출퇴근 관리 서비스 SaaS, 인터넷 호스팅 서비스 등
	로봇	로봇 자동화, 애완 로봇
	사물인터넷(IoT)	IoT기저귀, 스마트팜 솔루션, 음성인식, 전자정보표시기 등
	지능형/차세대 반도체	반도체 부품, 반도체 장비, 반도체 디자인 하우스 등
	5G	5G 안테나·케이블, 통신장비, 무선통신 부품 등
	정보보안	사이버 백신, 보안칩, 보안 모듈 및 중계

* 비대면 분야 해당여부는 중진공 기술전문가의 현장 확인 후 판단

뿌리산업

□ 『뿌리산업 진흥과 첨단화에 관한 법률 시행령』 별표 2에 따른 뿌리산업의 범위(제3조 관련)(2020.6.16. 개정)

표준산업 분류코드	산 업 명
1. 주조산업	
24131	주철관 제조업
24311	선철주물 주조업
24312	강주물 주조업
24321	알루미늄주물 주조업
24322	동주물 주조업
24329	기타 비철금속 주조업
29230	금속 주조 및 기타 야금용 기계 제조업 中 주물주조기계
2. 금형산업	
29294	주형 및 금형 제조업
3. 소성가공산업	
25911	분말야금제품 제조업
25912	금속단조제품 제조업
25913	금속압형제품 제조업
24121	열간 압연 및 압출 제품 제조업
24122	냉간 압연 및 압출 제품 제조업
24221	동 압연, 압출 및 연신제품 제조업
24222	알루미늄 압연, 압출 및 연신제품 제조업
24229	기타 비철금속 압연, 압출 및 연신제품 제조업
29224	금속 절삭기계 제조업 中 액압 프레스
29224	금속 절삭기계 제조업 中 기계 프레스, 금속 단조기, 금속 인발기, 나사 전조기, 금속선 가공기, 기타 금속성형기계
4. 열처리산업	
25921	금속 열처리업
29150	산업용 오븐, 노 및 노용 버너 제조업 中 공업용로, 전기로

표준산업 분류코드	산 업 명
5. 표면처리산업	
25922	도금업
25923	도장 및 기타 피막처리업
25929	그외 기타 금속가공업
26221	인쇄회로기판 제조업
26222	경성 인쇄회로기판 제조업
26223	연성 및 기타 인쇄회로기판 제조업
20499	그 외 기타 분류 안된 화학제품 제조업 中 금속표면처리용 화합물
28909	그 외 기타 전기장비 제조업 中 전기도금 및 전기분해용 기기
29299	그 외 기타 특수 목적용 기계 제조업 中 금속 표면처리기
6. 용접산업	
24131	주철관 제조업
24132	강관 제조업
24133	강관 가공품 및 관 연결구류 제조업
24290	기타 1차 비철금속 제조업
25122	설치용 금속탱크 및 저장용기 제조업
25123	압축 및 액화 가스용기 제조업
25130	핵반응기 및 증기발생기 제조업
25130	핵반응기 및 증기발생기 제조업
26224	전자부품 실장기판 제조업
26291	전자축전기 제조업
26292	전자저항기 제조업
26293	전자카드 제조업
26294	전자코일, 변성기 및 기타 전자 유도자 제조업
26295	전자감지장치 제조업
26299	그 외 기타 전자부품 제조업
30121	승용차 및 기타 여객용 자동차 제조업
30122	화물자동차 및 특수목적용 자동차 제조업
30201	차체 및 특장차 제조업
30202	자동차 구조 및 장치 변경업
30203	트레일러 및 세미트레일러 제조업

표준산업 분류코드	산 업 명
30320	자동차 차체용 신품 부품 제조업
31111	강선 건조업
31112	합성수지선 건조업
31113	기타 선박 건조업
31114	선박 구성 부분품 제조업
31201	기관차 및 기타 철도차량 제조업
31202	철도차량 부품 및 관련 장치물 제조업
31311	유인 항공기, 항공우주선 및 보조장치 제조업
31312	무인 항공기 및 무인 비행장치 제조업
31321	항공기용 엔진 제조업
31322	항공기용 부품 제조업
31910	전투용 차량 제조업
25995	그 외 기타 분류 안된 금속 가공제품 제조업 中 용접봉
28909	그 외 기타 전기장비 제조업 中 아크 용접기, 저항 용접기, 기타 전기용접기
29199	그 외 기타 일반 목적용 기계 제조업 中 가스 용접기 및 절단기, 기타 용접기
29271	반도체 제조용 기계 제조업 中 반도체 조립 장비, 칩마운터

* 위 표에 포함된 업종이라도 주조, 금형, 소성가공, 용접, 표면처리, 열처리 등의 공정기술을 활용하지 아니한 업종은 제외

* 비고

1. 분류번호, 업종명 및 품목명은 「통계법」에 따라 통계청장이 고시하는 한국 표준산업분류에 따른다.

2. 위 표에 포함된 뿌리기술활용업종이나 뿌리기술에 활용되는 장비 제조업종이라도 원재료를 1차 성형·가공하여 잉곳(ingot), 판, 봉, 관 등 1차 소재를 생산하는 업종은 제외한다.

3. 산업통상자원부장관은 위 표에 열거된 뿌리산업의 업종 외에 각 뿌리산업의 업종을 추가로 정하여 고시할 수 있다.

<중진공 - 참고 4-1>

뿌리기술

□ 『뿌리산업 진흥과 첨단화에 관한 법률 시행령』 별표 1에 따른 뿌리기술의 범위(제2조 관련)로, 뿌리산업 분야의 설계 또는 제조와 관련 되는 기술(2019.7.9. 개정)

기술부문	전문분야	기술부문	전문분야
주조 부문	사형주조	열처리 부문	전경화열처리
	금형주조		국부열처리
	다이캐스팅		침탄열처리
	정밀주조		질화열처리
	연속주조		복합열처리
	저압주조		비철, 특수금속 열처리
	소실모형 주조	표면처리 부문	전기도금
	특수주조		무전해도금
금형 부문	사출성형금형		양극산화
	다색다중성형금형		화성처리
	블로우성형금형		도장
	복합성형금형		표면경화
	프레스성형금형		스퍼터링
	프로그레시브성형금형		화학기상증착
	파인블랭킹금형	용접 부문	아크용접
	특수성형금형		저항용접
소성가공 부문	단조		특수용접
	압연		브레이징
	압출		칩레벨 접합
	판재성형		보드레벨 접합
	특수성형		구조용 접합

* 뿌리기술 해당여부는 중진공 기술전문가의 현장 확인 후 판단

<중진공 – 참고 5>

소재·부품·장비산업

□ 『소재 · 부품 · 장비산업 경쟁력강화를 위한 특별조치법 시행규칙』 별표 1에 따른 "소재 · 부품 · 장비" 관련 산업(2020.4.1. 시행)

1. 소재·부품의 범위(제2조 관련)

구분	적용범위(소재 · 부품)	분류코드 (KSIC-10)
섬유제품 제조업(의복 제외)(13)	면 방적사	13101
	모 방적사	13102
	화학섬유 방적사	13103
	연사 및 가공사	13104
	기타 방적사	13109
	면직물	13211
	모직물	13212
	화학섬유직물	13213
	특수직물 및 기타 직물	13219
	편조 원단	13300
	솜 및 실 염색 가공품	13401
	직물, 편조 원단 및 의복류 염색 가공품(의복 및 직물 제품에 염색한 것은 제외한다)	13402
	날염 가공품(의복 및 직물 제품에 날염한 것은 제외한다)	13403
	섬유제품 기타 정리 및 마무리 가공품	13409
	부직포 및 펠트	13992
	특수사 및 코드직물	13993
	표면처리 및 적층직물	13994
	그 외 기타 분류 안된 섬유제품	13999
펄프, 종이 및 종이제품 제조업(17)	인쇄용 및 필기용 원지	17122
	위생용 원지	17125
	기타 종이 및 판지	17129
화학물질 및 화학제품 제조업(의약품 제외)(20)	석유화학계 기초 화학 물질	20111
	석탄화학계 화합물 및 기타 기초 유기화학 물질	20119
	산업용 가스	20121
	기타 기초 무기화학 물질(핵연료 가공품은 제외한다)	20129
	무기 안료용 금속 산화물 및 관련 제품	20131
	염료, 조제 무기 안료, 유연제 및 기타 착색제	20132
	합성고무	20201

구분	적용범위(소재·부품)	분류코드 (KSIC-10)
	합성수지 및 기타 플라스틱 물질	20202
	혼성 및 재생 플라스틱 소재 물질	20203
	화학 살균·살충제 및 농업용 약제(가정용 화학 살균 및 살충제는 제외한다)	20321
	생물 살균·살충제 및 식물보호제(가정용 생물 살균 및 살충제는 제외한다)	20322
	일반용 도료 및 관련제품	20411
	인쇄 잉크 및 회화용 물감(그림물감은 제외한다)	20413
	계면활성제	20421
	감광 재료 및 관련 화학제품	20491
	접착제 및 젤라틴	20493
	그 외 기타 분류 안된 화학제품	20499
	합성섬유	20501
	재생섬유	20502
의료용 물질 및 의약품 제조업(21)	의약용 화합물 및 항생물질 생물학적 제제	21101 21102
고무 및 플라스틱제품 제조업(22)	타이어 및 튜브	22111
	고무 패킹류	22191
	산업용 그 외 비경화 고무제품	22192
	그 외 기타 고무제품(고무매트, 고무보트, 기타 고무 제품은 제외한다)	22199
	플라스틱 선, 봉, 관 및 호스	22211
	플라스틱 필름	22212
	플라스틱 시트 및 판	22213
	플라스틱 합성피혁	22214
	운송장비 조립용 플라스틱제품	22241
	기타 기계·장비 조립용 플라스틱제품	22249
	그 외 기타 플라스틱 제품(주방용품, 가구용 제품, 헬멧, 사무 및 문구용품, 기타플라스틱 제품은 제외한다)	22299
비금속 광물제품 제조업(23)	판유리	23111
	안전유리	23112
	기타 판유리 가공품	23119
	1차 유리제품, 유리섬유 및 광학용 유리	23121
	디스플레이 장치용 유리	23122
	기타 산업용 유리제품	23129
	정형 내화 요업제품	23211
	부정형 내화 요업제품	23212
	위생용 및 산업용 도자기(세면기, 변기, 욕조, 기타 위생도기제품은 제외한다)	23222

구분	적용범위(소재ㆍ부품)	분류코드 (KSIC-10)
	석회 및 플라스터(플라스터는 제외한다)	23312
	아스팔트 콘크리트 및 혼합제품	23991
	연마재	23992
	비금속광물 분쇄물	23993
	암면 및 유사 제품	23994
	탄소섬유	23995
	그 외 기타 분류 안된 비금속 광물제품(아스팔트 성형제품은 제외한다)	23999
1차 금속 제조업(24)	합금철	24113
	열간 압연 및 압출제품	24121
	냉간 압연 및 압출제품	24122
	철강선	24123
	주철관	24131
	강관	24132
	강관 가공품 및 관 연결구류	24133
	도금, 착색 및 기타 표면 처리 강재	24191
	그 외 기타 1차 철강	24199
	동 제련, 정련 및 합금	24211
	알루미늄 제련, 정련 및 합금	24212
	연 및 아연 제련, 정련 및 합금	24213
	기타 비철금속 제련, 정련 및 합금	24219
	동 압연, 압출 및 연신제품	24221
	알루미늄 압연, 압출 및 연신제품	24222
	기타 비철금속 압연, 압출 및 연신제품	24229
	기타 1차 비철금속	24290
	선철 주물 주조제품	24311
	강 주물 주조제품	24312
	알루미늄 주물 주조제품	24321
	동 주물 주조제품	24322
	기타 비철금속 주조제품	24329
금속가공제품 제조업(기계 및 가구 제외)(25)	산업용 난방보일러 및 방열기	25121
	금속 탱크 및 저장 용기	25122
	압축 및 액화 가스 용기	25123
	핵반응기 및 증기보일러	25130
	무기 및 총포탄(부품에 한정한다)	25200
	분말 야금제품	25911
	금속 단조제품	25912
	자동차용 금속 압형제품	25913
	그 외 금속 압형제품(가정용 압형제품은 제외한다)	25914
	금속 열처리제품	25921
	절삭 가공 및 유사 처리품	25924

구분	적용범위(소재·부품)	분류코드 (KSIC-10)
	그 외 기타 금속 가공품	25929
	톱 및 호환성 공구	25934
	볼트 및 너트류	25941
	그 외 금속 파스너 및 나사제품	25942
	금속 스프링	25943
	금속선 가공제품(와이어로프에 한정한다)	25944
	피복 및 충전 용접봉	25995
	그 외 기타 분류 안된 금속 가공제품(부품에 한정 한다)	25999
전자부품, 컴퓨터, 영상, 음향 및 통신장비 제조업(26)	메모리용 전자집적회로	26111
	비메모리용 및 기타 전자집적회로	26112
	발광 다이오드	26121
	기타 반도체 소자	26129
	액정 표시장치	26211
	유기 발광 표시장치	26212
	기타 표시장치	26219
	인쇄회로기판용 적층판	26221
	경성 인쇄회로기판	26222
	연성 및 기타 인쇄회로기판	26223
	전자 부품 실장기판	26224
	전자 축전기	26291
	전자 저항기	26292
	전자카드	26293
	전자코일, 변성기 및 기타 전자 유도자	26294
	전자 감지장치	26295
전자부품, 컴퓨터, 영상, 음향 및 통신장비 제조업(26)	그 외 기타 전자 부품	26299
	기억 장치(휴대용 저장장치, SSD는 제외한다)	26321
	컴퓨터 모니터(컴퓨터 본체와 분리되는 모니터는 제외한다)	26322
	컴퓨터 프린터(부품에 한정한다)	26323
	기타 주변 기기(부품에 한정한다)	26329
	유선 통신장비(부품에 한정한다)	26410
	방송장비(부품에 한정한다)	26421
	이동 전화기(부품에 한정한다)	26422
	기타 무선 통신장비(부품에 한정한다)	26429
	텔레비전(부품에 한정한다)	26511
	비디오 및 기타 영상기기(부품에 한정한다)	26519
	라디오, 녹음 및 재생기기(부품에 한정한다)	26521
	기타 음향기기(부품에 한정한다)	26529
	마그네틱 및 광학 매체(부품에 한정한다)	26600

구분	적용범위(소재·부품)	분류코드 (KSIC-10)
의료, 정밀, 광학기기 및 시계 제조업(27)	방사선 장치(부품에 한정한다)	27111
	전기식 진단 및 요법기기(부품에 한정한다)	27112
	치과용 기기(부품에 한정한다)	27191
	정형 외과용 및 신체 보정용 기기(부품에 한정한다)	27192
	안경 및 안경렌즈(부품에 한정한다)	27193
	그 외 기타 의료용 기기(부품에 한정한다)	27199
	레이더, 항행용 무선 기기 및 측량 기구(부품에 한정한다)	27211
	전자기 측정, 시험 및 분석 기구(부품에 한정한다)	27212
	물질 검사, 측정 및 분석 기구(부품에 한정한다)	27213
	속도계 및 적산계기(부품에 한정한다)	27214
	기기용 자동 측정 및 제어장치(부품에 한정한다)	27215
	산업 처리공정 제어장비(부품에 한정한다)	27216
	기타 측정, 시험, 항해, 제어 및 정밀기기(부품에 한정한다)	27219
	광학 렌즈 및 광학 요소	27301
	사진기, 영사기 및 관련 장비(부품에 한정한다)	27302
	기타 광학 기기(부품에 한정한다)	27309
	시계 및 시계 부품(시계 부품에 한정한다)	27400
전기장비 제조업(28)	전동기 및 발전기	28111
	변압기	28112
	방전 램프용 안정기	28113
	에너지 저장장치	28114
	기타 전기 변환장치	28119
	전기회로 개폐, 보호 장치	28121
	전기회로 접속장치	28122
	배전반 및 전기 자동제어반	28123
	일차전지	28201
	축전지	28202
	광섬유 케이블	28301
	기타 절연선 및 케이블	28302
	절연 코드세트 및 기타 도체	28303
	전구 및 램프(부품에 한정한다)	28410
	운송장비용 조명장치	28421
	일반용 전기 조명장치(부품에 한정한다)	28422
	전시 및 광고용 조명장치(부품에 한정한다)	28423
	기타 조명장치(부품에 한정한다)	28429
	주방용 전기 기기(부품에 한정한다)	28511
	가정용 전기 난방기기(부품에 한정한다)	28512
	기타 가정용 전기 기기(부품에 한정한다)	28519
	가정용 비전기식 조리 및 난방 기구(부품에 한정한다)	28520

구분	적용범위(소재·부품)	분류코드 (KSIC-10)
	전기 경보 및 신호장치(부품에 한정한다)	28901
	전기용 탄소제품 및 절연제품	28902
	교통 신호장치(부품에 한정한다)	28903
	그 외 기타 전기장비(부품에 한정한다)	28909
기타 기계 및 장비 제조업 (29)	내연기관	29111
	기타 기관 및 터빈	29119
	유압 기기	29120
	액체 펌프	29131
	기체 펌프 및 압축기	29132
	탭, 밸브 및 유사 장치	29133
	구름베어링	29141
	기어 및 동력전달장치	29142
	산업용 오븐, 노 및 노용 버너(부품에 한정한다)	29150
	산업용 트럭 및 적재기(부품에 한정한다)	29161
	승강기(부품에 한정한다)	29162
	컨베이어 장치(부품에 한정한다)	29163
	기타 물품 취급장비(부품에 한정한다)	29169
	산업용 냉장 및 냉동장비(부품에 한정한다)	29171
	공기 조화장치(부품에 한정한다)	29172
	산업용 송풍기 및 배기장치(부품에 한정한다)	29173
	기체 여과기	29174
	액체 여과기	29175
	증류기, 열 교환기 및 가스 발생기	29176
	사무용 기계 및 장비(부품에 한정한다)	29180
	일반 저울(부품에 한정한다)	29191
	용기 세척, 포장 및 충전기(부품에 한정한다)	29192
	분사기 및 소화기(부품에 한정한다)	29193
	동력식 수지 공구(부품에 한정한다)	29194
	그 외 기타 일반 목적용 기계(부품에 한정한다)	29199
	농업 및 임업용 기계(부품에 한정한다)	29210
	전자 응용 절삭기계(부품에 한정한다)	29221
	디지털 적층 성형기계(부품에 한정한다)	29222
	금속 절삭기계(부품에 한정한다)	29223
	금속 성형기계(부품에 한정한다)	29224
	기타 가공 공작기계(부품에 한정한다)	29229
	금속 주조 및 기타 야금용 기계(부품에 한정한다)	29230
	건설 및 채광용 기계장비(부품에 한정한다)	29241
	광물 처리 및 취급장비(부품에 한정한다)	29242
	음·식료품 및 담배 가공기계(부품에 한정한다)	29250
	산업용 섬유 세척, 염색, 정리 및 가공 기계(부품에 한정한다)	29261
	기타 섬유, 의복 및 가죽 가공기계(부품에 한정한다)	29269

구분	적용범위(소재·부품)	분류코드 (KSIC-10)
	반도체 제조용 기계(부품에 한정한다) 디스플레이 제조용 기계(부품에 한정한다) 산업용 로봇(부품에 한정한다) 펄프 및 종이 가공용 기계(부품에 한정한다) 고무, 화학섬유 및 플라스틱 성형기(부품에 한정한다) 인쇄 및 제책용 기계(부품에 한정한다) 주형 및 금형 그 외 기타 특수 목적용 기계(부품에 한정한다)	29271 29272 29280 29291 29292 29293 29294 29299
자동차 및 트레일러 제조업(30)	자동차용 엔진 자동차 엔진용 신품 부품 자동차 차체용 신품 부품 자동차용 신품 동력 전달장치 자동차용 신품 전기장치 자동차용 신품 조향장치 및 현가장치 자동차용 신품 제동장치 자동차용 신품 의자(부품에 한정한다) 그 외 자동차용 신품 부품	30110 30310 30320 30331 30332 30391 30392 30393 30399
기타 운송장비 제조업(31)	선박 구성 부분품 철도 차량 부품 및 관련 장치물 항공기용 엔진 항공기용 부품 전투용 차량(부품에 한정한다) 모터사이클(부품에 한정한다) 자전거 및 환자용 차량(부품에 한정한다)	31114 31202 31321 31322 31910 31920 31991
출판업(58)	시스템 소프트웨어(부품에 결합되는 임베디드 소프트웨어에 한정한다) 응용 소프트웨어(부품에 결합되는 임베디드 소프트웨어에 한정한다)	58221 58222

비고
1. 부품은 부분품을 포함한다.
2. 동일한 한국표준산업분류에 속하는 것 중에서 독립적으로 사용되는 완제품은 소재·부품의 적용범위에서 제외한다.
3. 제2호에도 불구하고 상품을 제조할 때 원재료 또는 중간생산물로 사용됨과 동시에 완제품으로 사용되는 것은 부품으로 본다.

2. 장비의 범위(제2조 관련)

구분	적용범위(장비)	분류코드 (KSIC-10)
의료, 정밀, 광학기기 및 시계 제조업(27)	전자기 측정, 시험 및 분석 기구(부품은 제외한다)	27212
	물질 검사, 측정 및 분석 기구(부품은 제외한다)	27213
	산업 처리공정 제어장비(부품은 제외한다)	27216
	기타 측정, 시험, 항해, 제어 및 정밀 기기(부품은 제외한다)	27219
	기타 광학 기기(부품은 제외한다)	27309
전기장비 제조업(28)	그 외 기타 전기장비(부품은 제외한다)	28909
기타 기계 및 장비 제조업(29)	산업용 오븐, 노 및 노용 버너(부품은 제외한다)	29150
	승강기(부품은 제외한다)	29162
	컨베이어 장치(부품은 제외한다)	29163
	기타 물품 취급장비(부품은 제외한다)	29169
	산업용 냉장 및 냉동장비(부품은 제외한다)	29171
	공기 조화장치(부품은 제외한다)	29172
	용기 세척, 포장 및 충전기(부품은 제외한다)	29192
	그 외 기타 일반 목적용 기계(부품은 제외한다)	29199
	전자 응용 절삭기계(부품은 제외한다)	29221
	디지털 적층 성형기계(부품은 제외한다)	29222
	금속 절삭기계(부품은 제외한다)	29223
	금속 성형기계(부품은 제외한다)	29224
	기타 가공 공작기계(부품은 제외한다)	29229
	금속 주조 및 기타 야금용 기계(부품은 제외한다)	29230
	광물 처리 및 취급장비(부품은 제외한다)	29242
	음·식료품 및 담배 가공기계(부품은 제외한다)	29250
	산업용 섬유 세척, 염색, 정리 및 가공 기계(부품은 제외한다)	29261
	기타 섬유, 의복 및 가죽 가공기계(부품은 제외한다)	29269
	반도체 제조용 기계(부품은 제외한다)	29271
	디스플레이 제조용 기계(부품은 제외한다)	29272
	산업용 로봇(부품은 제외한다)	29280
	펄프 및 종이 가공용 기계(부품은 제외한다)	29291
	고무, 화학섬유 및 플라스틱 성형기(부품은 제외한다)	29292
	인쇄 및 제책용 기계(부품은 제외한다)	29293
	그 외 기타 특수 목적용 기계(부품은 제외한다)	29299

비고
1. 장비는 소재·부품을 생산하거나 소재·부품을 사용하여 제품을 생산하는 장치 또는 설비로 한정한다.
2. 장비 관련 부품은 장비범위가 아닌 소재·부품 범위에 속하는 것으로 본다.

지역특화(주력)산업

지역	주 력 산 업
부산	첨단융합기계부품, 지능정보서비스, 친환경미래에너지, 라이프케어
대구	고효율에너지시스템, 디지털의료헬스케어, 수송기기/기계소재부품
광주	지능형가전, 광융합, 스마트금형, 디지털생체의료
대전	차세대 무선통신융합, 바이오메디컬, 지능형로봇
울산	저탄소에너지, 스마트조선, 그린모빌리티, 미래화학신소재
강원	천연물바이오소재, ICT융합헬스, 세라믹복합신소재
충북	바이오헬스, 지능형IT부품, 수송기계소재부품
충남	스마트휴먼바이오, 친환경모빌리티, 차세대디스플레이
전북	스마트농생명·식품, 미래지능형기계, 탄소·복합소재, 조선해양·에너지
전남	저탄소지능형소재부품, 그린에너지, 첨단운송기기부품, 바이오헬스케어
경북	지능형디지털기기, 첨단신소재부품가공, 라이프케어뷰티, 친환경융합섬유소재
경남	첨단항공, 스마트기계, 나노융합스마트부품, 항노화메디컬
제주	스마트관광, 그린에너지, 청정바이오
세종	스마트시티, 스마트그린융합부품소재

<중진공 - 참고 7>

지식서비스산업

□ 『산업발전법 시행령』 별표 2에 따른 지식서비스산업의 범위 (제3조 1항 관련) (2013.8.6. 개정)

표준산업 분류코드	해 당 업 종
3900	환경정화 및 복원업
46	도매 및 상품중개업 (단, 중점지원분야에 해당하는 국내 생산품을 유통하는 경우에 한함)
582	소프트웨어 개발 및 공급업
5911	영화, 비디오물 및 방송프로그램 제작업
59120	영화, 비디오물 및 방송프로그램 제작관련 서비스업
59201	음악 및 기타 오디오물 출판업
612	전기통신업
620	컴퓨터 프로그래밍, 시스템 통합 및 관리업
63	정보 서비스업
70	연구개발업
713	광고업
714	시장조사 및 여론조사업
71531	경영컨설팅업
72	건축기술, 엔지니어링 및 기타 과학기술 서비스업
732	전문디자인업
73902	번역 및 통역서비스업
73903	사업 및 무형 재산권 중개업
73909	그 외 기타 분류안된 전문, 과학 및 기술 서비스업
741	사업시설 유지·관리 서비스업
75320	보안시스템 서비스업
75992	전시, 컨벤션 및 행사 대행업
75994	포장 및 충전업
85503	온라인 교육 학원(기술 및 직업훈련 교육을 제공하는 경우에만 해당)
8566	기술 및 직업 훈련 학원

* 단, '산업발전법 시행령' 별표 2 해당업종 중 융자제외 업종은 제외

<중진공 – 참고 8>

융복합 및 프랜차이즈산업

구 분	적 용 범 위
융복합산업	o 2개 이상의 서로 다른 산업간, 기술과 산업간, 기술간 또는 기업이 공동으로 새로운 제품이나 부가가치를 창출하는 산업으로서 다음에 해당하는 경우 ① 농공상 융합기업 - 『중소기업진흥에 관한 법률』제39조의 2에 따라 농공상 융합분야로 협업지원사업의 대상자로 선정된 기업 - 농림축산식품부 선정 "농공상 융합형 중소기업" ② 농공상 융합기업 이외의 융복합산업 : 『산업융합 촉진법』에 따라 융복합산업으로 인정되는 산업을 영위하는 기업
프랜차이즈산업	o 『가맹사업거래의 공정화에 관한 법률』(이하 "가맹사업법"이라 한다)상 가맹사업"을 하는 기업으로 공정거래위원회에 정보공개서를 등록(가맹사업법 제3조에 해당하는 경우 예외)한 업체(가맹본부)에 한함 * **가맹사업 해당 요건** ① 가맹본부가 가맹점사업자에게 영업표지 사용을 허락 ② 가맹점사업자는 일정한 품질기준이나 영업방식에 따라 상품 또는 용역을 판매 ③ 가맹본부는 경영 및 영업활동 등에 대한 지원, 교육, 통제를 수행 ④ 영업표지 사용 및 경영·영업활동 등에 대한 지원·교육에 대한 대가로 가맹금 지급 ⑤ 계속적인 거래관계(가맹사업법 제2조제1호)

물류산업

표준산업 분류코드	해 당 업 종
49101	철도 여객운송업
49102	철도 화물운송업
49211	도시철도 운송업
49301	일반 화물자동차 운송업
49302	용달 화물자동차 운송업
49303	개별 화물자동차 운송업
49500	파이프라인 운송업
50112	외항 화물 운송업
50122	내항 화물 운송업
50202	항만 내 여객 운송업
50209	기타 내륙 수상 운송업
51100	항공 여객운송업
51200	항공 화물운송업
52101	일반 창고업
52102	냉장 및 냉동 창고업
52103	농산물 창고업
52104	위험물품 보관업
52109	기타 보관 및 창고업
52913	물류 터미널 운영업
52921	항구 및 기타 해상 터미널 운영업
52941	항공 및 육상 화물 취급업
52942	수상 화물 취급업
52991	통관 대리 및 관련 서비스업
52992	화물 운송 중개, 대리 및 관련 서비스업
52993	화물 포장, 검수 및 계량 서비스업
76190	기타 운송장비 임대업

유망소비재산업

구분	표준산업분류코드	해 당 업 종
식음료품	10	식료품 제조업
식음료품	11	음료 제조업
실내용품	13221	침구 및 관련제품 제조업
실내용품	13222	자수제품 및 자수용 재료 제조업
실내용품	13223	커튼 및 유사제품 제조업
실내용품	1391	카펫, 마루덮개 및 유사제품 제조업
의류	14	의복, 의복 액세서리 및 모피제품 제조업
가방	1512	핸드백,가방 및 기타 보호용 케이스 제조업
신발	1521	신발제조업
주방용품	16291	목재 도구 및 주방용 나무제품 제조업
문구, 완구	17901	문구용 종이제품 제조업
위생용품	17902	위생용 종이제품 제조업
인쇄물	18	인쇄 및 기록매체 복제업
세제류	20421	계면활성제 제조업
세제류	20422	치약, 비누 및 기타 세제 제조업
화장품	20423	화장품제조업
의약품	212	의약품 제조업
주방용품	23191	가정용 유리제품 제조업
주방용품	23221	가정용 및 장식용 도자기 제조업
위생용품	23222	위생용 및 산업용 도자기 제조업
주방용품	25992	수동식 식품 가공기기 및 금속 주방용기 제조업
위생용품	25993	금속 위생용품 제조업
컴퓨터	263	컴퓨터 및 주변장치 제조업
가전	2652	오디오, 스피커 및 기타 음향기기 제조업
안경	27193	안경 및 안경렌즈 제조업
시계	27400	시계 및 시계부품 제조업
가전	28511	주방용 전기기기 제조업(전자레인지, 밥솥, 냉장고 등)
가전	28512	가정용 전기 난방기기 제조업(전지장판, 전기보일러, 온풍기 등)
가전	28519	기타 가정용 전기기기 제조업(전기면도기, 드라이기, 세탁기 등)
가전	2852	가정용 비전기식 조리 및 난방 기구 제조업
문구, 완구	2918	사무용 기계 및 장비 제조업
가구	32	가구제조업
귀금속	331	귀금속 및 장신용품 제조업
악기	332	악기 제조업
운동레저용품	333	운동 및 경기용구 제조업
문구, 완구	334	인형, 장난감 및 오락용품 제조업 (33402中 불건전 영상게임기 제조업, 33409中 도박게임장비 등 불건전 오락용품 제조업 제외)
문구, 완구	3392	사무 및 회화용품 제조업

혁신형 중소기업 지원대상

구 분	지 원 대 상
기술혁신 분야	· 매출액대비 연구개발비중이 5%이상인 기업
	· 신기술(NET, NEP) 인증기업
	· Inno-biz 선정 기업
	· 최근 3년 이내 산학연공동기술개발컨소시엄 사업 완료 　기업 또는 정부출연 연구개발사업의 기술개발 성공 기업
	· 주력 업종 또는 향후 주력 업종으로 전환하고자 하는 　분야에서 최근 3년 이내 특허 등록기업
	· 벤처기업
	· 녹색기술인증기업
	· 뿌리기술전문기업
	· 지식재산경영인증기업(특허청 인증)
경영혁신 분야	· 매출액 영업이익률(영업이익/매출액)이 동종업계 중소기업 　평균 영업이익률의 2배 이상인 기업
	· 경영혁신형 선정 기업
	· 최근 3년 이내에 외부회계감사를 받은 기업(「주식회사의 　외부감사에 관한 법률」에 의한 의무감사 대상기업은 제외)
	· BSC, ERP, 생산정보화 등 최신 경영기법을 도입하여 운영중인 기업
	· 수출유망중소기업 지정기업
	· 정부지정 우수 프랜차이즈 기업(프랜차이즈 가맹점은 제외)
	· 우수 Green-Biz 선정 기업
	· 특성화고·마이스터고 산학협력기업(채용협약 체결)
	· 우수 물류기업(국토교통부 및 해양수산부장관 인증)
	· 인재육성형 중소기업(중소벤처기업부 인증)
	· 농어촌사회공헌인증기업(농림축산식품부)
	· 가족친화인증기업
	· 일.학습 듀얼시스템 참여기업 　(산업인력관리공단 선정일로부터 1년간 한시적용)
	· 직전 연도 정책자금 지원 후 10인이상 고용창출기업
	· 중소벤처기업부 인증 명문장수기업
	· 중소기업 복지플랫폼 우수활용기업

사업전환의 정의 및 유형

□ 사업전환의 정의

○ 경제환경의 변화로 어려움을 겪는 기업이 경쟁력 강화를 위해 새로운 업종의 사업에 진출하는 것

 * 사업전환은 별도 법인을 새로이 설립하는 창업과 구별

□ 사업전환의 유형 및 성공기준

유형	내 용	성 공
업종 전환	현재 영위업종 사업 폐지 → 새로운 업종으로 전환	사업전환계획 이행기간 중 신규업종의 매출액이 전체 매출액의 30% 이상을 차지하거나 신규업종의 종업원수가 전체 종업원의 30%이상을 차지
업종 추가	현재 영위업종 규모(매출 또는 상시근로자) 축소 또는 유지 → 새로운 업종 추가	

※ 사업전환 성공 여부는 이행실적조사를 통해 최종 확정

 * 제조업 ↔ 서비스업 업태전환도 사업전환에 포함

<중진공 – 참고 13>

무역조정지원기업 신청자격

FTA체결 상대국으로부터 관세인하에 따른 수입품목의 내수유입 증가로 무역피해를 입은 기업으로서 제조업 또는 서비스업을 2년 이상 영위하면서 아래의 기준을 충족하는 기업

구 분	피해인정기간	피해정도 및 비교시점
무역피해를 입었을 경우	지정신청일 이전 2년 이내 발생	- 6개월 또는 1년간의 총매출액 또는 생산량이 그 직전 연도 동일기간과 비교하여 10%이상 감소 - 또는, 영업이익, 고용, 가동률, 재고 등을 종합적으로 고려한 상기 피해에 상당하는 것으로 인정되는 경우
무역피해를 입을 것이 확실한 경우	지정신청일 이후 1년 이내 발생	- 6개월 또는 1년간의 총매출액 또는 생산량이 그 직전 연도 동일기간과 비교하여 10%이상 감소가 예상되는 경우 (단, 영업이익, 고용, 가동률, 재고 등의 변화를 종합적으로 고려함)

* (FTA 추진현황) `19.12월말기준 57개 국가와 16개의 협정(칠레, 싱가포르, EFTA, ASEAN, 인도, EU, 페루, 미국, 터키, 호주, 캐나다, 중국, 베트남, 뉴질랜드, 콜롬비아, 중미)을 발효, 향후 FTA협정 추가 발효시 신청자격에 포함

<중진공 - 참고 14>

무역조정지원 대상 서비스업의 범위

무역조정지원 대상이 되는 서비스업은 통계청장이 「통계법」 제22조 제1항에 따라 고시하는 한국표준산업분류에서 다음의 업종을 제외한 모든 업종을 말한다.

업 종	표준산업분류코드
농업, 임업 및 어업	A
광업	B
제조업	C
건설업	F
전기업	351
수도사업	360
철도운송업	491
항공운송업	51
우편업	6110
중앙 은행	6411
공공행정, 국방 및 사회보장행정	84
초등교육기관	851
중등교육기관	852
고등교육기관	853
특수학교, 외국인학교 및 대안학교	854
사회복지 서비스업	87
박물관 및 사적지 관리 운영업	9022
식물원, 동물원 및 자연공원 운영업	9023
스포츠 서비스업	911
수상오락 서비스업	9123
갬블링 및 베팅업	9124
그외 기타 오락관련 서비스업	9129
협회 및 단체	94
가구내 고용활동	97
달리 분류되지 않은 자가소비를 위한 가구의 재화 및 서비스 생산활동	98
국제 및 외국기관	99

<중진공 - 참고 15>

한중FTA 관련 지원업종

구 분	해 당 업 종	표준산업 분류코드	비고
섬유제품제조업 (의복제외)(13)	방적 및 가공사 제조업	1310	섬유
	직물 직조업	1321	
	직물제품 제조업	1322	
	편조원단 제조업	1330	
	섬유제품 염색, 정리 및 마무리 가공업	1340	
	카펫, 마루덮개 및 유사 제품 제조업	1391	
	끈, 로프, 망 및 끈 가공품 제조업	1392	
	그 외 기타 섬유제품 제조업	1399	
의복, 의복 액세 서리 및 모피제품 제조업(14)	겉옷 제조업	1411	섬유
	속옷 및 잠옷 제조업	1412	
	한복 제조업	1413	
	기타 봉제의복 제조업	1419	
	모피제품 제조업	1420	
	편조의복 제조업	1430	
	편조 의복 액세서리 제조업	1441	
	기타 의복 액세서리 제조업	1449	
가죽, 가방 및 신발 제조업(15)	모피 및 가죽 제조업	1511	생활용품
	핸드백, 가방 및 기타 보호용 케이스 제조업	1512	
	기타 가죽제품 제조업	1519	
	신발 제조업	1521	
	신발 부분품 제조업	1522	
목재 및 나무제품 제조업 (가구제외)(16)	박판, 합판 및 유사 적층판 제조업	16211	생활용품
	기타 건축용 나무제품 제조업	16229	
	기타 나무제품 제조업	1629	
	코르크 및 조물 제품 제조업	1630	
펄프, 종이 및 종이제품 제조업 (17)	펄프 제조업	1711	생활용품
	종이 및 판지 제조업	1712	
	골판지 및 골판지 가공제품 제조업	1721	
	종이 포대, 판지 상자 및 종이 용기 제조업	1722	
	기타 종이 및 판지 제품 제조업	1790	
인쇄 및 기록매체 복제업(18)	제책업	18122	생활용품

구 분	해 당 업 종	표준산업 분류코드	비고
화학물질 및 화 학제품 제조업 (의약품 제외)(20)	석탄화학계 화합물 및 기타 기초 유기화학 물질 제조업 세제, 화장품 및 광택제 제조업(계면활성제 제조업 제외)	20119 2042	생활용품
	그 외 기타 분류안된 화학제품 제조업	20499	
	화학섬유 제조업	2050	섬유
의료용 물질 및 의약품 제조업 (21)	기초 의약 물질 및 생물학적 제제 제조업	2110	제약
	완제 의약품 제조업	2121	
	한의약품 제조업	2122	
	동물용 의약품 제조업	2123	
	의료용품 및 기타 의약 관련제품 제조업	2130	
고무제품 및 플라 스틱제품제조업(22)	플라스틱 포대, 봉투 및 유사제품 제조업	22231	생활용품
	그 외 기타 플라스틱 제품 제조업	22299	
비금속 광물제품 제조업(23)	판유리 및 판유리 가공품 제조업	2311	비금속광물 ,생활용품
	산업용 유리 제조업	2312	
	기타 유리제품 제조업	2319	
	비내화 일반 도자기 제조업	2322	
	건설용 석제품 제조업	23911	
	그외 기타 비금속 광물제품 제조업(아스콘 제조업, 석면, 암면 및 유사제품 제조업 제외)	2399	
전자부품, 컴퓨터, 영상, 음향 및 통신장비 제조업 (26)	표시장치 제조업	2621	전기전자
	인쇄회로기판 및 전자부품 실장기판 제조업	2622	
	기타 전자 부품 제조업	2629	
	컴퓨터 제조업	2631	
	기억 장치 및 주변 기기 제조업	2632	
	유선 통신장비 제조업	2641	
	방송 및 무선 통신장비 제조업	2642	
	텔레비전, 비디오 및 기타 영상 기기 제조업	2651	
	오디오, 스피커 및 기타 음향 기기 제조업	2652	
	마그네틱 및 광학 매체 제조업	2660	
의료, 정밀, 광학기기 및 시계 제조업(27)	안경 및 안경렌즈 제조업	27193	생활용품
전기장비 제조업 (28)	전동기, 발전기 및 전기 변환장치 제조업	2811	전기전자
	전기 공급 및 제어장치 제조업	2812	
	일차전지 및 축전지 제조업	2820	
	절연선 및 케이블 제조업	2830	
	전구 및 램프 제조업	2841	
	조명장치 제조업	2842	
	가정용 전기 기기 제조업	2851	
	가정용 비전기식 조리 및 난방 기구 제조업	2852	
	기타 전기장비 제조업	2890	

구 분	해 당 업 종	표준산업 분류코드	비고
기타 기계 및 장비 제조업(29)	내연기관 및 터빈 제조업(항공기용 및 차량용 제외)	2911	일반기계
	유압기기 제조업	2912	
	펌프 및 압축기 제조업(탭, 밸브 및 유사장치 제조 포함)	2913	
	베어링, 기어 및 동력 전달장치 제조업	2914	
	산업용 오븐, 노 및 노용 버너 제조업	2915	
	산업용 트럭, 승강기 및 물품 취급장비 제조업	2916	
	냉각, 공기 조화, 여과, 증류 및 가스 발생기 제조업	2917	
	사무용 기계 및 장비 제조업	2918	
	기타 일반 목적용 기계 제조업	2919	
가구 제조업(32)	침대 및 내장가구 제조업(운송장비용 의자 제조업 제외)	3201	생활용품
	목재가구 제조업	3202	
	그외 기타 가구 제조업	32099	
기타 제품 제조업 (33)	귀금속 및 관련제품 제조업	3311	생활용품
	모조 귀금속 및 모조 장신용품 제조업	3312	
	악기제조업	3320	
	운동 및 경기용구 제조업	3330	
	인형,장난감 및 오락용품 제조업	3340	
	간판 및 광고물 제조업	3391	
	사무 및 회화용품 제조업	3392	
	가발, 장식용품 및 교시용 모형 제조업	3393	
	그외 기타 분류안된 제품 제조업	3399	
출판업(58)	서적 출판업	5811	생활용품
	신문, 잡지 및 정기간행물 출판업	5812	
	기타 인쇄물 출판업	5819	
영상·오디오 기록물 제작 및 배급업(59)	음악 및 기타 오디오물 출판업	59201	생활용품
식료품제조업 (10) 1차금속제조업 (24)	기타 과실·채소 가공 및 저장 처리업	10309	기타
	전분제품 및 당류 제조업	10620	
	동 압연, 압출 및 연신제품 제조업	24221	
	핵반응기 및 증기보일러 제조업	25130	
	수동식 식품 가공기기 및 금속주방용기 제조업	25992	
	그 외 기타 분류 안된 금속 가공제품 제조업	25999	

소상공인 확인 기준

□ 소상공인 기준 (연평균매출액 + 월평균 상시근로자수)

> ★『소상공인 보호 및 지원에 관한 법률』에서 소상공인은 「중소기업기본법」 제2조 제2항에 따른 소기업 중 상시 근로자가 10명 미만인 사업자로서 업종별 상시 근로자 수 등이 대통령령으로 정하는 기준에 해당하는 자

○ **(연평균매출액)** 주된 업종별 평균매출액등이 『중소기업기본법 시행령』 상의 소기업 규모 기준에 해당하는 기업[붙임 2-1]

- **(소기업 해당여부 확인방법)** 자금신청 시점 기준에 따라 소기업 해당 여부 확인하여 연평균매출액 관련 서류 징구

  ★ 「중소기업기본법 시행령」 제8조(소기업과 중기업의 구분) ① 법 제2조제2항에 따른 소 기업(小企業)은 중소기업 중 해당 기업이 영위하는 주된 업종별 평균매출액등이 별표 3 의 기준에 맞는 기업으로 한다. [붙임 2-1 참조]

<연평균매출액 관련 소기업 해당여부 확인방법>

구 분		내 용
(자금신청시점기준) 2019.4.1부터	2018년 이전 창업 기업	2018.12.31까지 창업한 기업은 최근 연매출액을 통해 소기업 여부 확인
	2019년, 2020년 창업 기업	2019년, 2020년 창업한 기업은 대출신청기업이 사업계 획서 등에 기입한 매출액으로 확인**
확인서류	간이과세자	연평균매출액 미확인
	일반과세자	부가가치세과세표준증명 또는 표준재무제표증명* 등
	개인면세사업자	부가가치세면세사업자수입금액증명
	법인면세사업자	표준재무제표증명

★ 「중소기업 범위 및 확인에 관한 규정」 제5조제4항
직전 또는 해당사업연도에 창업 등을 하였거나 세무신고 제외대상 등의 사유로 인해 제1항 제3호부터 제7호까지의 증빙서류 제출이 불가능한 경우에는 신청기업이 확인 신청서에 관련 항목을 직접 작성함으로써 서류제출을 생략할 수 있다.

- (연평균매출액 산정 방법)

구 분		내 용
산정 기준	①직전 사업연도 12개월 이상	직전 사업연도 총 매출액
	②업력 12개월 이상	산정일이 속하는 달의 직전 달부터 역산하여 12개월이 되는 달까지의 기간의 월 매출액을 합한 금액
	③업력 12개월 미만	창업일 다음 달부터 산정일이 속하는 달의 직전 달까지의 기간의 월 매출액을 합하여 해당 월수로 나눈 금액에 12를 곱한 금액
	④업력 2개월 미만	창업일부터 산정일까지 기간의 매출액을 합한 금액을 해당 일수로 나눈 금액에 365를 곱한 금액

＊ 산정기준 ①과 ②에 모두 해당할 경우, 기준 ①을 우선 적용

＊＊ 「중소기업기본법 시행령」 제7조(평균매출액등의 산정)

- (연평균매출액 서류 징구 기간 예시)

＊ "확인필요" 기간에 대출신청 접수된 경우, 세무서에서 당기 증빙자료 발급 가능 여부에 따라 제출

- 일반과세자(법인/개인)

<연평균매출액 서류 징구 기간 예시(부가가치세과세표준증명)>

창업일	자금신청 접수시점('20년)		
	1월	2월	3～12월
'17년	'18년	확인필요	'19년
'18년 상반기	'18년 하반기, '19년 상반기	확인필요	'19년
'18년 하반기	'18년 하반기, '19년 상반기	확인필요	'19년
'19년 ～ '20년	대출신청기업이 사업계획서 등에 기입한 매출액으로 확인		

```
*  연평균매출액 산정방법 예시
예시1) 창업 : '17. 3. 2. / 대출신청 : '19. 1. 2
        '17. 7. 1 ~ 12. 31, '18. 1. 1 ~ 6. 30 매출액 관련 서류 징구 후 연매출액 계산

예시2) 창업 : '17. 8. 2 / 대출신청 : '19. 1. 2
        '17. 8. 2 ~ 12. 31, '18. 1. 1 ~ 6. 30 매출액 관련 서류 징구 후 연매출액 계산
 ·      ⇒ 1년 매출액 환산 계산 방법 : (매출액/해당일수) X 365
```

<연평균매출액 서류 징구 기간 예시(표준재무제표증명)>

구분	자금신청 접수시점('20년)		
법인기업	1~3월	4월	5월~12월
개인사업자	1~5월	6월	7월~12월
개인사업자 (성실신고확인대상)	1~6월	7월	8월~12월
↓			
적합한 회계기간	'18년	확인필요	'19년

· **면세사업자(법인/개인)**

<연평균매출액 서류 징구 기간 예시(부가가치세면세사업자수입금액증명, 표준재무제표증명)>

구분	자금신청 접수시점('20년)		
법인면세사업자	1~3월	4월	5월~12월
개인면세사업자	1월	2월	3월~12월
↓			
적합한 회계기간	'18년	확인필요	'19년

o **(상시근로자수)** 주된 사업*에 종사하는 상시근로자의 수가 5인 미만인 사업자

　*　하나의 기업이 둘 이상의 서로 다른 사업을 영위하는 경우에는 평균매출액의 비중이 가장 큰 업종을 주된 업종으로 하여 근로자수를 판단(「중소기업기본법 시행령」 제4조, 제7조)

　**　제조업, 건설업, 운송업, 광업은 10인 미만까지이며, **장애인지원자금에 한하여 '장애인기업확인서'가 있는 경우 업종에 무관하게 10인 이상도 지원가능**

<상시근로자수 산정 및 확인방법>

구 분		내 용
산정 기준	①직전사업연도 12개월 이상	직전 사업연도 1월~12월까지 매월 말일 기준 상시근로자수를 합하여 12로 나눈 인원
	②업력 12개월 이상	최근 12개월간의 매월 말일 기준 상시근로자수를 합하여 12로 나눈 인원
	③업력 12개월 미만	창업일부터 산정일까지의 매월 말일 기준 상시근로자수를 합하여 해당 월수로 나눈 인원
	④업력 1개월 미만	산정일 현재 인원
확인 서류	상시근로자 無	보험자격득실확인서 또는 소상공인확인서
	상시근로자 有	월별원천징수이행상황신고서, 건강보험 (월별)사업장가입자별부과내역, 개인별건강보험고지산출내역, 월별 보험료부과내역조회(고용·산재), 소상공인확인서 등
확인방법		- 상시근로자가 있는 경우, **"확인기준"에** 해당하는 **사업 월수만큼의** 건강보험 (월별)사업장가입자별부과내역 등을 제출받아 **상시근로자수를** 파악 **(예시)** 업력 12개월 이상인 소상공인이 '19.2.26 정책자금을 신청할 경우, 2018년 1월~12월까지의 월별사업장가입자별부과내역 등을 제출(12장) - 최근 1년 이내 지역가입자(상시근로자 無)에서 직장가입자(상시근로자 有)로 전환된 경우 : **보험자격득실확인서(상실내역 포함된 과거이력 나오도록 발급)와** (월별)사업장가입자별부과내역 등을 함께 제출받아 확인 **(예시)**창업일 : 2017년 11월 2일, 제출기간 : 2018년 1월 ~ 12월 직원수가 창업일 당시 0명, 2018년 5월부터 1명 고용 <필요서류> ① 건강보험 자격득실 확인서 (상실내역 포함) 　　2018년도 1월부터 4월까지 지역가입자로 상시근로자 없음 ② (월별)사업장가입자별부과내역 (18년 5월~12월) 　　2018년도 5월부터 12월까지 대표자 제외한 근로자 1명임을 확인

　*　산정기준 ①과 ②에 모두 해당할 경우, 기준 ①을 우선 적용

<상시근로자수 산정기간 예시>

구분	창업일	자금신청일	상시근로자 수 산정기간
예시1	'17. 11. 20	'19. 2. 10	(직전 사업연도) '18.1월~'18.12월
예시2	'18. 2. 5		(최근 12개월) '18.2월~'19.1월

- 상시근로자수 확인방법

① **(상시근로자 있는 경우)** 월별원천징수이행상황신고서, 건강보험 (월별)사업장가입자별부과내역, 개인별건강보험고지산출내역, 월별보험료부과내역조회(고용·산재), 소상공인확인서 등을 통해 월별 상시근로자수 확인

② **(상시근로자 없는 경우)** 보험자격득실확인서를 통해 지역가입 사실 확인

　* 대표자가 다른 직장의 직장건강보험에 가입중이거나 타인의 피보험자로 등재된 경우는 보험자격득실확인서 제출

　** 보험자격득실확인서상 직장가입자 사업장명칭이 해당 소상공인업체인 경우 반드시 상시근로자 확인서류를 제출받아 확인하여야 함

- 상시근로자수 산정 시 제외 기준

> ※ **상시근로자 (법적) 기준** (『소상공인보호 및 지원에 관한 법률시행령』 제2조제3항)
> - '근로기준법' 제2조제1항제1호에 따른 근로자 중 다음 각 호에 해당하는 사람은 제외한 사람
>
> 　1. 임원* 및 '소득세법 시행령' 제20조에 따른 일용근로자
> 　　* 법인의 대표이사, 등기임원(감사 포함), 개인기업 대표
> 　2. 3개월 이내의 기간을 정하여 근로하는 자
> 　　* 근로계약서 등 확인
> 　3. 기업부설연구소 및 연구개발전담부서*의 연구전담요원
> 　　* '기초연구진흥 및 기술개발지원에 관한 법률 제14조의2제1항에 따라 인정받은 경우
> 　　** 연구개발전담부서인증서(한국산업기술진흥협회에서 온·오프라인 발행)와 연구개발인력현황(대출신청 개인기업 대표자 또는 법인 원본확인필 날인) 제출받아 확인
> 　4. 단시간근로자*로서 1개월 동안의 소정(所定)근로시간이 60시간 미만인 사람
> 　　* '근로기준법 제2조제1항제8호에 따른 단시간근로자,
> 　** 근로계약서 등 확인

< 소상공인보호 및 지원에 관한 법률 시행령 >

제2조(소상공인의 범위 등) ① 「소상공인 보호 및 지원에 관한 법률」(이하 "법"이라 한다) 제2조제2호에서 "대통령령으로 정하는 기준"이란 다음 각 호의 구분에 따른 주된 사업에 종사하는 상시 근로자 수를 말한다.

1. 광업·제조업·건설업 및 운수업: 10명 미만

2. 그 밖의 업종: 5명 미만

② **제1항에 따른 주된 사업의 기준에 관하여는 「중소기업기본법 시행령」 제4조 및 제7조(제2항제2호는 제외한다)를 준용한다. 이 경우 "평균매출액등"은 "매출액"으로, 같은 영 제7조제2항제1호에서 "직전 3개 사업연도"는 "직전 사업연도"로, "36개월"은 "12개월 이상"으로, "총 매출액을 3으로 나눈 금액"은 "매출액"으로, 같은 항 제3호 각 목 외의 부분에서 "제2호"는 "제1호"로 본다.**

③ 제1항에 따른 상시 근로자는 「근로기준법」 제2조제1항제1호에 따른 근로자 중 다음 각 호의 어느 하나에 해당하는 사람을 제외한 사람을 말한다.

1. 임원 및 「소득세법 시행령」 제20조에 따른 일용근로자

2. 3개월 이내의 기간을 정하여 근로하는 사람

3. 「기초연구진흥 및 기술개발지원에 관한 법률」 제14조제1항제2호에 따른 기업부설연구소 및 연구개발전담부서의 연구전담요원

4. 「근로기준법」 제2조제1항제8호에 따른 단시간근로자(이하 "단시간근로자"라 한다)로서 1개월 동안의 소정(所定)근로시간이 60시간 미만인 사람

④ 제1항에 따른 상시 근로자 수는 다음 각 호의 구분에 따른 방법에 따라 산정한다. 이 경우 단시간근로자로서 1개월 동안의 소정근로시간이 60시간 이상인 근로자는 1명을 0.5명으로 산정한다.

1. 직전 사업연도의 사업기간이 12개월 이상인 경우(직전 사업연도에 창업하거나 합병 또는 분할한 경우로서 창업일, 합병일 또는 분할일부터 12개월 이상이 지난 경우는 제외한다): 직전 사업연도의 매월 말일 현재의 상시 근로자의 수를 합하여 12로 나눈 인원

2. 직전 또는 해당 사업연도에 창업하거나 합병 또는 분할한 경우로서 제1호에 해당하지 아니하는 경우: 다음 각 목의 구분에 따라 월평균 상시 근로자의 수로 환산하여 산정한 인원

　가. 산정일이 창업하거나 합병 또는 분할한 달에 속하는 경우: 산정일 현재의 인원

나. 창업하거나 합병 또는 분할한 지 12개월 미만인 경우(가목의 경우는 제외한다): 창업일, 합병일 또는 분할일이 속하는 달부터 산정일까지의 기간의 매월 말일 현재의 상시 근로자의 수를 합하여 해당 월수로 나눈 인원

다. 창업하거나 합병 또는 분할한 지 12개월 이상인 경우: 산정일이 속하는 달부터 역산하여 12개월이 되는 달까지의 기간의 매월 말일 현재의 상시 근로자의 수를 합하여 12로 나눈 인원

⑤ 중소기업청장은 기업이 소상공인에 해당하는지를 확인하기 위하여 필요하면 확인 방법 및 절차에 관한 사항을 정하여 고시할 수 있다.

<「중소기업기본법 시행령」 제7조 제2항(평균매출액등의 산정)>

제7조(평균매출액등의 산정) ② 평균매출액등은 다음 각 호의 구분에 따른 방법에 따라 산정한다. <개정 2011.12.28., 2014.4.14.>

1. 직전 3개 사업연도의 총 사업기간이 36개월인 경우: 직전 3개 사업연도의 총 매출액을 3으로 나눈 금액

2. 직전 사업연도 말일 현재 총 사업기간이 12개월 이상이면서 36개월 미만인 경우(직전 사업연도에 창업하거나 합병 또는 분할한 경우로서 창업일, 합병일 또는 분할일부터 12개월 이상이 지난 경우는 제외한다): 사업기간이 12개월인 사업연도의 총 매출액을 사업기간이 12개월인 사업연도 수로 나눈 금액

3. 직전 사업연도 또는 해당 사업연도에 창업하거나 합병 또는 분할한 경우로서 제2호에 해당하지 아니하는 경우: 다음 각 목의 구분에 따라 연간매출액으로 환산하여 산정한 금액

가. 창업일, 합병일 또는 분할일부터 12개월 이상이 지난 경우: 제3조에 따른 중소기업 해당 여부에 대하여 판단하는 날(이하 "산정일"이라 한다)이 속하는 달의 직전 달부터 역산(逆算)하여 12개월이 되는 달까지의 기간의 월 매출액을 합한 금액

나. 창업일, 합병일 또는 분할일부터 12개월이 되지 아니한 경우: 창업일이나 합병일 또는 분할일이 속하는 달의 다음달부터 산정일이 속하는 달의 직전 달까지의 기간의 월 매출액을 합하여 해당 월수로 나눈 금액에 12를 곱한 금액. 다만, 다음 중 어느 하나에 해당하는 경우에는 창업일이나 합병일 또는 분할일부터 산정일까지의 기간의 매출액을 합한 금액을 해당 일수로 나눈 금액에 365를 곱한 금액으로 한다.

1) 산정일이 창업일, 합병일 또는 분할일이 속하는 달에 포함되는 경우
2) 산정일이 창업일, 합병일 또는 분할일이 속하는 달의 다음 달에 포함되는 경우

<중소기업 범위 및 확인에 관한 규정>

[시행 2017.8.29.] [중소벤처기업부고시 제2017-5호, 2017.8.29., 일부개정]

제1조(목적) 이 요령은 「중소기업기본법 시행령」(이하 "영"이라 한다), 「소상공인 보호 및 지원에 관한 법률 시행령」 제2조 및 「중소기업제품 구매촉진 및 판로지원에 관한 법률」 제8조의2에서 위임된 사항과 그 시행에 관하여 필요한 사항을 정함을 목적으로 한다.

제3조(중소기업 여부의 적용기간 등) ① 영 제3조의3제4항에 따른 세부적인 중소기업 여부의 적용기간은 다음 각 호의 구분에 따른다.

1. 직전 사업연도의 사업기간이 12개월 이상인 기업 : 영 제3조에 따른 중소기업 여부의 적용기간은 직전 사업연도 말일에서 3개월이 경과한 날부터 1년간으로 한다.

2. 직전 사업연도에 창업하거나 합병 또는 분할(이하 "창업등"이라 한다)한 기업 : 영 제3조에 따른 중소기업 여부의 적용기간은 직전 사업연도 말일에서 3개월이 경과한 날부터 1년간으로 한다.

3. 해당 사업연도에 창업등을 한 기업 : 영 제3조에 따른 중소기업 여부의 적용기간은 창업등을 한 날부터 해당 사업연도 종료 후 3개월이 되는 날까지로 한다.

제4조(중소기업 확인방법) ① 중소기업시책에 참여하려는 중소기업자는 「중소기업기본법」 제27조 따라 중소기업자에 해당하는지를 확인할 수 있는 서류를 중소벤처기업부장관에게 제출하고 중소기업 확인서를 발급받을 수 있다.

② 중소벤처기업부장관은 중소기업 중 영 제8조에 따른 <u>중기업과 소기업, 「소상공인 보호 및 지원에 관한 법률」 제2조에 따른 소상공인을 구분하여 중소기업 확인서를 발급</u>할 수 있다.

제5조(확인신청) ① 제4조에 따른 중소기업 확인서를 발급 받고자 하는 자(이하 "신청기업"이라 함)는 각 호의 서류를 갖추어 중소벤처기업부장관에게 제출하여야 한다.

1. 중소기업 확인 신청서(별지 제1호 서식)

2. 사업자등록증명 1부

3. 직전 사업연도 월별 원천징수이행상황신고서 1부

4. 최근 3개사업연도 재무제표(또는 부가가치세 과세표준증명) 1부

5. 주식등변동상황명세서 1부(법인기업에 한함)

6. 최근 3개사업연도 조정후수입금액명세서 1부(법인기업에 한함)

7. 관계기업이 있는 경우 해당기업의 제2호부터 제6호까지의 서류(해당기업에 한함)

② 제1항제1호의 확인 신청서는 중소기업현황정보시스템을 통해 신청기업이 직접 작성·제출하여야 한다.

③ 제1항제2호부터 제7호까지의 서류는 신청기업 또는 신청기업이 지정한 세무대리인이 온라인 전송시스템을 통해 제출하는 것을 원칙으로 하며, 온라인 제출이 어려운 경우에는 지방중소벤처기업청에 방문 또는 우편으로 제출할 수 있다.

④ 직전 또는 해당사업연도에 창업 등을 하였거나 세무신고 제외대상 등의 사유로 인해 제1항제3호부터 제7호까지의 증빙서류 제출이 불가능한 경우에는 신청기업이 확인 신청서에 관련 항목을 직접 작성함으로써 서류제출을 생략할 수 있다.

⑤ 확인업무 담당자는 자료의 보완 또는 추가 확인이 필요한 경우 필요한 최소한의 자료를 요구하거나 현장 확인을 할 수 있다.

제6조(확인서 발급 및 변경) ① 중소벤처기업부장관은 제5조에 따라 확인서 발급 신청을 받은 경우 제4조제2항의 구분 기준을 충족한 신청기업에 한하여 중소기업현황정보시스템을 통해 중소기업 확인서(별지 제3호 서식)를 발급하여야 한다.

② 중소기업 확인서의 유효기간은 제3조에 의한 중소기업 여부의 적용기간을 따른다.

주된 업종별 평균매출액 등의 소기업 규모 기준

주된업종별 평균매출액 등의 소기업 규모 기준 (중소기업기본법 시행령 별표 3 개정 2017.10.17)

해당 기업의 주된 업종	분류기호	규모 기준
1. 식료품 제조업	C10	평균매출액등 120억원 이하
2. 음료 제조업	C11	
3. 의복, 의복액세서리 및 모피제품 제조업	C14	
4. 가죽, 가방 및 신발 제조업	C15	
5. 코크스, 연탄 및 석유정제품 제조업	C19	
6. 화학물질 및 화학제품 제조업(의약품 제조업은 제외한다)	C20	
7. 의료용 물질 및 의약품 제조업	C21	
8. 비금속 광물제품 제조업	C23	
9. 1차 금속 제조업	C24	
10. 금속가공제품 제조업(기계 및 가구 제조업은 제외한다)	C25	
11. 전자부품, 컴퓨터, 영상, 음향 및 통신장비 제조업	C26	
12. 전기장비 제조업	C28	
13. 그 밖의 기계 및 장비 제조업	C29	
14. 자동차 및 트레일러 제조업	C30	
15. 가구 제조업	C32	
16. 전기, 가스, 증기 및 공기조절 공급업	D	
17. 수도업	E36	
18. 농업,임업 및 어업	A	평균매출액등 80억원 이하
19. 광업	B	
20. 담배 제조업	C12	
21. 섬유제품 제조업(의복 제조업은 제외한다)	C13	
22. 목재 및 나무제품 제조업(가구 제조업은 제외한다)	C16	
23. 펄프, 종이 및 종이제품 제조업	C17	
24. 인쇄 및 기록매체 복제업	C18	
25. 고무제품 및 플라스틱제품 제조업	C22	
26. 의료, 정밀, 광학기기 및 시계 제조업	C27	
27. 그 밖의 운송장비 제조업	C31	
28. 그 밖의 제품 제조업	C33	
29. 건설업	F	
30. 운수 및 창고업	H	
31. 금융 및 보험업	K	
32. 도매 및 소매업	G	평균매출액등 50억원 이하
33. 정보통신업	J	
34. 수도, 하수 및 폐기물 처리, 원료재생업(수도업은 제외한다)	E (E36 제외)	평균매출액등 30억원 이하
35. 부동산업	L	
36. 전문·과학 및 기술 서비스업	M	
37. 사업시설관리, 사업지원 및 임대 서비스업	N	
38. 예술, 스포츠 및 여가 관련 서비스업	R	
39. 산업용 기계 및 장비 수리업	C34	평균매출액등 10억원 이하
40. 숙박 및 음식점업	I	
41. 교육 서비스업	P	
42. 보건업 및 사회복지 서비스업	Q	
43. 수리(修理) 및 기타 개인 서비스업	S	

1. 해당 기업의 주된 업종의 분류 및 분류기호는 「통계법」 제22조에 따라 통계청장이 고시한 한국표준산업분류에 따른다.
2. 위 표 제27호에도 불구하고 철도 차량 부품 및 관련 장치물 제조업(C31202) 중 철도 차량용 의자 제조업, 항공기용 부품 제조업(C31322) 중 항공기용 의자 제조업의 규모 기준은 평균매출액등 120억원 이하로 한다.

<소진공 – 붙임 3>

업종구분 방법

□ 업종구분 기준

○ (사업자등록 업종) 사업자등록증에 표시된 업종(업태)을 원칙으로 함

○ (실제로 영위하는 업종) 현장조사결과 사업자등록증과 다를 경우,
실제 영위하는 사업을 기준으로 할 수 있다.

○ (주된 업종) 하나의 기업이 2개 이상의 서로 다른 사업을 영위하는
경우, 주된 사업(연매출액 비중이 가장 큰 사업)을 기준으로 함

◇ 주된사업 판정시 연매출액 비중 확인방법
  * 「소상공인보호 및 지원에관한 법률 시행령」제2조제2항에 따름

○ 매출액 기준

  - 표준재무제표증명*의 손익계산서 매출액 기준

    * 표준재무제표증명의 손익계산서 매출액 중 기타매출(국고보조금, 개발보조금 등)은
      제외하고 산정

  - 표준재무제표증명이 없는 경우, **부가가치세신고서 또는 사업장현황신고서**
    (홈텍스 또는 세무대리인 확인)의 매출액(수입금액)을 기준으로 함

○ 매출액 산정방법

< 주된사업 판정시 매출액 산정방법 >

구 분	내 용
- 직전 사업연도 12개월 이상	직전 사업연도 매출액(당기매출액)
- 직전 사업연도 또는 해당 사업연도 창업, 업력*이 1년 이상인 경우	**"최근 1년간 매출액"** : 매출액 확인 가능한 가장최근 분기말을 기준으로 과거 1년간의 매출액
- 직전 사업연도 또는 해당 사업연도에 창업, 업력이 1년 이내이면서 신고매출액이 있는 경우	**"최근 매출액"** : 개업일 이후 확인가능한 최근 분기말까지의 매출액을 연간매출액으로 환산
- 직전 사업연도 또는 해당 사업연도에 창업, 업력이 1년 이내이면서 신고매출액이 없는 경우	매출원장, 세금계산서, 납품계약서 등 사실관계 서류로 확인 단, 서류로 확인이 어려운 경우, 사업장 현장실사 (생산시설 확인 등)를 통해 실제 영위하는 업종을 확인
- 업종전환의 경우	전환후 매출액으로 산정

① 직전 사업연도의 총 사업기간이 12개월 이상인 경우 : 직전사업연도 신고매출액

② 직전 사업연도 또는 해당 사업연도에 창업하였으며, 업력이 1년 이상인 경우 : **"최근 1년간 매출액"**, 매출액을 확인할 수 있는 가장 최근의 월말 (분기말)을 기준으로 과거 1년간의 신고매출액

③ 직전 사업연도 또는 해당 사업연도에 창업하였으며, 업력이 1년 이내이면서 신고매출액이 있는 경우 : **"최근 매출액"**, 개업일로부터 확인 가능한 최근 월말(분기말) 까지의 신고매출액을 연간매출액으로 환산

④ 직전 사업연도 또는 해당 사업연도에 창업하였으며, 업력이 1년 이내이면서 신고매출액이 없는 경우 : 신청업체의 매출원장, 세금계산서, 납품계약서 등 사실관계 서류로 확인가능. 다만, 서류로 확인이 어려운 경우에는 사업장 현장실사(생산시설 확인 등)를 통해 실제 영위하는 업종을 확인

* 업력(사업기간)이란 ? 개인기업은 사업자등록증명상의 개업일로부터, 법인기업은 법인등기사항전부증명서상의 법인설립등기일로부터 신청접수일까지의 기간

* 분기말 이란? 각분기말의 기준월은 3월, 6월, 9월, 12월로 함

⑤ 업종전환 또는 업종추가의 경우 : 업종전환후 매출액으로 산정

1. 전환전 업종을 영위하지 않고 전환업종만 영위하는 경우 : 전환업종으로 업종분류하고, 전환후 매출액으로 산정

2. 전환전 업종과 전환업종을 겸영하는 경우 : 전환후 매출액으로 산정하고, 위 주된 업종 기준 및 매출액 산정방법을 준용

□ 업종분류 근거

○ 업종구분은 **한국표준산업분류**의 분류원칙에 따르며, 세세분류에 의한 업종을 기준으로 함

(예) 종목(아이템)으로 구분 : [25294] 주형및금형제조업

소상공인 정책자금 융자제외 대상 업종

표준산업분류	업 종
33409 중	도박기계 및 사행성, 불건전 오락기구 제조업
46102 중	담배 중개업
46107 중	예술품, 골동품 및 귀금속 중개업
46209 중	잎담배 도매업
46333	담배 도매업 ＊ 담배대용물(전자담배 등) 포함
46416, 46417 중	모피제품 도매업 ＊ 단, 인조모피제품 도매업 제외
46463 중	도박기계 및 사행성, 불건전 오락기구 도매업
47640 중	도박기계 및 사행성, 불건전 오락기구 소매업
47811 중	약국, 한약국
47859 중	성인용품 판매점
47911, 47912 중	도박기계 및 사행성, 불건전 오락기구, 성인용품 소매업 및 소매 중개업
47993 중	다단계 방문판매
52991 중	통관업(관세사, 관세법인, 통관취급법인등)
56211	일반유흥주점업
56212	무도유흥주점업
58122 중	경마, 경륜, 경정 관련 잡지 발행업
58211, 58212, 58219 중	도박 및 사행성, 불건전 게임 S/W 개발 및 공급업
63999 중	온라인게임 아이템 중개업
64	금융업
65	보험 및 연금업
66	금융 및 보험관련 서비스업
68	부동산업 ＊ 부동산의 임대, 구매, 판매에 관련되는 산업활동으로서, 직접 건설한 주거용 및 비주거용 건물의 임대활동과 토지 및 기타 부동산의 개발·분양, 임대 활동이 포함 ＊ 단, 부동산관리업(6821), 신청일 기준 동일장소에서 6개월 이상 사업을 지속 중인 부동산 중개 및 대리업(68221)은 신청가능 - **부동산관리업** : 수수료 또는 계약에 의하여 타인의 부동산시설을 유지 및 관리하는 산업활동(주거용·비주거용 부동산관리) - **부동산 중개 및 대리업** : 수수료 또는 계약에 의해 건물, 토지 및 관련 구조물 등을 포함한 모든 형태의 부동산을 구매 또는 판매하는데 관련된 부동산 중개 또는 대리 서비스를 제공하는 산업활동
76390 중	도박기계 및 사행성, 불건전 오락기구 임대업
711, 712	법무, 회계 및 세무 등 기타법무관련 서비스업
731	수의업
73904 중	감정평가업

표준산업분류	업　　　　종
75330	탐정 및 조사 서비스업 (예: 탐정업, 흥신소 등)
75993	신용조사 및 추심대행업
75999 중	경품용 상품권 발행업, 경품용 상품권 판매업
86	보건업 ∗ 단, 보건업(86) 중 유사의료업(86902)은 신청가능 ∗ 87에 해당하는 '보건업 및 사회복지서비스업'은 신청가능 ∗ 안마원(96122)은 서비스업에 해당되어 신청 가능(통계청 기준)
91113	경주장 및 동물 경기장 운영업
91121	골프장 운영업
9122 중	성인용게임장, 성인오락실, 성인PC방, 전화방
91221 중	성인용 게임장 운영업
91241 중	복권 판매업
91249	기타 사행시설 관리 및 운영업
91291	무도장 운영업 (예: 댄스홀, 콜라텍 등)
9612 중	증기탕 및 안마시술소 ∗ 시각장애인이 운영하는 안마원 및 안마시술소는 신청 가능 － 안마원 개설신고증명서 또는 안마시술소 개설신고증명서 제출 － 임대차계약서 또는 등기부등본 제출
96992	점술 및 유사서비스업 (점집, 무당, 심령술집 등)
96999 중	휴게텔, 키스방, 대화방
기타	기타 위 업종을 변경하여 운영되는 도박, 향락 등 불건전 업종, 기타 국민보건, 건전문화에 반하거나 사치, 투기조장 등 우려가 있다고 중소벤처기업부 장관이 지정한 업종

※ 소상공인 정책자금 지원가능/불가능업종 관련 해석(예외) 및 예시

▶ 도소매업 중 전자담배 도매업, **성인용품소매** 지원불가
　☞ 산업파급효과가 적고 신용보증재단중앙회의 보증제외업종으로 정책자금 지원이 적절치 않음

▶ 기타
　－ 골프연습장(91136), 스크린골프연습장(91136)은 지원가능

※ C.제조업 분류 (10-34)

10. 식료품 제조업
11. 음료 제조업
12. 담배 제조업
13. 섬유제품 제조업; 의복제외
14. 의복, 의복액세서리 및 모피제품 제조업
15. 가죽, 가방 및 신발 제조업
16. 목재 및 나무제품 제조업;가구제외
17. 펄프, 종이 및 종이제품 제조업
18. 인쇄 및 기록매체 복제업
19. 코크스, 연탄 및 석유정제품 제조업
20. 화학물질 및 화학제품 제조업;의약품 제외
21. 의료용 물질 및 의약품 제조업
22. 고무제품 및 플라스틱제품 제조업
23. 비금속 광물제품 제조업
24. 1차 금속 제조업
25. 금속가공제품 제조업;기계 및 가구 제외
26. 전자부품, 컴퓨터, 영상, 음향 및 통신장비 제조업
27. 의료, 정밀, 광학기기 및 시계 제조업
28. 전기장비 제조업
29. 기타 기계 및 장비 제조업
30. 자동차 및 트레일러 제조업
31. 기타 운송장비 제조업
32. 가구 제조업
33. 기타 제품 제조업
34. 산업용 기계 및 장비 수리업

※ 지원제외업종 : 33409 중 도박기계 및 사행성, 불건전오락기구 제조업

초판 1쇄 인쇄 2021년 4월 10일
초판 1쇄 발행 2021년 4월 19일

저자 정승환
펴낸곳 비티타임즈
발행자번호 959406
주소 전북 전주시 서신동 780-2 3층
대표전화 063 277 3557
팩스 063 277 3558
이메일 bpj3558@naver.com
ISBN 979-11-6345-251-5 (13320)

이 도서의 국립중앙도서관 출판예정도서목록(CIP)은 서지정보유통지원시스템홈페이지
(http://seoji.nl.go.kr)와 국가자료공동목록시스템 (http://www.nl.go.kr/kolisnet)에서 이용하실

수 있습니다.